氢能与燃料电池技术及应用系列

U0367706

燃料电池电动汽车
示范运行

朱成　滕欣余　石培吉　编著

DEMONSTRATION OPERATION OF
FUEL CELL VEHICLES

机械工业出版社
CHINA MACHINE PRESS

本书以国家重点研发计划"新能源汽车"重点专项"典型区域多种燃料电池电动汽车示范运行研究"项目科研成果为基础，研究了示范城市中燃料电池汽车示范运行实践开展情况，围绕燃料电池电动汽车示范运行，从示范运行总体情况、运维保障体系、监控技术、消防安全和应急救援、整车技术升级优化、快速安全加氢技术、加氢站供氢体系规划和建设、氢能经济性研究等方面进行梳理，总结出最具代表性的研究成果。本书数据翔实，可供政府、企业、协会、高校及科研院所等关注和从事氢能与燃料电池汽车产业的人员参考。

图书在版编目（CIP）数据

燃料电池电动汽车示范运行 / 朱成，滕欣余，石培吉编著 . —北京：机械工业出版社，2024.1（2025.1 重印）
（氢能与燃料电池技术及应用系列）
ISBN 978-7-111-74576-1

Ⅰ . ①燃… Ⅱ . ①朱… ②滕… ③石… Ⅲ . ①燃料电池—电动汽车 Ⅳ . ① U469.72

中国国家版本馆 CIP 数据核字（2024）第 037905 号

机械工业出版社（北京市百万庄大街 22 号　邮政编码 100037）
策划编辑：何士娟　　　　　　责任编辑：何士娟
责任校对：韩佳欣　牟丽英　　责任印制：常天培
固安县铭成印刷有限公司印刷
2025 年 1 月第 1 版第 2 次印刷
184mm×260mm · 17.5 印张 · 336 千字
标准书号：ISBN 978-7-111-74576-1
定价：158.00 元

电话服务　　　　　　　　网络服务
客服电话：010-88361066　机 工 官 网：www.cmpbook.com
　　　　　010-88379833　机 工 官 博：weibo.com/cmp1952
　　　　　010-68326294　金 书 网：www.golden-book.com
封底无防伪标均为盗版　机工教育服务网：www.cmpedu.com

前言

本书在国家重点研发计划"新能源汽车"重点专项"典型区域多种燃料电池汽车示范运行研究"项目成果基础上整理而成。

项目由牵头单位中国汽车技术研究中心有限公司联合清华大学、宇通客车股份有限公司、长三角新能源汽车研究院有限公司、广东广顺新能源动力科技有限公司、应急管理部上海消防研究所、北京理工新源信息科技有限公司、中国汽车工程学会、中国科学院大连化学物理研究所、北汽福田汽车股份有限公司、北京亿华通科技股份有限公司、张家口市公共交通集团有限公司、盐城新奥燃气有限公司、北京理工大学、北京派瑞华氢能源科技有限公司、重庆大学、新源动力股份有限公司、江苏大和氯碱化工有限公司、上海重塑能源科技有限公司、盐城创咏加氢站管理服务有限公司、盐城剑彬新能源科技有限公司、佛山市南海佛广公共汽车有限公司、佛山市汽车运输集团有限公司、佛山市瑞晖能源有限公司、上汽大通汽车有限公司，总计25家单位共同实施，项目执行期为2018年5月至2021年4月。

项目在京津冀、中原、长三角和珠三角四大典型区域示范体系覆盖的7个城市（北京、张家口、郑州、上海、盐城、德州、佛山）开展燃料电池商用车（包括公交车、物流车、通勤客车等）商业化示范运行及相关研究工作。项目示范区域涵盖高温、高湿、高寒等多种复杂气候，针对223辆燃料电池汽车开展了运行数据的统计和研究分析，截至2020年12月底，各城市223辆燃料电池汽车累计行驶1083.21万km，平均单车行驶里程4.86万km，是截至目前世界上示范规模最大、范围最广的燃料电池汽车示范项目。其中，项目重点跟进统计了128辆燃料电池汽车的示范运行数据，这些车辆示范运行时间全部超过2年，累计运行里程818.78万km，平均单车行驶里程达6.40万km，平均无故障里程7761km，燃料电池系统实车运行时间平均超1600h，预测平均寿命超过5000h。示范证明，燃料电池汽车在可靠性、耐久性、环境适应性、安全性等技术方面都可以满足示范运行推广的需要，为我国下一阶段燃料电池汽车的大规模商业化推广奠定了基础。

编著者

目 录

前 言

第1章 燃料电池电动汽车示范运行总体情况 ……………………………………1

1.1 燃料电池电动汽车示范运行项目的启动背景 ………………………… 1
1.2 示范运行的燃料电池电动汽车基本信息 …………………………………… 3
1.3 燃料电池电动汽车示范运行路线 ……………………………………………… 5
    1.3.1 北京市燃料电池汽车示范运行路线 ……………………………… 5
    1.3.2 张家口市燃料电池公交车示范运行路线 ………………………… 6
    1.3.3 郑州市燃料电池公交车示范运行路线 …………………………… 7
    1.3.4 德州市燃料电池物流车示范运行路线 …………………………… 7
    1.3.5 上海市燃料电池邮政物流车示范运行路线 …………………… 8
    1.3.6 盐城市燃料电池公交车示范运行路线 …………………………… 8
    1.3.7 佛山市燃料电池汽车示范运行路线 ……………………………… 8
1.4 参与示范的加氢基础设施基本情况 ……………………………………… 10
    1.4.1 北京永丰加氢站 ……………………………………………………… 10
    1.4.2 张家口创坝加氢站 …………………………………………………… 11
    1.4.3 郑州宇通加氢站 ……………………………………………………… 12
    1.4.4 上海安亭加氢站 ……………………………………………………… 12
    1.4.5 盐城创咏加氢站 ……………………………………………………… 12
    1.4.6 佛山瑞晖加氢站 ……………………………………………………… 13
1.5 燃料电池电动汽车示范运行情况 …………………………………………… 14
    1.5.1 示范运行整体情况 …………………………………………………… 14
    1.5.2 重点跟踪车辆示范情况 ……………………………………………… 15
1.6 小结 ……………………………………………………………………………… 19

第2章 示范运行安全运维保障体系 …………………………………………… 20

2.1 燃料电池电动汽车运维保障团队建设 …………………………………… 20
2.2 燃料电池电动汽车及其动力系统安全操作注意事项 ……………… 21

2.2.1 安全标识及危险标识 ············ 21

2.2.2 漏电安全 ············ 22

2.2.3 高温安全 ············ 22

2.2.4 高压安全 ············ 22

2.2.5 化学危害 ············ 23

2.2.6 氢安全 ············ 23

2.3 燃料电池电动汽车运行安全规范 ············ 23

2.4 燃料电池电动汽车的日常维护和定期保养 ············ 24

2.4.1 日常维护 ············ 24

2.4.2 定期保养 ············ 26

2.5 燃料电池电动汽车消防安全与应急救援 ············ 26

2.6 加氢基础设施安全运行管理规程 ············ 27

2.6.1 运行资质 ············ 27

2.6.2 安全生产责任制 ············ 27

2.6.3 人员培训与考核 ············ 27

2.6.4 设备安全管理 ············ 28

2.6.5 气体质量管理 ············ 28

2.6.6 生产作业管理 ············ 29

2.6.7 监督检查 ············ 30

2.6.8 应急预案 ············ 31

2.7 小结 ············ 32

第3章 燃料电池电动汽车示范运行监控技术研究 ············ 33

3.1 项目分级监控概述 ············ 33

3.2 国家级燃料电池汽车监控平台 ············ 33

3.2.1 燃料电池电动汽车监控平台建设 ············ 34

3.2.2 数据存储与快速挖掘处理技术 ············ 41

3.2.3 燃料电池电动汽车监控平台管理系统 ············ 43

3.2.4 基于监控平台数据的燃料电池汽车市场规模统计分析 ············ 44

3.2.5 基于监控平台数据的全国燃料电池电动汽车运行情况统计分析 ······· 46

3.2.6 燃料电池电动汽车和加氢基础设施监控、预警与处理机制 ······· 50

3.2.7 全国氢燃料电池汽车和加氢基础设施故障情况 ············ 58

3.3 地方/企业级燃料电池电动汽车监控平台 ············ 59

3.3.1 京津冀地区燃料电池汽车监控平台（企业级） ············ 59

3.3.2 宇通新能源客车大数据分析平台（企业级） ············ 62

3.3.3 长三角地区燃料电池监控平台（企业级） ············ 64

3.3.4 佛山市南海区新能源（氢能）汽车综合监管平台（地方级） ············ 65

3.4 补充填报数据 ············ 67

3.5 小结 ············ 68

第 4 章　消防安全风险评估和事故应急救援指南研究 ················· **69**

4.1　国内外氢能相关消防安全标准研究分析 ················· 69

4.1.1　国外氢能安全标准研究现状 ················· 69

4.1.2　国内氢能安全标准研究现状 ················· 71

4.1.3　燃料电池汽车消防安全现状分析 ················· 75

4.1.4　加氢站消防安全分析 ················· 77

4.2　加氢基础设施消防安全风险评估指南 ················· 79

4.2.1　国内外加氢基础设施风险评估方法研究 ················· 79

4.2.2　加氢基础设施消防安全风险评估方法研究 ················· 82

4.3　燃料电池电动汽车和加氢基础设施事故应急救援指南 ················· 97

4.3.1　典型事故场景设计 ················· 97

4.3.2　氢气泄漏事故场景浓度场分布 ················· 98

4.3.3　火灾及爆炸事故危害估算 ················· 103

4.3.4　应急救援策略分析 ················· 106

4.4　小结 ················· 118

第 5 章　燃料电池整车技术升级和优化研究 ················· **119**

5.1　整车热管理系统优化设计 ················· 119

5.1.1　整车一体化热管理系统设计 ················· 119

5.1.2　整车一体化热管理系统建模 ················· 120

5.1.3　整车热管理控制策略 ················· 121

5.1.4　燃料电池系统和乘客舱温度控制算法 ················· 127

5.1.5　整车综合热管理仿真分析 ················· 128

5.1.6　整车综合热管理系统方案实车验证 ················· 129

5.2　寒区环境下燃料电池系统冷启动方法研究 ················· 131

5.2.1　影响低温冷启动的因素 ················· 131

5.2.2　低温冷启动策略 ················· 132

5.2.3　电堆低温冷启动关键技术研究 ················· 134

5.2.4　燃料电池发动机系统冷启动方案 ················· 144

5.3　小结 ················· 149

第 6 章　快速安全加氢技术研究与实证 ················· **150**

6.1　研究背景 ················· 150

6.1.1　快速安全加氢控制要点 ················· 150

6.1.2　储氢瓶加注温升原因 ················· 151

6.1.3　快速安全加氢控制策略 ················· 151

6.2　35MPa 加氢试验研究与实证 ················· 153

6.2.1　北京大兴氢能示范区加氢站实证分析 ················· 153

　　　　6.2.2　邯郸河钢集团加氢站示范站实证分析 ················· 155

　6.3　70MPa 加氢试验研究 ·· 163

　　　　6.3.1　研究策略 ·· 163

　　　　6.3.2　加氢试验方案 ·· 163

　　　　6.3.3　试验结果 ·· 165

　　　　6.3.4　站 – 车通信系统 ······································ 167

　　　　6.3.5　小结 ·· 167

　6.4　35MPa/70MPa 加氢机开发及验证 ······························ 168

　　　　6.4.1　35/70MPa 氢气加注系统设计方案 ····················· 168

　　　　6.4.2　35/70MPa 氢气加注系统的特点和创新点 ··············· 170

　　　　6.4.3　35/70MPa 氢气加注系统法规符合性和第三方检测 ······· 172

　　　　6.4.4　加氢机 35MPa 系统加注性能测试 ····················· 173

　　　　6.4.5　加氢机 70MPa 系统加注性能测试 ····················· 177

　　　　6.4.6　小结 ·· 181

第 7 章　商业化加氢站供氢体系规划和建设研究 ·················· **183**

　7.1　华南地区供氢体系规划 ·· 183

　　　　7.1.1　规划背景 ·· 184

　　　　7.1.2　供氢基础分析 ·· 186

　　　　7.1.3　供氢体系规划 ·· 191

　　　　7.1.4　保障体系 ·· 197

　　　　7.1.5　小结 ·· 197

　7.2　华南地区加氢站建设规划 ······································ 198

　　　　7.2.1　规划范围 ·· 198

　　　　7.2.2　规划依据 ·· 199

　　　　7.2.3　加氢站需求预测 ······································ 199

　　　　7.2.4　加氢站建设规划方案 ·································· 201

　　　　7.2.5　加氢站审批程序指引方案 ······························ 208

　　　　7.2.6　保障措施 ·· 214

　　　　7.2.7　小结 ·· 214

　7.3　撬装可移动式加氢站低成本构建方案 ···························· 215

　　　　7.3.1　撬装可移动式加氢站开发的必要性 ······················ 215

　　　　7.3.2　撬装可移动式加氢站技术方案 ·························· 216

　　　　7.3.3　撬装可移动式加氢站成本对比 ·························· 221

　　　　7.3.4　小结 ·· 224

第 8 章　国内外燃料电动电池汽车及加氢站示范运行情况 ·········· **225**

　8.1　国内外燃料电池公交车示范运行对比 ···························· 225

　　　　8.1.1　车辆技术特征差异分析 ································ 225

8.1.2　车辆运行里程对比分析 ……………………………………226

8.1.3　燃料经济性差异分析 ………………………………228

8.1.4　加氢特征差异分析 ………………………………228

8.1.5　燃料电池汽车使用率差异分析 ……………………………230

8.2　国内外加氢站示范运行对比 ……………………………………231

8.2.1　国内加氢站及特征分析 ………………………………231

8.2.2　国外加氢站及特征分析 ………………………………231

8.2.3　国内外加氢站对比总结分析 ……………………………232

8.3　小结 ……………………………………………………233

第 9 章　氢能经济性研究与分析 ………………………………………**234**

9.1　典型区域的能源可持续性分析 ……………………………………234

9.1.1　京津冀地区 ………………………………………235

9.1.2　中原地区 ………………………………………235

9.1.3　长三角地区 ………………………………………235

9.1.4　珠三角地区 ………………………………………235

9.2　加氢站氢气成本经济性分析 ……………………………………236

9.2.1　加氢站氢气成本经济性计算模型 ……………………………236

9.2.2　典型城市加氢站氢气总成本归纳与分析 ………………………238

9.3　燃料电池电动汽车示范运行经济性分析 …………………………239

9.3.1　燃料电池电动汽车运行经济性计算模型 ………………………240

9.3.2　燃料电池电动汽车运行成本计算 ……………………………241

9.4　燃料电池电动汽车示范运行经济性预测 …………………………242

9.4.1　搭载不同动力系统车辆四时间段的核心部件价格预测 …………242

9.4.2　搭载不同动力系统车辆四时间段的能耗及储能量预测 …………243

9.4.3　建立搭载不同动力系统车辆四时间段的动力系统和全生命周期成本

计算模型 …………………………………………244

9.4.4　搭载不同动力系统车辆四时间段的动力系统和全生命周期经济性

预测分析 …………………………………………245

9.5　低成本氢源探索和研究 ………………………………………248

9.5.1　风电电解水制氢经济性分析 ……………………………248

9.5.2　氯碱工业副产氢提纯制氢经济性分析 ………………………250

9.5.3　降低加氢站氢气成本的路径研究 ……………………………252

9.6　小结 ……………………………………………………253

第 10 章　项目总结与经济社会效益分析 ………………………………**254**

10.1　项目总结 ………………………………………………254

10.1.1　截至 2020 年底，开展了世界上示范规模最大、范围最广的燃料

电池汽车运行研究工作 ……………………………255

10.1.2 示范运行研究成果助力我国氢能与燃料电池相关政策标准法规
趋于完善 ·······························255
10.1.3 示范运行维保体系建立为商业化运行奠定基础 ···········255
10.1.4 燃料电池核心部件成本快速下降 ···················255
10.1.5 示范运行监控推动氢能燃料电池产业数字化发展 ·········256
10.1.6 燃料电池汽车产业消防安全研究取得初步成果 ··········256
10.1.7 氢能与燃料电池汽车经济性研究助力后续产业发展 ······257
10.2 经济社会效益分析 ···························257
10.3 下一步工作建议及展望 ·······················269

第1章

燃料电池电动汽车示范运行总体情况

1.1 燃料电池电动汽车示范运行项目的启动背景

我国燃料电池电动汽车（简称燃料电池汽车）研究工作始于"十五"期间，2003年3月，由中国科技部联合全球环境基金、联合国开发计划署启动了第一期"中国燃料电池公共汽车商业化示范"项目（简称"项目一期"，实施周期为2003—2007年）。2006年6月，3辆戴姆勒-克莱斯勒燃料电池公共汽车在北京开始示范运行，2006年11月，我国第一座加氢站在北京正式投入使用。经过4年的努力，在各有关部门的支持下，成功完成项目一期任务。

鉴于项目一期在北京的成功实施，2006年7月，"中国燃料电池公共汽车商业化示范"项目二期（简称"项目二期"，实施周期为2007—2011年）得到全球环境基金和联合国开发计划署的批准，并于2007年11月正式启动。2008年7月，3辆北汽福田生产的燃料电池公共汽车在北京奥运村交付并开展示范运行；2010年4月，6辆上汽集团生产的燃料电池公共汽车进入世博园为上海世博会服务。在项目一期、项目二期的示范运行中，12辆燃料电池公共汽车累计运行37万km，载客20万人；同时，也开展了相关标准、法规和认证方法等研究工作，为燃料电池汽车扩大示范规模奠定了基础。

2016年8月，"促进中国燃料电池汽车商业化发展"项目（简称"项目三期"，实施周期为2016—2021年）正式启动。在北京、上海、郑州、佛山、盐城、张家口和常熟共7个示范城市开展燃料电池汽车示范运行工作。

自2016年起，燃料电池汽车受到了国内外汽车行业的广泛关注，我国也借助项目三期的启动，开始了燃料电池汽车的新一轮技术研发和推广应用工作，但在当时我国较国外先进水平存在较大差距，主要表现在以下几个方面：

1）产业方面，燃料电池关键零部件和材料主要依赖进口，不能自产，尚未实现产业化。

2）技术方面，国产燃料电池材料和关键部件技术与国际先进水平差距较大，耐久性、功率密度和低成本技术明显落后，燃料电池发动机等关键零部件领域基本没有成熟产品，整体处于研发阶段，无法验证其性能，推广困难。

3）政策方面，加氢基础设施建设滞后，且存在法规性障碍，氢能经济性有待研究。

鉴于国内发展现状，科学技术部在 2018 年度的国家重点研发计划"新能源汽车"重点专项中设置了"燃料电池汽车示范（应用示范类）"项目，目的是通过组织开展燃料电池汽车示范运行及其相关研究工作，破除燃料电池汽车在推广中存在的政策问题，验证并提升搭载国产零部件的燃料电池汽车和加氢基础设施在不同环境下的安全性、耐久性和可靠性，研究不同氢源条件氢能经济性、商业运行模式等，从而推动我国燃料电池汽车技术的发展进步。

根据重点专项设置和指标要求，2018 年初，中国汽车技术研究中心有限公司联合行业相关优势企业共同申请立项"典型区域多种燃料电池汽车示范运行研究"项目，并在车辆示范运行、加氢基础设施建设、运维保障体系建立、数据监控与故障预警、消防安全与应急救援、整车技术升级、安全快速加氢技术、政策标准和产业规划、氢能经济性等方面开展研究工作。

在选择示范区域方面，考虑到燃料电池汽车产业属于资金、技术密集性行业，需要政府、企业深度支持，因此，项目需综合考虑经济发展、产业背景、人才条件、氢源条件、地方积极性、环境代表性等因素，最终选取了京津冀地区、中原地区、长三角地区、珠三角地区四个典型区域，上述区域涵盖了高温、高湿、高寒等多种复杂气候。

在示范车型选择方面，项目优先选取采用国产燃料电池系统乃至电堆的车辆。截至 2018 年初，全国累计生产燃料电池汽车不足 2000 辆，其中客车仅有 300 多辆，另外还有相当数量的小功率燃料电池专用车，且当时车辆搭载的燃料电池系统关键部件几乎全部依赖进口，不符合项目对示范车辆的要求。因此，项目在选择示范车辆时，主要选用了 2018 年新生产的搭载国产燃料电池系统的燃料电池汽车。2018 年我国累计生产燃料电池汽车 1619 辆，几乎全部是商用车，满足项目开展燃料电池汽车示范的条件。

在加氢基础设施方面，2018 年 5 月项目启动时，各示范区域参与示范的加氢站分别有北京永丰加氢站、张家口创坝加氢站、郑州宇通加氢站、上海安亭加氢站和佛山瑞晖加氢站等，盐城创咏加氢站正在建设。

在此基础上，自 2018 年 5 月起，项目在全国四个典型（京津冀、中原、长三角、珠三角）示范区域中的 7 个城市（北京、张家口、郑州、德州、上海、盐城、佛山）启动开展燃料电池商用车（包括公交车、物流车、通勤客车等）的示范运行及相关研究工作，确保各区域燃料电池汽车和加氢基础设施满足相关技术指标要求，组织各区域完成示范运行方案和安全运维保障体系的制定、更新和执行，对示范城市共计 223 辆燃料电池汽车进行了跟踪数据统计，并对其中 128 辆燃料电池汽车进行重点统计，以考察燃料电池汽车的运行示范效果。

1.2　示范运行的燃料电池电动汽车基本信息

项目根据统筹协调，在 7 个示范城市针对 223 辆燃料电池汽车的示范运行开展了相关研究工作。参与示范的燃料电池汽车如图 1-1 所示，基本信息见表 1-1。

图 1-1　参与示范的燃料电池汽车

表 1-1　参与示范的燃料电池汽车基本信息

基本信息	北京 60 辆	北京 5 辆	北京 5 辆	张家口 10 辆	郑州 15 辆	德州 10 辆	上海 28 辆
车辆图片							
车辆分类	通勤客车	公交车	物流车	公交车	公交车	物流车	邮政车
车辆型号	BJ6852FCE VUH	BJ6123FCE VCH-1	BJ5088XX YFCEV	BJ6105FCEV CH	ZK6125F CEVG5	JAX5081X XYFCEVA01	JAX5027X YZFCEV
车辆生产商	福田欧辉	福田欧辉	福田欧马可	福田欧辉	宇通客车	江苏奥新	江苏奥新

（续）

长/mm×宽/mm×高/mm	8520×2450×3800	12000×2550×3460	6965×2240×3250	10500×2550×3470	12000×2550×3400	6995×2300×3210	4370×1500×2210
轴距/mm	4100	5900	3800	5700	6100	3350	2500
整备质量/kg	9600	12700	4400	12500	12750，13100，13550	4735	1300
最大总质量/kg	12680	18000	8275	17000	18000	8000	2150
燃料电池集成企业	亿华通	亿华通	亿华通	亿华通	亿华通	浙江氢途	上燃动力
燃料电池功率/kW	30	60	30	30	60	31	8
搭载动力蓄电池类型	锰酸锂	锰酸锂	三元电池	锰酸锂	磷酸铁锂	三元电池	锰酸锂
储氢压力/MPa	35	35	35	35	35	35	35
储氢瓶数量/个	4	8	3	6	8	3	2
储氢瓶容积/L	140	140	165	140	140	140	28×2

基本信息	上海30辆	盐城10辆	佛山1辆	佛山10辆	佛山36辆	佛山3辆
车辆图片						
车辆分类	物流车	公交车	公交车	公交车	物流车	通勤客车
车辆型号	EQ5080XXYTFCEV1	NJL6129FCEV	FSQ6120FCEVG	FSQ6860FCEVGS	EQ5081XXYTFCEV1	SH6612A4FCEV
车辆生产商	东风汽车	南京金龙	佛山飞驰	佛山飞驰	东风汽车	上汽大通
长/mm×宽/mm×高/mm	6410×2200×2850	11980×2550×3479	12000×2550×3550	8645×2490×3300	6135×2060×2850	6120×1998×2612
轴距/mm	3600，3800	6000	6200	4350	3600	4180
整备质量/kg	4100	12050	12500	8850	3920	3130
最大总质量/kg	7510	17920	12500	13000	7510	4220
燃料电池集成企业	上海重塑	兴邦能源	国鸿重塑	国鸿重塑	爱德曼	上汽集团
燃料电池功率/kW	30	30	92	32	35	30
搭载动力蓄电池类型	锰酸锂	磷酸铁锂	锰酸锂	锰酸锂	锰酸锂	磷酸铁锂
储氢压力/MPa	35	35	35	35	35	35
储氢瓶数量/个	3	6	8	6	3	2
储氢瓶容积/L	140	128	140	140	150	100

1.3 燃料电池电动汽车示范运行路线

1.3.1 北京市燃料电池汽车示范运行路线

北京市参与示范运行的燃料电池汽车共有 70 辆，分别为：5 辆燃料电池公交车，60 辆燃料电池通勤客车，5 辆燃料电池物流车。这些车辆的示范运行路线规划分别如下。

1. 公交车

5 辆燃料电池公交车在项目期间的示范运行路线为 384 路公交车线路，运行区间为西玉河公交站场—中关村一街，单程设置 25 个站点，路线长度 23km，如图 1-2 所示。

图 1-2 北京市燃料电池公交车 384 路示范运行路线

2. 通勤客车

60 辆燃料电池通勤客车在项目期间的示范运行路线主要围绕在永丰加氢站和维修库 50km 半径内择优选择，规划的重点区域有：昌平区未来科学城区域、海淀区东升区域与永丰区域、朝阳区望京区域等，如图 1-3 所示。

图 1-3 北京市燃料电池通勤客车示范运行路线

3. 物流车

5 辆燃料电池物流车在项目期间的示范运行路线为北京的区域物流中心到分站点之间的运输路线，主要在昌平区和房山区进行物流运输，如图 1-4 所示。

图 1-4　北京市燃料电池物流车示范运行路线

1.3.2　张家口市燃料电池公交车示范运行路线

张家口市有 10 辆燃料电池公交车参与示范运行，示范运行路线为公交 1 路、23 路和 33 路。其中，1 路从明德北到火车南站（途经市政府大楼），往返共计 47 站，往返里程约 20km，公交场站与加氢站的距离约 4.5km，运行时间为 5∶45—21∶30。23 路从机场到百货大楼，往返共计 51 站，往返里程约 64km，从公交场站到加氢站的距离约 2km，运行时间为 7∶00—19∶00。33 路从火车南站到火车北站，往返共计 47 站，往返里程约 46km，从公交场站到加氢站的距离约 4km，运行时间为 6∶00—21∶30，如图 1-5 所示。

图 1-5　张家口市燃料电池公交车 1 路、23 路和 33 路示范运行路线

1.3.3 郑州市燃料电池公交车示范运行路线

郑州市有 15 辆燃料电池公交车参与示范运行，主要投入到 727 路公交线，其运行路线为航海路四港联动大道—紫荆山，共设 31 站，路线长度 19.8km，如图 1-6 所示。

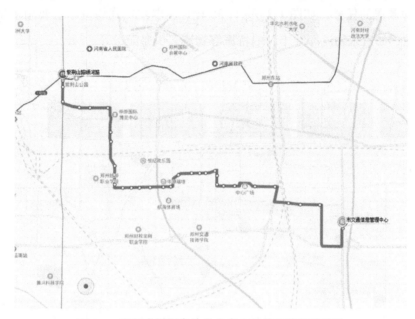

图 1-6　郑州市燃料电池公交车 727 路示范运行路线

1.3.4 德州市燃料电池物流车示范运行路线

德州市有 10 辆燃料电池物流车参与示范运行，主要用于周边物流配送工作，如餐饮配送、物流短租和配送等，如图 1-7 所示。

图 1-7　德州市燃料电池物流车示范运行路线

1.3.5 上海市燃料电池邮政物流车示范运行路线

上海市参与示范运行的燃料电池汽车共有 58 辆，分别为：28 辆燃料电池邮政物流车和 30 辆燃料电池厢式物流车。其中，28 辆燃料电池邮政物流车主要在上海嘉定区各邮政分局承担快件派送的任务，如图 1-8 所示；30 辆燃料电池厢式物流车主要用于城区大客户物流中转配送，如京东物流、顺丰、威特派等物流、快递配送等。

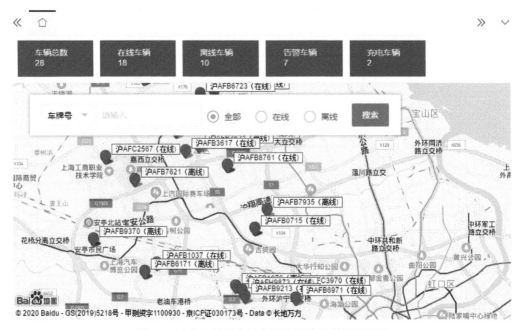

图 1-8　上海市燃料电池邮政物流车示范运行路线

1.3.6 盐城市燃料电池公交车示范运行路线

盐城市有 10 辆燃料电池公交车参与示范运行，将高新区内部循环的 K11 路作为示范运行路线。K11 路的运行区间为科教路蓝海路口—纬四路振兴路口，全程共 31 站，总里程 16.6km，如图 1-9 所示。

1.3.7 佛山市燃料电池汽车示范运行路线

佛山市参与示范运行的燃料电池汽车共有 50 辆，分别为：11 辆燃料电池公交车、36 辆燃料电池物流车和 3 辆燃料电池公务通勤客车。

1. 公交车

佛山市南海佛广公共汽车有限公司有 1 辆燃料电池公交车参与示范，主要在佛山市南海区快08公交线进行示范运行。快08公交线的运行区间为佛山千灯湖总站—丹灶汽车客运站，共设12个站点，如图1-10所示。

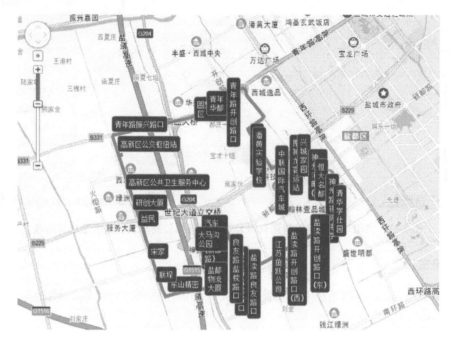

图 1-9　盐城市燃料电池公交车 K11 路示范运行路线

图 1-10　佛山市南海佛广公共汽车有限公司燃料电池公交车快08路示范运行路线

佛山市汽车运输集团有限公司共有 10 辆燃料电池公交车参与示范，主要投入 139 路公交线运行。139 路公交线运行区间为南海实验小学—佛山奥园，共设 42 个站点，运行里程约 20km，如图 1-11 所示。

图 1-11　佛山市汽车运输集团有限公司燃料电池公交车 139 路示范运行路线

2. 物流车

参与示范运行的 36 辆燃料电池物流车主要在佛山市南海区丹灶镇、狮山镇、大沥镇等区域用于货物运输。

3. 公务通勤客车

参与示范运行的 3 辆燃料电池公务通勤客车主要用作丹灶镇政府公务专用车辆。

1.4　参与示范的加氢基础设施基本情况

项目内负责保障燃料电池汽车示范运行的加氢基础设施主要有北京永丰加氢站、张家口创坝加氢站、郑州宇通加氢站、上海安亭加氢站、盐城创咏加氢站和佛山瑞晖加氢站。除此之外，保障德州市燃料电池汽车示范运行的加氢站为企业自有保障站，不对外开放，氢气来源为周边的工业副产氢。

1.4.1　北京永丰加氢站

北京永丰加氢站建于 2006 年底，运行主体单位是北京亿华通氢能科技有限公司。2020 年 6 月，永丰加氢站完成了一次改造升级，具备 35MPa 氢系统加注能力，配备 2 台加氢机和 3 只加氢枪，日加注量由原来的 200kg/ 天增加到 1000kg/ 天，采用 40MPa 高压储氢、三级加注策略，可实现通勤客车 10min 加注完成。加氢站所用氢气由北京环宇京辉京城气体科技有限公司（电解水制氢）、河北欣国氢能科技有限公司（氯碱工业副产氢）、山东滨华氢能源有限公司（氯碱工业副产氢）提供，运输方式采用长管拖车。加氢站的站控系统集成设备具有在线控制、视频监控、安防、泄漏探测功能，可为加氢站安全运行提供保障，如图 1-12 所示。

图 1-12　北京永丰加氢站

1.4.2　张家口创坝加氢站

张家口创坝加氢站于 2018 年 7 月投入运行，运行主体单位是张家口海珀尔新能源科技有限公司。该公司具备 35MPa 氢系统加注能力，配备 2 台加氢机和 3 只加氢枪，日加注量 1000kg/ 天（峰值达 2178.34kg）。加氢站所用氢气由北京环宇京辉京城气体科技有限公司（电解水制氢）、内蒙古宜和新能源科技有限公司（电解水制氢）、河北欣国氢能科技有限公司（氯碱工业副产氢）提供，运输方式采用长管拖车，如图 1-13 所示。

图 1-13　张家口创坝加氢站

1.4.3　郑州宇通加氢站

郑州宇通加氢站是宇通客车根据国内新能源客车发展趋势和自身发展的需要，为助力燃料电池客车的研发和商业化，在 2015 年投资建设的加氢站，是当时中原地区第一座加氢站，初期日加氢量超过 210kg/ 天，可满足 10 辆燃料电池客车的日加氢需求。为满足郑州首条燃料电池汽车示范线用氢需求，加氢站于 2018 年 10 月进行了扩建，并于当年 11 月投入使用。扩建后加氢站的日加氢能力由原来的 210kg/ 天升至 1210kg/ 天可满足 60 辆以上燃料电池客车的日加氢需求，增配了 2 台氢气压缩机（日压缩量可达 500kg），具有 6 支固定储气瓶组、2 台加氢机和 1 套加氢预冷系统，其中加氢预冷系统采用 −10℃的冷冻机组，可以实现 6～8min 以内的安全快速加氢。加氢站供氢方式采用 20MPa 长管拖车运输，氢源来自 120km 之外的焦作市，制氢方式为氯碱工业副产氢，如图 1-14 所示。

图 1-14　郑州宇通加氢站

1.4.4　上海安亭加氢站

上海安亭加氢站于 2007 年 11 月正式投入使用，日加氢能力为 800kg/ 天，站内配备 35MPa 双枪加氢机，能连续为 6 辆大客车、20 辆乘用车加注氢气。自建成以来，安亭加氢站为同济大学、上汽集团、上海邮政、京东、氢车熟路汽车运营（上海）有限公司等单位的燃料电池汽车提供了安全可靠的氢气加注服务，如图 1-15 所示。

1.4.5　盐城创咏加氢站

盐城创咏加氢站位于盐城市高新区 204 国道，占地约 10 亩（1 亩 = 666.6m²），建设土地性质为商业用地。加氢站总投资 3160 多万元，主要用于建设站房、加氢岛，安装储氢罐、压缩机、加氢机、安防系统相关设备、消防设备和管道阀门等。该站设计加注压力为 35MPa，卸气柱 2 根，日加注能力 1200kg/ 天，配备 4 台双枪加氢机，如图 1-16 所示。

图 1-15　上海安亭加氢站

图 1-16　盐城创咏加氢站

1.4.6　佛山瑞晖加氢站

佛山瑞晖加氢站是佛山市南海区第一座加氢站，位于南海区丹灶镇，于 2017 年 9 月投入运行。加氢站设计加注压力为 35MPa，日加注能力为 350kg/ 天，并预留了 70MPa 加注压力和日加注能力 700kg/ 天的扩展空间。加氢站氢气来源为东莞巨正源股份有限公司生产的石油工业副产氢，运输方式采用长管拖车，如图 1-17 所示。

图 1-17　佛山瑞晖加氢站

上述加氢站基础设施基本情况见表 1-2。

表 1-2 加氢站基础设施基本情况

序号	城市	名称	日加注量 /（kg/ 天）	加注压力 /MPa	提供模式	建成时间	氢站模式	承建单位
1	北京	永丰加氢站	1000	35	外供	2006	固定式	北京亿华通
2	张家口	创坝加氢站	1000	35	外供	2018	撬装式	张家口海珀尔
3	郑州	宇通加氢站	1210	35	外供	2015	固定式	宇通客车
4	上海	安亭加氢站	800	35	外供	2007	固定式	上海舜华
5	盐城	创咏加氢站	1200	35	外供	2019	固定式	盐城创咏
6	佛山	瑞晖加氢站	350	35	外供	2017	固定式	南海燃气

1.5 燃料电池电动汽车示范运行情况

1.5.1 示范运行整体情况

截至 2020 年 12 月底，各城市示范的 223 辆燃料电池汽车累计行驶 1083.21 万 km，平均单车行驶里程 4.86 万 km。加氢基础设施和燃料电池汽车示范运行状况良好，积累了较为丰富的示范运行经验，如图 1-18 和图 1-19 所示。

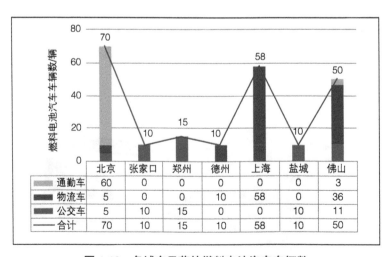

图 1-18 各城市示范的燃料电池汽车车辆数

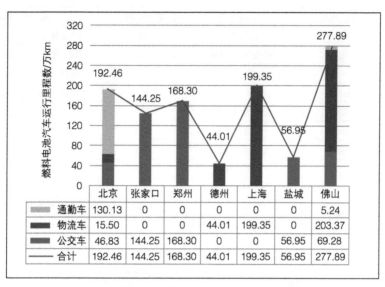

图 1-19　各城市示范的燃料电池汽车运行里程数

1.5.2　重点跟踪车辆示范情况

根据实际运行情况，各区域重点跟踪了 223 辆燃料电池汽车中的 128 辆。这 128 辆燃料电池汽车示范运行时间超过 2 年，累计运行里程 818.78 万 km，平均单车行驶里程达 6.40万 km，平均无故障里程 7761km，燃料电池系统实车运行时间平均超过 1600h，预测平均寿命超过 5000h。

1. 燃料电池汽车示范运行统计区间

燃料电池汽车示范运行根据项目实施周期，按 2018 年 6 月—2020 年 12 月设置车辆示范运行时长。若车辆交付（上牌）时间晚于 2018 年 6 月，则按车辆交付时间作为车辆开始运行的时间。为保障运行数据的质量，各城市不统计燃料电池汽车在调试、试运行等阶段的运行数据，只统计车辆接入企业平台后稳定输出的运行数据。因此，各城市燃料电池汽车示范运行统计区间通常短于示范项目实施周期。如表 1-3 所示，各城市重点跟踪车辆总数为 128 辆，示范运行统计区间均超过 2 年（24 个月）。

2. 燃料电池汽车平均单车行驶里程

燃料电池汽车平均单车行驶里程 = 累计里程数 / 车辆数量（表 1-4），按燃料电池汽车示范运行统计区间计算，128 辆燃料电池汽车累计运行 818.78 万 km，平均单车行驶里程为6.40 万 km。

表 1-3　各示范体系燃料电池汽车示范运行统计区间

示范体系	示范城市	车辆类型	数量/辆	运行统计时间
京津冀地区	北京	通勤客车	30	2018 年 11 月—2020 年 12 月
		公交车（12m）	5	2018 年 10 月—2020 年 12 月
		物流车	5	2019 年 1 月—2020 年 12 月
	张家口	公交车（10.5m）	10	2018 年 8 月—2020 年 12 月
中原地区	郑州	公交车（12m）	15	2018 年 9 月—2020 年 12 月
长三角地区	德州⊖	物流车	4	2019 年 1 月—2020 年 12 月
	盐城	公交车（12m）	9	2019 年 1 月—2020 年 12 月
	上海	物流车	19	2019 年 1 月—2020 年 12 月
珠三角地区	佛山	公交车（12m）	1	2019 年 1 月—2020 年 12 月
		公交车（8.6m）	10	2019 年 1 月—2020 年 12 月
		通勤客车（FCV 80）	3	2019 年 1 月—2020 年 12 月
		物流车	17	2019 年 1 月—2020 年 12 月
合计			128	≥ 24 个月

注：德州示范的物流车是由位于长三角地区的盐城市车企生产，由生产企业进行技术监控和示范研究，因此本书将德州示范运行并入长三角地区研究单位。

表 1-4　各示范体系燃料电池汽车平均单车行驶里程

示范体系	城市	车辆类型	车辆数量	统计时间	累计运行里程/km	平均单车行驶里程/km
京津冀地区	北京	通勤客车	30	2018 年 11 月—2020 年 12 月	888146	29605
		公交车（12m）	5	2018 年 10 月—2020 年 12 月	468297	93659
		物流车	5	2019 年 1 月—2020 年 12 月	154984	30997
	张家口	公交车（10.5m）	10	2018 年 8 月—2020 年 12 月	1442557	144256
中原地区	郑州	公交车（12m）	15	2018 年 9 月—2020 年 12 月	1683013	112201
长三角地区	德州	物流车	4	2019 年 1 月—2020 年 12 月	175179	43795
	盐城	公交车（12m）	9	2019 年 1 月—2020 年 12 月	539383	59931
	上海	物流车	19	2019 年 1 月—2020 年 12 月	899275	47330
珠三角地区	佛山	公交车（12m）	1	2019 年 1 月—2020 年 12 月	101659	101659
		公交车（8.5m）	10	2019 年 1 月—2020 年 12 月	591197	59120
		通勤客车（FCV80）	3	2019 年 1 月—2020 年 12 月	52414	17471
		物流车	17	2019 年 1 月—2020 年 12 月	1191736	70102
合计			128	—	8187840	63968

3. 燃料电池汽车平均无故障里程

燃料电池汽车平均无故障里程 = 车辆累计运行里程数 / 故障总数。故障数是监控系统或企业运行记录中各级故障数的总和，其中，故障分类为：

1）严重系统故障：如重要零部件故障和氢电安全故障，导致动力输出中断，车辆无法移动。

2）零部件故障：如出现零部件故障，允许通过容错控制策略来限制功率和零部件工作状态，不影响车辆移动。

3）可恢复故障及报警：如一些传感器信号出现漂移和不准确故障，通过传感器故障信号处理算法和信号重构算法，可让系统恢复正常工作状态（若故障不影响车辆正常行驶，可按实际情况在故障统计时剔除数据）。如表 1-5 所示，128 辆燃料电池汽车累计运行818.78 万 km，故障总数为 1055 次，平均无故障里程为 7761km。

表 1-5　各示范体系燃料电池汽车平均无故障里程

示范体系	城市	车辆类型	数量	统计时间	累计运行里程 /km	故障总数	平均无故障里程 /km
京津冀地区	北京	通勤客车	30	2018 年 11 月—2020 年 12 月	888146	158	5621
		公交车（12m）	5	2018 年 10 月—2020 年 12 月	468297	69	6787
		物流车	5	2019 年 1 月—2020 年 12 月	154984	16	9687
	张家口	公交车（10.5m）	10	2018 年 8 月—2020 年 12 月	1442557	192	7513
中原地区	郑州	公交车（12m）	15	2018 年 9 月—2020 年 12 月	1683013	280	6010
长三角地区	德州	物流车	4	2019 年 1 月—2020 年 12 月	175179	29	6125
	盐城	公交车（12m）	9	2019 年 1 月—2020 年 12 月	539383	70	8061
	上海	物流车	19	2019 年 1 月—2020 年 12 月	899275	149	6366
珠三角地区	佛山	公交车（12m）	1	2019 年 1 月—2020 年 12 月	101659	4	25415
		公交车（8.5m）	10	2019 年 1 月—2020 年 12 月	591197	0	59120
		通勤客车（FCV80）	3	2019 年 1 月—2020 年 12 月	52414	45	1165
		物流车	17	2019 年 1 月—2020 年 12 月	1191736	43	27715
合计			128	—	8187840	1055	7761

4. 燃料电池系统平均寿命

根据示范车辆运行特点，统计时将燃料电池汽车电堆系统的运行时间与燃料电池汽车的实车运行时间等同，可从运行监控数据中统计得出。在电堆系统寿命预测方面，项目组织制定了《在用燃料电池示范车辆燃料电池系统寿命预测方法》，通过采集在用示范车辆燃料电池电堆的运行数据，利用基准电流下的电压参数，通过线性回归得到衰减率，然后根据衰减率预测在用示范车辆的燃料电池系统寿命。

如表 1-6 和表 1-7 所示，128 辆燃料电池汽车的燃料电池系统实车平均运行时间超过1600h、预测平均寿命超过 5000h。

5. 燃料电池汽车加氢情况及平均百公里耗氢量

如表 1-8 所示，128 辆燃料电池汽车在示范运行过程中累计加氢 405t，累计加氢 4 万次，平均单次加氢量为 10.12kg/ 次，统计结果表明项目内燃料电池汽车加氢保障体系可以支持示范运行的顺利开展。

表1-6 各示范体系燃料电池汽车的燃料电池系统平均寿命（按车型统计）

示范体系	城市	车辆类型	数量/辆	实车运行平均时间/h	燃料电池系统预测平均寿命/h
京津冀地区	北京	通勤客车	30	1711	4298
		公交车（12m）	5	4767	18369
		物流车	5	594	6005
	张家口	公交车（10.5m）	10	7435	8701
中原地区	郑州	公交车（12m）	15	3249（选取10辆）	12999（选取10辆）
长三角地区	德州	物流车	4	2254	16330
	盐城	公交车（12m）	9	3617	16798
	上海	物流车	19	1879	22180
珠三角地区	佛山	公交车（12m）	1	3509	44789
		公交车（8.5m）	10	1342	20210
		通勤客车（FCV80）	3	392	857
		物流车	17	2127	3171
合计			128	2600	11516

表1-7 各示范体系燃料电池汽车的燃料电池系统平均寿命（按区域统计）

示范体系	城市	车辆类型	数量/辆	实车测试平均寿命/h	燃料电池系统平均寿命/h
京津冀地区	北京	通勤客车	30	3050	6756
		公交车（12m）	5		
		物流车	5		
	张家口	公交车（10.5m）	10		
中原地区	郑州	公交车（12m）	15	3249（选取10辆）	12999（选取10辆）
长三角地区	德州	物流车	4	2415	19935
	盐城	公交车（12m）	9		
	上海	物流车	19		
珠三角地区	佛山	公交车（12m）	1	1750	9786
		公交车（8.5m）	10		
		通勤客车（FCV80）	3		
		物流车	17		
合计			128	≥1600	≥5000

表1-8 各示范体系燃料电池汽车加氢情况统计

示范体系	城市	车辆类型	数量/辆	统计时间	累计运行里程/km	总加氢量/kg	总加氢次数	平均单次加氢量/kg	百公里耗氢量/（kg/100km）
京津冀地区	北京	通勤客车	30	2018年11月—2020年12月	888146	41961	5341	7.86	4.72
		公交车（12m）	5	2018年10月—2020年12月	468297	33291	2196	15.16	7.11
		物流车	5	2019年1月—2020年12月	154984	4014	570	7.04	2.59
	张家口	公交车（10.5m）	10	2018年8月—2020年12月	1442557	90698	8108	11.19	6.29

（续）

示范体系	城市	车辆类型	数量/辆	统计时间	累计运行里程/km	总加氢量/kg	总加氢次数	平均单次加氢量/kg	百公里耗氢量/（kg/100km）
中原地区	郑州	公交车（12m）	15	2018 年 9 月—2020 年 12 月	1683013	108577	7230	15.02	6.45
长三角地区	德州	物流车	4	2019 年 1 月—2020 年 12 月	175179	7375	1373	5.37	4.21
长三角地区	盐城	公交车（12m）	9	2019 年 1 月—2020 年 12 月	539383	24085	2106	11.44	4.47
长三角地区	上海	物流车	19	2019 年 1 月—2020 年 12 月	899275	25631	4664	5.50	2.85
珠三角地区	佛山	公交车（12m）	1	2019 年 1 月—2020 年 12 月	101659	5161	398	12.97	5.08
珠三角地区	佛山	公交车（8.5m）	10	2019 年 1 月—2020 年 12 月	591197	32287	3188	10.13	5.46
珠三角地区	佛山	通勤客车（FCV80）	3	2019 年 1 月—2020 年 12 月	52414	1067	320	3.33	2.04
珠三角地区	佛山	物流车	17	2019 年 1 月—2020 年 12 月	1191736	31294	4584	6.83	2.63
合计			128	—	8187840	405441	40078	10.12	4.95

1.6　小结

本章总结概括了燃料电池汽车示范运行项目的总体情况，从项目启动背景、示范车辆基本信息、示范运行路线、加氢基础设施、车辆示范运行数据等方面进行了全面阐述。截至 2020 年 12 月底，各城市示范的 223 辆燃料电池汽车累计行驶 1083.21 万 km，平均单车行驶里程 4.86 万 km；重点跟踪的 128 辆燃料电池汽车示范运行时间超过 2 年，累计运行里程 818.78 万 km，平均单车行驶里程达 6.40 万 km，平均无故障里程 7761km，燃料电池系统实车运行平均时间和燃料电池系统预测平均寿命均超过项目指标要求。

第2章

示范运行安全运维保障体系

在项目开展过程中，各城市均组建了燃料电池汽车和加氢基础设施示范运行团队，逐步完善和优化示范运行安全运维保障体系，以流程管理、养护结合、运行监控、应急预防为基本原则，在团队建设、故障监控与维修、日常维护与定期保养、车辆运行安全规范、消防安全与应急救援、加氢站运维保障与安全规范等方面制定了多种类、全方位的规章制度，全面保障燃料电池汽车和加氢基础设施示范运行工作顺利开展。

2.1 燃料电池电动汽车运维保障团队建设

各示范城市燃料电池汽车运维保障团队大致可分为技术支持团队、现场服务团队、维修保养团队和应急救援团队等，如图 2-1 所示。其中，技术支持团队由整车企业或燃料电池系统供应商派员驻场服务，如在车辆试运行期间，专业技术人员 24h 驻守现场，主动解决和处理驾乘人员关于车辆的一切问题；正式运营后，前期可按 10 车 / 人、中后期按 20 车 / 人配置专业技术人员。现场服务团队主要包括驾驶人、调度、管理等保障车辆正常运行的服务人员。维修保养团队则定期按科目开展车辆保养事项，针对车辆发生的故障开展维修和部件更换等。企业在开展燃料电池汽车示范运行时，会制定相应的操作规范和安全制度，并严格按规范作业，保障车辆的安全运行，如遇突发事故，应急救援团队可按相关制度开展紧急预案处理。

为顺利开展燃料电池汽车示范运行工作，企业对建立的运维保障团队定期开展技术培训和安全培训，确保驾驶人熟练掌握燃料电池汽车使用说明和操作流程、燃料电池汽车维修和保养方法以及车辆安全事故应急救援方案等，培训情况如图 2-2 所示。运维保障团队根据燃料电池汽车示范运行过程中的实操经验，不断调整和完善相关制度，提升团队运维保障能力。

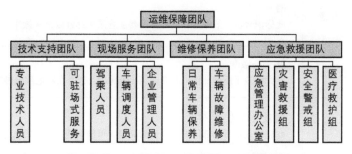

图2-1 燃料电池电动汽车运维保障团队建设

图2-2 运维保障团队开展的人员培训

通过项目的开展和实证，各示范城市在实践中不断检验和优化运维保障团队，现已能在公交、物流、通勤等商业场景下顺利开展服务工作，为下一步我国大规模开展燃料电池汽车商业化推广奠定基础。

2.2 燃料电池电动汽车及其动力系统安全操作注意事项

2.2.1 安全标识及危险标识

在对燃料电池电汽车搭载的燃料电池系统进行操作、维护，或在其周围对其他设备进行操作或维护时，需要注意危险标识并熟知标识代表含义，规范操作，保证人身、财产安全，常见的危险标识见表2-1。

表 2-1 常见的危险标识

危险标识	含义	说　　明
⚠	注意	■ 注意安全 此标识表示一般性潜在危险，需要注意某个部件或某一操作
⚡	警告	■ 当心触电 此标识表示所贴部件内有高电压（>60V），有潜在触电或电击的危害
🌡	警告	■ 注意高温 此标识表示所贴部件的部分表面高温，可能会造成皮肤烫伤等危害
🔥	警告	■ 易燃物 此标识表示所贴部件为易燃物或其内部含有易燃物，当接触高温、火花、火焰或摩擦时，有燃烧或爆炸的潜在危害
EX	警告	■ 爆炸或易燃气体氛围 此标识表示所贴部件会排放易燃气体，当接触高温、火花、火焰或摩擦时，会有爆炸的潜在危害
⏚	注意	■ 保护导体端子（接地） 此标识表示需要为所贴部件提供接地点

2.2.2　漏电安全

当燃料电池系统处于运行状态时，保持所有的防护罩、屏蔽装置以及电气外壳处于正确位置；在操作或维护燃料电池系统时，应移除衣服上可能会造成短路的珠宝、手表、戒指以及其他金属导电物件。

燃料电池系统处于运行状态或刚断电时，由于可能含有残余电压，需使用万用表确认其输出端的电压降为安全操作电压后，再对其进行操作。

2.2.3　高温安全

燃料电池系统正常工作温度为 $60 \sim 80\,^\circ\!\mathrm{C}$，当工作异常时其连接管路以及尾排气出口的温度可能达到 $70\,^\circ\!\mathrm{C}$ 或者更高，因此，燃料电池系统在工作或停机后短时间内，应避免接触外露部件，防止烫伤。

2.2.4　高压安全

燃料电池系统在操作之前，应确保系统模块输出高压正负极（HV+）和（HV-）端子已连接至适当的负载，没有短路，且与燃料电池系统的外部框架没有接触。同时，燃料电池系统的外部框架要可靠接地，防止人员触电危险发生。

2.2.5　化学危害

燃料电池系统使用的防冻液中乙二醇含量不得超过 60%（体积分数）。乙二醇有轻微毒性，须防止身体、皮肤直接接触。当对冷却循环系统进行操作时，操作人员应穿戴化学防护手套和防护服，若皮肤上沾有乙二醇水溶液，应及时清洗。另外，更换出的防冻液（乙二醇水溶液）应根据相关规定处理。

2.2.6　氢安全

氢气是一种无色无味、易燃易爆的气体，操作人员处于氢气环境中容易导致窒息昏迷甚至发生火灾或爆炸危险，因此，在对燃料电池系统进行操作和维护，尤其进行氢气排空操作时，须避开含有氢气的排气管路。燃料电池系统内部安装有氢浓度传感器，能实时监测产品内部氢气浓度。当氢气发生泄漏时，若氢浓度传感器监测到氢气浓度达到报警值，则燃料电池系统将自动停机。

氢系统安全防护体系主要是对高压储氢瓶及氢气管路进行安全设计，并安装多种安全设施，主要包括：排空管、安全阀、手动截止阀、单向阀、泄压球阀、碰撞传感器、温度传感器、压力传感器、电磁阀、碰撞传感器等。氢系统安全防护体系在监控系统中设定相应的防护值，若数值异常，则立即启动安全设施，使燃料电池汽车处于安全状态。

2.3　燃料电池电动汽车运行安全规范

安全性是燃料电池汽车产业发展的前提与基础，燃料电池汽车在设计制造过程中要保证氢安全、防火安全、防水安全、电安全和碰撞安全等。其中，氢安全指通过对零部件、管路及接头处等采取气密性措施和检验，防止氢气泄漏，并利用氢浓度传感器监测车辆是否存在氢气泄漏。如传感器检测到氢气泄漏，需立刻采取处理措施，通过安全阀切断氢气供应并将泄漏的氢气排空，保障车辆用氢安全。防火安全要求车辆所用非金属材料选用符合防火要求的材料。防水安全要求车辆零部件防水等级高，并考虑防水需求进行整车布局设计。电安全除电池、电机、电控等用电安全外，需设置燃料电池系统电导率传感器，防止燃料电池系统绝缘失效故障。碰撞安全指整车需增加碰撞感应系统，当碰撞达到一定强度时，燃料电池系统关机且氢阀关闭，自动切断电源和燃料供应，并保证在车辆设计时，燃料电池系统和氢系统氢气管路布置在防撞梁内侧，避免碰撞时直接损坏氢气管路。

在燃料电池汽车投入运行后，驾驶人应完成驾驶培训，掌握车辆构造、车辆标识、仪表示数及安全规范等内容，能严格按照整车产品使用说明书进行操作。在车辆行驶过程中，驾驶人需对密闭空间、涉水限速、限高碰撞、故障预警等提高警惕，针对不同运行情况采取及时、合理的措施，使车辆行车安全。燃料电池汽车在加氢过程中，加氢工作人员需严格对照安全检查表对气瓶瓶体、供氢管路、阀门接口、管路连接件等部件做充装前、后检查，并记录检查结果，确保车辆加氢安全。在车辆停车场所方面，燃料电池汽车需要停放在通风效果良好、利于氢气扩散的非密闭空间，场所防火、防爆设施齐全，导流、禁火等安全标识明显；维修区、充电区等功能区域需与燃料电池汽车停车区分隔开，防止明火、静电等因素产生安全隐患。当燃料电池汽车临时停车时，应尽可能将汽车停靠在不影响其他车辆行驶的场所，尽可能远离火源、热源、高压线、易燃/易爆物等危险物品，并设置停车警告标志；若车辆短期存放时间不超过 15 天或需长期存放时间达 15 天以上时，车载高压储氢瓶储氢压力应按规定程度操作，确保车辆停车安全。

2.4 燃料电池电动汽车的日常维护和定期保养

对燃料电池汽车进行日常维护和定期保养对延长车辆使用寿命、提高车辆使用安全性、减少车辆故障和维修费用等方面至关重要。

2.4.1 日常维护

燃料电池汽车日常维护包括车辆使用前维护和车辆使用后维护。其中，车辆使用前维护事项主要包括检查储氢瓶、加氢口、氢气管路是否泄漏，检查防冻液液位，检查各接头、电路、电磁阀和安全阀件有无剐蹭痕迹、脱落现象，检查电气线路是否正确连接，氢气报警器是否正常工作，检查燃料电池系统清洁情况、能否正常开机及开机后各项仪表参数是否正常等；车辆使用后维护事项主要包括氢气阀关闭、系统吹扫完成、检查散热器、关闭电源、车辆存放环境洁净通风等。为保证燃料电池汽车安全运行，消除潜在安全隐患，运营企业可制定对车辆进行日检、周检、月检的制度，如氢气泄漏检查、仪表参数检查等可进行日检，管路连接气密性、电气线路连接、燃料电池冷却液电导率检测等可进行周检，接头及管阀件紧固、仪表示数校准、支架及管路接头腐蚀情况检查、电磁阀工作情况检查等可进行月检，具体项目运营企业可根据实际情况制定。燃料电池汽车日常行车检查内容见表 2-2。

表 2-2　燃料电池汽车日常行车检查内容

检查项目	序号	检查内容	评判标准
车辆静态检查	1	检查空压机润滑油液面	高于最低液面
	2	检查转向机有无渗漏	无渗漏
	3	车辆底部有无液体泄漏	无液体
	4	检查氢系统各节点氢气泄漏	低于 50×10^{-6}（ppm）
	5	检查高压隔离开关	闭合
	6	检查 24V 手动开关	闭合
	7	检查燃料电池系统散热器液位	高于最低液位限制 6cm
	8	检测燃料电池系统防冻液电导率	<10μS/cm
	9	检查车顶散热风扇、空气滤清器入口是否有异物	无异物
检查项目	序号	检查内容	评判标准
24V 上电检查（钥匙 ACC 档）	1	检查车门开关	可以正常开门关门
	2	检查仪表 24V 电量表	24～28V
	3	检查仪表氢气压力	大于 0
	4	检查仪表动力电池通信（电压、SOC、温度）	数值处于正常范围
	5	检查仪表电机通信（温度、电压、电流）	数值处于正常范围
	6	检查仪表燃料电池通信（状态、电压、温度）	数值处于正常范围
	7	检查仪表报警状态（绝缘、氢气浓度、舱门）	无报警
	8	检查电机散热风扇工作状态	工作
	9	检查电机水泵工作状态	工作
检查项目	序号	检查内容	评判标准
高压上电检查（钥匙 ON 档）	1	检查仪表 ready 信号显示	仪表显示灯亮
	2	检查仪表高压连接状态显示	仪表显示灯亮
	3	检查空压机工作状态，仪表储气筒压力显示	空压机工作，气压上升
	4	原地转动转向盘，检查助力转向机工作状态	有助力
	5	检查燃料电池系统供氢管路球阀是否打开	打开
	6	检查燃料电池系统空气尾排管路盲板是否打开	打开
	7	检查燃料电池系统循环水管路球阀是否打开	打开
检查项目	序号	检查内容	评判标准
车辆启动前检查	1	检查各舱门	关闭
	2	检查灯光	正常
	3	检查车辆周围环境	无危险因素
	4	检查车轮前后障碍物	无障碍物
	5	检测整车后舱的氢气浓度	$<100 \times 10^{-6}$（ppm）
检查项目	序号	检查内容	评判标准
行车检查	1	仪表电机数据（温度）	正常值范围
	2	仪表动力电池数据（温度、SOC）	正常值范围
	3	仪表报警状态（绝缘、氢气浓度）	无报警提示
	4	仪表氢气压力、制动气压	正常值范围
	5	仪表燃料电池工作状态及数据（电压、电流）	正常值范围
检查项目	序号	检查内容	评判标准
停车检查（室外）	1	检查整车后舱是否有大量液态水	无液态水
	2	检查燃料电池系统中空压机是否漏油	无泄漏
	3	氢气泄漏检查	无泄漏
	4	记录绝缘检测数值	完成
检查项目	序号	检查内容	评判标准
停车检查（室内）	1	检查仪表动力电池 SOC	60% 以上，低于 60% 充电至 80%
	2	检测室内温度，判定是否需要外接加热包	温度 <5℃ 则需要外接加热包
	3	检查数采数据	完成
	4	检查钥匙开关	OFF
	5	检查高压隔离开关	断开
	6	检查 24V 手动开关	断开
	7	检查车门及舱门	锁止
	8	填写行车记录单	完成

2.4.2 定期保养

定期保养是车辆或系统运行到一定阶段或故障修复后需要做的保养。燃料电池汽车的定期保养除常规的整车保养及动力电池系统保养外，更注重燃料电池系统的保养，确保系统长期安全运行。燃料电池系统定期保养内容主要包括定期更换去离子罐，如果长期不使用，则应在使用前检查燃料电池冷却液电导率；定期更换或清洁空滤滤芯；定期检查燃料电池系统，如长期不使用，应定期运行燃料电池，检查燃料电池各个部件工作情况。定期保养人员须具备相应的技术资格，并具有操作电气设备、压缩气体的经验，同时了解燃料电池技术原理，熟悉燃料电池安全操作规范及操作过程中存在的风险，关键零部件保养周期见表2-3。

表2-3　燃料电池汽车关键零部件保养周期（以北汽福田 BJ6105FCEVCH 车型为例）

序号	保养类别	处置方式	首保	保养周期
1	防冻液	更换	—	每年检测，防冻液凝固点需低于当地最低环境温度10℃
2	去离子罐	更换	10000km	500h/10000km
3	空气滤清器滤芯	更换	10000km	500h/10000km
4	电堆散热器	检查	10000km	500h/10000km
5	氢浓度传感器	校准	—	每年一次
6	燃料电池仓内除尘	吸尘		500h/10000km（首保）
7	氢气气瓶	复检	—	3年一次（每6年大检一次，直至15年报废）

另外，当出现车辆系统电导率类故障报警时，可通过在线电导率仪对去离子罐进行状态检测。若检测结果达到失效数值的条件，则可判定去离子罐失效，应及时进行更换。

2.5　燃料电池电动汽车消防安全与应急救援

为加强突发事件的应急管理，燃料电池汽车运维保障体系需建立消防安全与应急救援机制，最大限度地降低突发事件造成的影响和损失。车辆在运行过程中出现的安全事故主要分触电、氢气泄漏、火灾和交通事故等，按人员伤亡程度可分为特大事故、重大事故和一般事故（无伤亡）。在应急救援原则上，要实行"统一指挥、分级负责"的原则，保证人员安全优先，快速响应，果断处置，防止事故危害扩大蔓延。

当燃料电池汽车在行车中发生安全事故时，驾驶人要按应急处理和救援制度并结合培训、演习经验，迅速靠边停车，打开乘客门，关闭车辆电源总开关，将乘客疏散到安全区域内，拨打"110""120""119"等求救，同时将事故情况迅速上报给企业应急管理办公室，等待救援。企业应急管理办公室接到事故信息后，立即启动应急救援程序，组织灾害救援组、安全警戒组、医疗救护组等前往现场，开展应急救援和事故处理等工作。典型事故应急救援和处置措施见表 2-4。

表 2-4 典型事故应急救援和处置措施

序号	事故类别	事故内容	应急救援和处置措施
1	触电事故	正在运行、维保、调试、充氢的车辆发生人员触电、电气设备短路、车辆冒烟有异味、起明火、爆炸、异响等情况	如遇电气设备短路等造成的事故，应立刻疏散人员至安全区域，关闭车辆电源，由专业技术人员对车辆进行处置；若遇人员触电，首先确认触电人员身体是否和车载电气设备有接触，如有接触，应首先戴绝缘手套用绝缘棒进行人和设备的隔离，再对人员进行施救
2	氢气泄漏	零部件、管路、接头、阀门等出现故障、破损、松动等情况；氢浓度传感器检测到氢气泄漏持续预警	应立刻疏散人员至安全区域，关闭氢阀，关闭车辆电源，设立警戒线，严禁现场出现明火；车辆处置方案可根据氢气泄漏量和泄漏点具体执行
3	火灾事故	出现明火，严重时可出现爆炸事故	应立刻疏散人员至安全区域，关闭车辆电源，设立警戒线，同时带好防毒面具，可用车载灭火器或附近消防栓进行灭火，必要时可拨打"119"等求救
4	交通事故	出现剐蹭、碰撞等交通事故，严重时可出现触电、氢气泄漏、火灾等情况	如不严重，可按普通交通事故进行处理和维修；若出现触电、氢气泄漏、火灾等情况，可参照相应应急救援方案执行

2.6 加氢基础设施安全运行管理规程

2.6.1 运行资质

加氢站主要包括加氢区、卸气区、氢气加压区、储氢管束区、站房、室外变配电箱等，在投入运行前，必须经过安监、质监和消防等相关部门的安全验收合格，取得安全生产许可证和氢气充装许可证才能正式运行；站内特种设备、压力容器、压力管道、安全附件、泄漏监测、消防报警及消防器材等设备，需出具有效期内的检测合格证明才能使用。

2.6.2 安全生产责任制

加氢站运营单位须建立安全生产责任制，具有安全运行管理机构和各级安全责任人，按组织结构详细确定各部门及各职员的安全职责。

2.6.3 人员培训与考核

为保障加氢站安全运行，加氢站应对工作人员开展安全教育培训，使工作人员熟悉安全管理制度和安全操作规程，具备岗位安全操作技能，了解作业场所和工作岗位存在的危险因素、防范措施及事故应急措施等。

加氢站负责人、技术负责人、设备管理及操作人员等须到国家指定的专业培训机构进行专业技术培训，并取得有关部门颁发的上岗证书。同时，加氢站也应对部分工作人员开展专业技术培训，确认工作人员取得相关岗位的作业资质，如进行燃料电池汽车充装的工作人员须取得有关部门颁发的车用气瓶充装证书，持证上岗，严禁没有充装证的工作人员进行相关操作；工作人员操作证与作业内容不符、操作证过期等均视为没有本作业操作证。

加氢站也要根据安全教育培训管理规定，定期对工作人员在加氢运行、安全消防等方面的知识及实际操作进行检查并考核，考核不合格的工作人员应下岗进行再培训，培训合格后方可持证上岗。

2.6.4 设备安全管理

加氢站必须遵照国家有关设备安全规范和标准，制定和完善加氢站设备安全管理制度和安全操作规程。

加氢站设备的使用、维修、更换等，必须符合国家《特种设备安全监察条例》《危险化学品安全管理条例》《安全生产许可证条例》等相关管理规定要求。其中，对生产许可、使用许可有要求的压力容器、安全装置等设备，须具备有效合格证明，不得使用没有资质、不合格或已过检验周期的设备；更换、新增设备时，必须按照相关安全管理制度操作，不得随意更换、新增；委托外单位进行设备检修、安装等施工作业前，应确认施工单位、人员等资质，不得容许不符合资质条件的单位、人员对加氢站进行作业。

设备操作人员必须接受相关安全教育和专业技能培训，能严格按照设备操作规程进行使用、维护保养、故障排除等。设备操作人员应使用功能正常、技术状态良好的设备，不得使用损坏、缺失部件等有安全隐患的设备，不得对设备进行超温、超压、超负荷等违规操作。

加氢站需按照规定的检验周期对设备进行有效检验，记录相关检验信息，保留原始凭据，并在设备上以不易擦除的方式明示下次检验时间或有效期。另外，加氢站要根据维护保养计划，定期对设备进行维护、保养，及时发现并消除安全隐患。对已报废设备，加氢站应及时登记设备信息，对设备进行相应处理。

2.6.5 气体质量管理

加氢站自产氢气或外购氢气，氢气质量须符合燃料电池所需氢气的质量要求。外购氢气的厂家必须具备相关部门颁发的氢气生产和销售许可资质，并提供产品质量证明文件。

同时，加氢站应建立氢气质量管理制度，制定气体分析操作规程，严格控制气体质量，确保加氢站充装安全。

2.6.6 生产作业管理

加氢站要制定安全运行管理制度和规范等，并严格遵照执行。制度和规范的编制要以保障人的安全为主要编制原则，根据不同设备的结构、配置、规模等特点，科学、合理地制定各项安全管理制度和规范。

1. 安全运行管理制度

加氢站制定的安全运行管理制度应包括但不限于以下内容：

（1）运行现场安全管理制度

根据加氢站的结构特点、设备型号、加注模式和加注规模等，结合高压氢气或液态氢的理化特点，制定运行现场安全管理制度，对运行操作、巡检、记录、交接班等进行规定。

（2）消防安全管理制度

制定加氢站消防安全管理规定，制定灭火预案、防火档案、教育方案，配置义务消防员，配备相应消防器材，定期开展消防演练等。

（3）设备安全管理制度

根据特种设备及危险化学品等的管理规定及加氢站的特点，对主要生产设备、安全设备的运行使用、维护保养、应急修复、更换、停止运行、恢复运行、报废、备品备件管理等提出安全规定和管理流程等。

（4）工作人员安全管理制度

结合加氢站特点对工作人员提出安全要求，制定工作人员安全管理制度，规范工作人员的安全操作。

（5）安全检查管理制度

制定安全检查管理制度，根据设备设施特点，确定检查内容、方式、周期、范围、处理流程等。

（6）事故上报处理流程

加氢站须针对运行过程中发生的人员伤亡、重大设备损坏等事故制定事故上报处理流程，对加氢站发生的安全事故要及时按照规定流程上报，不得漏报、瞒报、假报。

（7）定期检验制度

加氢站须制定定期检验制度，并编制定期检验目录，针对消防设备、氢泄漏监测设备、压力容器、压力管道、安全附件、防雷、防静电等设备、装置开展定期检验，确保设备、装置的有效性、安全性及使用精度。同时，从制订计划、拆检、送检、恢复、失效处理等全过程规范检验工作。

（8）安全保卫工作管理制度

建立加氢站进出人员、进出车辆、反恐防暴等日常和紧急情况安全保卫管理制度。

2. 档案管理与数据记录

为规范加氢站运行信息的记录与使用，使加氢站运行情况和故障事故等具有可追溯性，须对加氢站信息的记录、保存、使用所涉及的要求、方法、流程等做出规定，实时记录与定期保存的数据，包括但不限于：

1）设备、加氢装置运行日志（运行参数、加注信息、音视频等），移动加氢装置增加位置信息。

2）维护保养记录。

3）检验标定记录。

4）安全监控系统数据。

5）故障、事故、报废设备登记表。

6）人员资质及培训记录等。

工作人员在进行巡检、充装车辆、改变设备运行参数等操作时，要及时准确地将相关信息记录在运行日志中，任何人不得对记录进行修改、删除、凭空杜撰等。

3. 标示标识

加氢站须在明显位置标示工艺流程图，并用突出颜色标出关键急停开关、安全截止阀、放空阀等安全部件位置；同时，按照可能出现的危险等级划定安全分级管理区域，在加氢站布置图中明显标注，并在现场明显标示。另外，加氢站应在危险区域以及重要设备、设施处悬挂安全警示标志，在主要设备、主要操作点等处标示紧急安全联系人的姓名及其移动电话号码等信息。

2.6.7 监督检查

加氢站的安全检查应坚持自查和上级监督检查相结合的原则，必须接受所在地安全生产监督、消防、质量技术监督、公安等管理部门的安全监督及检查。

1）加氢站使用的特种设备须依据相关规定向所在地质量技术监督部门办理注册登记。

2）加氢站应对使用的特种设备、压力管道、安全附件、气体检测仪器等进行日常安全检查，定期、主动向相关部门申请检验、校验。

3）加氢站内的特种设备发生事故，须按国家有关规定进行事故调查、处理，并报安全生产监督部门和其他相关职能部门。

4）加氢站要定期组织安全检查，主要包括：安全生产责任制及各项安全运行管理制度落实情况，如作业现场安全制度及操作规程执行情况、设备安全状况、消防器材的完好情况和基础资料管理以及事故隐患整改情况等。

5）加氢站应对检查中发现的问题和隐患，立即组织整改。遇到加氢站无法解决的问题，应书面向上级报告，在整改未完成前应采取有效防范措施或停止运行。

2.6.8 应急预案

加氢站应建立事故应急处理小组，制定设备故障处理、安全事故处理、事故汇报、紧急避险等内容的应急预案，就人员受伤、地震及余震、暴雨及洪水、火灾、氢气泄漏、大风、停电、触电、坍塌、人为潜在危害和非法行为等情况制定相应的响应策略和处理措施，包括但不限于：

1）火灾、爆炸事故。

2）氢气泄漏事故。

3）设备故障、操作失误造成事故。

4）人员发生伤亡事故等。

一般情况下，事故应急响应分Ⅱ级响应和Ⅰ级响应，其中，加氢站能自行处理的事故只需启动Ⅱ级响应，若事故影响较大，具有蔓延趋势，须外部救援时，则启动Ⅰ级响应。事故应急处置须以人员生命安全至上为前提，按照相应应急处置和救援方案开展工作，防止事故影响扩大，如有必要须及时汇报，请求外部应急组织实施救援。加氢站事故响应等级如图2-3所示。

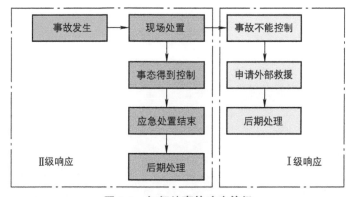

图2-3 加氢站事故响应等级

不同事故类型的危害程度及响应等级见表 2-5。

表 2-5　不同事故类型的危害程度及响应等级

序号	事故类型	分布区域	影响范围	响应等级
1	氢气泄漏	加氢区、储氢管束区、卸气区等	泄漏氢气影响范围内	Ⅰ级、Ⅱ级
2	火灾	全加氢站	全加氢站及周边 80m 范围	Ⅰ级
3	爆炸	加氢区、储氢管束区、氢气加压区、卸气区等	全加氢站及周边 80m 范围	Ⅰ级
4	中毒和窒息	加氢区、储氢管束区、卸气区等	泄漏氢气影响范围内	Ⅰ级、Ⅱ级
5	车辆伤害	加氢区、卸气区等	事故发生地	Ⅰ级、Ⅱ级
6	触电	室外变配电箱、配电间、站内电器设备等	事故发生地	Ⅰ级、Ⅱ级
7	自然灾害	全加氢站	全加氢站	Ⅰ级、Ⅱ级
8	公共安全	全加氢站	全加氢站	Ⅰ级、Ⅱ级
9	坍塌	加氢区罩棚等	人员、车辆、建构筑物	Ⅰ级、Ⅱ级

2.7　小结

项目在开展燃料电池汽车和加氢基础设施示范运行过程中，运维保障体系不断升级优化，多年来未发生过重大安全事故，运维保障体系经受住了实践的考验。因此，项目归纳总结了在示范运行安全运维保障体系建设方面的经验，对燃料电池汽车运维保障团队建设、安全操作注意事项、运行安全规范、日常维护与定期保养、消防安全与应急救援以及加氢基础设施安全运行管理规程等方面进行提炼，初步展示了项目内运维保障体系建设情况，可为未来进一步开展燃料电池汽车和加氢基础设施示范运行团队组建和管理制度制定提供参考和借鉴。

第3章 燃料电池电动汽车示范运行监控技术研究

为更好地掌握燃料电池汽车示范运行情况，项目对燃料电池汽车和加氢基础设施建立了示范运行监控体系，通过对燃料电池电堆、系统、储氢瓶及关键零部件企业展开调研，充分吸纳行业领导、专家、学者的建议，深入研究了影响燃料电池汽车性能的关键技术指标，发布了《燃料电池汽车远程服务与管理系统技术规范》，建立了燃料电池汽车和加氢基础设施的示范运行监控体系。

3.1 项目分级监控概述

根据规范和监控管理涉及的功能，项目提出了三级燃料电池汽车示范运行监控措施，分别为国家级燃料电池汽车监控平台、地方/企业级燃料电池汽车监控平台和补充填报数据。其中，国家级燃料电池汽车监控平台重点开展了平台体系框架、数据融合技术、数据索引技术、数据挖掘技术以及可视化技术等研究工作，并进行了监控与管理平台支撑模块建设和底层支撑软件部署等，开展监控平台运维工作；地方/企业级燃料电池汽车监控平台搭建完成后也可随时监控和查看燃料电池汽车和加氢基础设施的示范运行情况；补充填报数据由各运行团队单独人工报送，对示范运行数据起到了补充和验证的作用。

3.2 国家级燃料电池汽车监控平台

国家级燃料电池汽车监控平台由项目参与单位北京理工新源信息科技有限公司建设和运维，负责收集各区域燃料电池汽车的示范运行相关数据，并将数据进行标准化转换，同步传输至各个应用系统；同时，还将数据传送至新能源汽车国家监管平台。

3.2.1 燃料电池电动汽车监控平台建设

1. 总体架构

国家级燃料电池汽车监控平台由运行平台和接入测试平台两个部分组成。平台总体架构框图如图 3-1 所示。

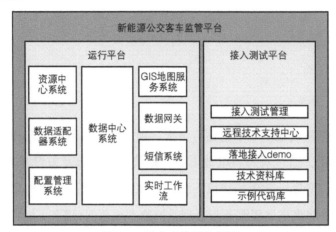

图 3-1 平台总体架构框图

国家级燃料电池汽车监控平台能支撑将燃料电池汽车全部接入平台并进行分类统一管理，对车辆运行数据、位置数据、电池数据、电机数据等信息按照 GB/T 32960—2016《电动汽车远程服务与管理系统技术规范》标准要求进行实时采集，并进行相关信息的综合展示，还能够通过由运行统计、故障管理、电池监测、安全管理等模块组成的安全监控系统对数据信息进行存储、统计分析及安全预警，从而保障燃料电池汽车的安全运行。

2. 燃料电池电动汽车监控平台数据支撑系统

（1）系统概述

国家级燃料电池汽车监控平台数据支撑系统是从各个燃料电池汽车企业的业务系统中把数据统一采集到分布式存储系统中，在统一的基础平台上对数据进行加工清洗、统计分析、数据挖掘等，其主要包含数据集成、数据存储、数据计算和数据服务四大核心模块。

1）数据集成模块：能够支持各车企平台的车辆实时数据、车辆历史数据文件的解析、加载和存储。

2）数据存储模块：能够支持结构化数据、半结构化数据、非结构化数据等不同类型数据的统一存储管理。基于关系型数据库、分布式文件系统等多种技术构建，支持对不同数据类型数据的统一存储与管理。子系统可充分利用各节点的计算资源和聚合 I/O 带宽，对外提供统一高效的数据存、取服务。对数据采集子系统获取的数据，能够进行识别、度量、分析和预警等一系列管理活动。对数据进行全生命周期管理，保证数据存储和服务的可靠性。数据管理的目标是对各类数据的数据质量进行实时监控，要求能够保证系统运行时输入数据质量的稳定性。

3）数据计算模块：能够针对不同的数据处理需求，通过数据存储与管理子系统提供的数据访问接口访问原始数据、中间结果和最终结果等，提供多源异构数据的融合处理与分析功能。针对不同业务应用的特点，数据分析处理子系统具备提供查询检索引擎、统计分析引擎、流式计算引擎等定制开发环境的能力。

4）数据服务模块：具备对内、对外提供统一的数据服务基础能力，是提供服务的核心子系统。可支持数据检索、数据可视化及数据报表等功能的开发，满足不同业务应用的数据需求。提供标准应用程序接口，提供任务管理以及可视化等功能。

（2）技术路线

国家级燃料电池汽车监控平台大数据支撑系统的主要目标是将来自各个车企业务系统的车辆历史故障记录、车辆行驶历史记录等历史数据，以及车辆实时能量状态、车辆实时位置信息等实时状态数据存储于统一分布式存储系统中，实现数据互通。通过数据分析功能和任务调度模块对种类繁多且大量的业务数据进行统计分析和挖掘分析，为车辆监控可视化应用系统提供数据支撑，并为政府制定政策和建设发展规划提供数据支撑。

1）数据集成模块：数据集成模块是燃料电池汽车大数据支撑系统的数据收集层，采用模块化设计，分别处理不同类型的数据接入以及各功能模块维护状态指标数据，并实时同步到状态监控服务系统，用于平台管理和资源调度，如图3-2所示。

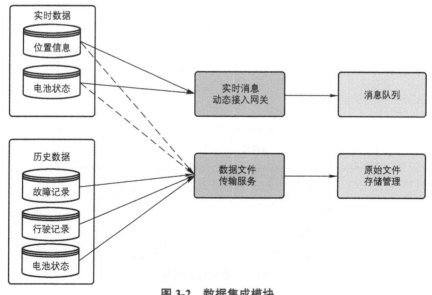

图3-2　数据集成模块

2）数据存储模块：数据存储基于 Hadoop 技术，主要由 Spark 分布式计算引擎、HDFS 分布式文件系统、HBase 数据存储系统、Kudu 数据存储系统、Hive 查询引擎、Elasticsearch 索引管理几大部分组成。Spark 计算引擎根据统计规则和挖掘算法对每日新增数据进行抽取、转换、装载（Extract-Transform-Load，ETL），生成多层次多维度数据，并存入数据仓库的列式存储系统，目前列式存储主要包括 Parquet 文件、Hbase 存储系统、Kudu 存储系统。离线计算的关系型逻辑查询计算，主要包括纵向切、横向切、聚合、连接、窗口以及集合运算。基于列式存储的映射、映射下推技术，可以在计算过程中从数据源减少处理的数据量。分布式计算涉及数据网络传输和磁盘读写，减少处理的数据量直接减轻了网络设备、磁盘的压力，实现了计算效率的优化。平台满足百万终端同时接入，每日新增原始报文数据量将达数万亿字节（即太字节，TB）。使用 Spark 常规算子进行数据处理，部分任务完成时间比较长。优化方法是对关键的统计方法和挖掘算法使用高效的 C++ 语言，可实现相关模块功能库部署到大数据平台供 Spark 集群调用，极大地优化计算过程资源占用并缩短任务完成时间。

3）数据计算模块：数据计算模块是数据分析师和算法工程师主要使用的模块，相关业务部门的数据工程师都可以通过系统前端使用数据计算模块进行数据开发工作。其主要功能特点包括，数据仓库里面所有数据都是可视化的，支持协同开发，支持灵活的数据授权，支持可视化的实时和离线任务管理和调度，支持可视化工作流的编排和定义，支持任务监控和运行状态分析。可基于数据集成和数据存储模块完成实时数据和历史数据的清洗、数据仓库建设、数据分析和数据开发工作，如图 3-3 所示。

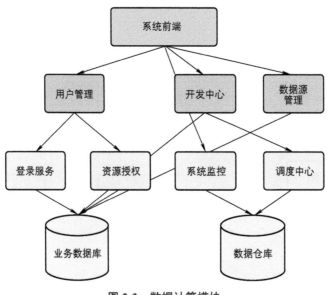

图 3-3　数据计算模块

4）数据服务模块：数据服务要求对内、对外提供统一的数据服务功能，是燃料电池汽车大数据支撑系统提供服务的核心模块。数据服务模块向上应能支持数据检索、数据可视化、数据报表等功能的开发，如图3-4所示。

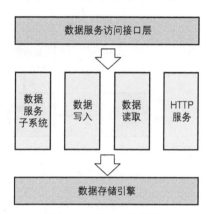

图 3-4　数据服务模块

数据检索功能可针对数据类型多样化、异构化的特点设计一体化的存储管理模型和访问机制。首先从物理存储管理方面，设计一体化的存储格式和管理模型，支持结构化、全文数据等数据采集统一存储机制；在逻辑模型上，支持二维表结构；基于归一化的存储，上层提供对结构化、全文数据等数据操作和访问能力，在现有查询语法基础上，支持文本检索。支持基于结构化查询语言（Structured Query Language，SQL）的数据访问融合对结构化、全文数据的统一访问，提供常见的数据操作语句，支持表创建、修改删除、数据条件查询、文本查询、组合查询、聚合查询等操作。

采用多种数据分析机制，以满足不同业务应用的数据分区需求。通过利用合适的分区策略，实现数据在各节点的合理水平划分。在分区分布组织机制的基础上，还设计了智能索引技术，对分区中的数据自动分片管理，同时对每一个数据分片建立智能统计索引，索引自动建立，无须手工干预，避免索引维护的复杂性。在查询时，可以利用智能统计索引中的各项统计信息（最大值、最小值、总计、平均值、行数等）进行数据分片过滤和数据预计算处理。同时为实现低存储开销和低维护成本，可以考虑数据包级别的智能索引。

系统向应用提供标准应用程序接口，使应用服务器根据查询条件，快速精准地查询到满足要求的文件记录数据；系统同时支持以记录及文件两种方式返回查询结果；支持常见的统计功能（如文本统计）；支持基于关键字段的与、或、非等高级组合查询；支持基于语义的模糊检索功能。数据服务子系统能提供对外接口和对内接口，支持作业任务的调度与管理，可提供后台任务的管理和可视化功能。

（3）实施方案

1）数据集成：实现将分散在各个燃料电池汽车企的业务系统中的数据，以实时增量、历史增量和历史全量等方式统一采集到分布式存储系统中，包含文件上传服务和动态数据接入两个方面。

2）数据存储：实现PB（拍字节，Petabyte，1PB = 1024TB）级数据量的分布式存储功能，支持在不同机器或机架上的多副本冗余存储、在线扩展存储功能。数据存储模块分为 5 个子模块，分别为数据存储策略管理、多源数据写入服务、实时缓存模块、分布式文件模块及分布式索引数据库模块，分布如图 3-5 所示。

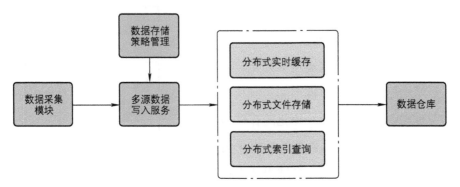

图 3-5　数据存储分布示意图

3）数据计算：通过统计分析、数据挖掘等数据计算，结合任务调度模块，实现对数据仓库、数据应用、数据可视化等强力支撑。数据计算模块整体架构如图 3-6 所示。

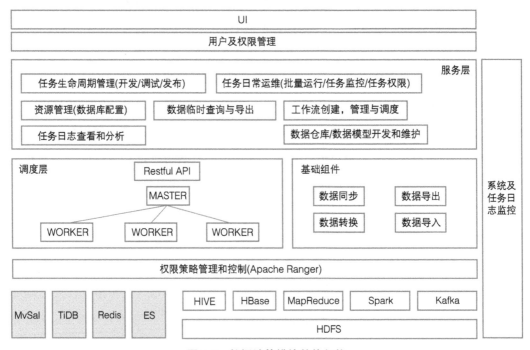

图 3-6　数据计算模块整体架构

数据开发中心是数据工程师进行数据开发的主要环境。支持各种语言的开发工作，包括 shell、sql（hive sql、mysql）和 python 等，同时也支持 Spark 开发。

4）数据服务：通过对数据进行封装，将大数据支撑系统中的实时数据、历史明细数据、运营统计报表和分析挖掘结果等数据，结合权限管理模块统一对外开放数据。

（4）系统总体架构

国家级燃料电池汽车监控平台大数据支撑系统主要包括各个车企业务系统的数据源、数据集成引擎、数据存储引擎、数据处理引擎、数据服务和数据应用。大数据支撑系统功能架构如图3-7所示。

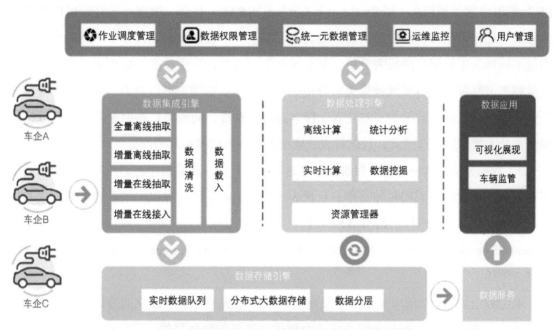

图 3-7　燃料电池汽车大数据支撑系统功能架构图

3. 燃料电池汽车监控平台可视化系统

（1）系统概述

国家级燃料电池汽车监控平台可视化系统可利用多维交互式报表、3D图形等技术，将海量数据进行高效展现，通过多维视角观察数据形态，提升对信息的认知，为及时掌握燃料电池汽车示范全局动向和应对突发事件提供有效保障。

（2）技术路线

采用平台顶层架构设计，全面整合所需信息系统，深度融合现有数据资源，使数据资源可以自由流通，解决信息孤岛，发挥数据更大价值，改善和提升工作效率与管理水平。另外，可实时动态可视化展示业务过程的数据信息，让管理人员全面了解业务状况，为管理人员提供决策依据，让整个管理更加全面、高效、智慧、安全。

1）数据信息：国家级燃料电池汽车监控平台可视化平台的每个数据都来源于一个数据链接，包括燃料电池汽车和加氢基础设施的多源数据，比如来自一个 MySql 数据库、一个 MongoDB 数据库等。这里的数据源里面的数据都是经过清洗或分析运算的结果数据或中间结果数据，并且都是结构化的数据，将这些数据进行组合管理，以便于制作报表。数据源管理页可以查看、编辑、删除数据源和设置数据源权限。设置数据源权限可以直接给单个用户或者用户组授权读、写的权限。

2）数据服务平台：数据服务平台可以是支持 MySQL、IMPALA、PostgreSQL、TiDB、ES 数据源的软件即服务（Software-as-a-Service，SAAS）平台。根据业务需求可以扩展的数据集是进行数据分析所使用的数据集合，可以从一个数据源创建出多个不同的数据集来满足不同场景不同用户的报表分析，每个数据集可以选择一个或多个数据表，并且可以设置数据表关联关系进行多维数据关联分析。其中数据集管理页可以查看、编辑、删除、按条件（数据集名称、数据源、创建者）搜索过滤数据集，同时可以按照时间排序；数据集详情页分为数据集信息展示、数据报表、数据模型、启动模型几个部分。

3）数据分析：数据分析是数据服务平台的最终目的。在数据中心，用户可以基于数据集进行灵活快速的数据探索和制作分析报表。数据中心支持三种以上的数据分析方式和报表制作方式，可支持两种数据模型在线设计，含智能数据报表、联机分析处理（Online Analytical Processing，OLAP）模型与联机事务处理（Online Transaction Processing，OLTP）模型。

4）数据仪表盘：用户基于数据集建立的数据报表是一个个独立的分析结果文件，如果需要将一组逻辑相关的报表组合成一个可读性较强的数据报告，可以使用 Dashboard 功能。概括来说，Dashboard 的作用可以分为三大类，监控、分析和概览。

① 在监控场景中，Dashboard 主要为用户集中提供便捷的关键指标实时监测，及时告知异常状态，并引导用户定位问题。

② 在分析场景中，Dashboard 主要通过数据图表，配合控件进行不同维度的数据分析。例如，用户可以通过时间筛选控件过滤图表上的数据范围等。

③ 在复杂业务中，Dashboard 还用于概览场景，集中呈现业务分散的重点信息，用户还可以通过提供的入口快速跳转至相关模块。

Dashboard 的入口在用户登录后的首页，用户可以在首页看到自己有权限的 Dashboard，或者新建一个 Dashboard。

（3）实施方案

实现燃料电池汽车安全监控可视化展示，从监控地方各省、车企到监控单车，从监控全域到监控局部，全面展示安全监控业务内容。通过各层级页面体现，具体包括以下内容：

1）首页整体概述平台整体情况，包括整体接入情况、地方接入情况、企业接入情况、车辆接入比例情况等内容的总体数据，以及以地图形式展示的所有车辆的当日在线车辆数、当前在线车辆数、当日总行驶里程的数据详细情况展示。

2）安全运行情况分析，包括：车辆接入量、车辆能耗情况、车辆减排情况、前一日按车型分类的故障情况、车辆故障报警、按月与周统计的车辆故障时间变化趋势图、故障报警汇总等。

3）地方接入情况分析，包括：①省份入网整体情况，接入车辆排名（按接入车辆数）；②车辆分布情况，可点击地域名称切换不同数据；③车辆里程：按省份划分，累计总行驶里程；④行驶轨迹图：按省份划分，当日累计总行驶里程；⑤节能减排：按省份划分，当日累计碳减排量。

（4）系统总体架构

国家级燃料电池汽车监控平台是以安全监控为基础，以物联网、智慧交通为依托，支撑燃料电池汽车市场社会化、规范化运行。为了更好地展现其在政府监控、规范、引导等各个方面的成绩，可建立可视化展厅，更加立体化、多元化、集成化地展现平台的各类功能及其带来的社会效益和经济效益等。系统总体架构如图3-8所示。

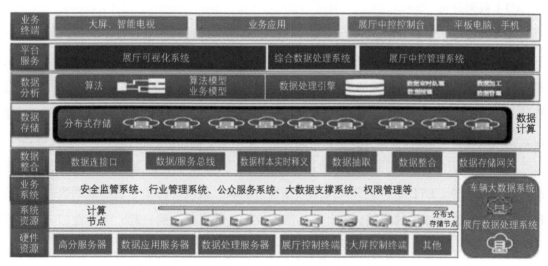

图3-8 燃料电池汽车可视化系统总体架构图

3.2.2 数据存储与快速挖掘处理技术

基于前期数据基础处理模块提供的数据，利用实时计算引擎、离线计算引擎、图计算引擎和机器学习引擎，使用规则模型对原始数据进行数据清洗过滤，从而对燃料电池汽车运维进行统计分析及效果评估。针对燃料电池系统存在的故障以及相应安全问题，主要从故障诊断以及建立预警机制两个方面进行解决。

1. 数据统计与分析技术

利用全国运行燃料电池汽车的数据，可实现对车辆、整车厂商、运营厂商等对象的数据统计分析。统计分析按计算方式可以分为实时计算数据分析和离线数据挖掘。数据统计分析工作可以分为以下几个步骤。

（1）数据收集

首先通过车载终端收集车辆数据，再将数据打包发送至数据库，利用大数据工具进行数据挖掘。统计服务应用包括：①使用 mapreduce 任务统计单车表报数据；②统计任务使用 hdfs 大数据文件进行批量统计；③报表数据保存在 oracle 中，应用层直接查询数据库表。

（2）数据处理

数据处理包括数据清洗、数据转化、数据抽取、数据合并、数据计算等处理方法，将各种原始数据加工成为数据分析所要求的样式。根据逻辑判断算法，提出筛选标准，对于海量数据中存在的大量异常值和无效值进行剔除，保留有效数据，为数据分析的工作做好准备。

（3）数据分析

在不同维度下对现有数据进行分类。燃料电池汽车行驶和加氢过程中的数据可以为分析车辆驾驶人行为习惯提供大数据支撑，在一个统计周期内，不同时段、不同行政区域、不同车辆类别的统计结果呈现的规律特点有利于城市智能交通和加氢站等配套产业的发展；统计全国各个省市、不同汽车厂商的车辆运行情况有利于将全国燃料电池汽车发展宏观把控，促进区域协调发展，为制定燃料电池汽车产业的发展战略提供依据。

数据分析服务主要提供的是原始数据层数据、明细数据、汇聚层数据、报表层数据 ETL 过程的服务。ETL 是将业务系统的数据经过抽取、清洗、转换之后加载到数据仓库的过程，目的是将企业中的分散、零乱、标准不统一的数据整合到一起，为企业的决策提供分析依据。

数据清洗操作包括去重、降噪、筛选、分类、合并、采样、转换、补全、校验和去除异常。清洗之后的数据可以继续放到数据仓库里面，也可以根据业务需要放到关系数据库管理系统（Relational Database Management System，RDBMS）、内存数据库（如 Redis）、分布式全文搜索引擎（Elastic Search，ES，如标签数据）等，供应用系统使用。

（4）数据可视化

利用 Excel 和 Tableau 可视化分析软件进行图表制作，包括饼图、条形图、箱形图等，主要包括数据仓库的建设、数据分析服务搭建以及数据模型的建立和训练。

2. 数据模型的建立和训练

数据分析系统支持数据挖掘（Data mining），通过人工智能、机器学习、统计学和数据库的交叉的方法在相对较大型的数据集中发现数据规律，从而建立数据模型进而训练数据。其中，车辆运行状态评估分为状态评估信息来源和状态评估模型两个方面。

（1）状态评估信息来源

燃料电池汽车的动力系统主要由燃料电池系统、动力电池控制器、电机控制器、DC/DC控制器和氢气控制器五大部件组成，评估燃料电池汽车运行状况的主要数据就来源于这些部件子系统的运行参数和故障状态，同时还要考虑其他一些因素的影响，如零部件寿命、运行时间等。通过分析研究，将这些数据归纳为以下5个方面：

1）运行信息：指各部件的主要运行参数。

2）故障信息：指故障码。

3）时间信息：包括各零部件寿命和运行时间。

4）初始权重：包括各参数相对主要部件和各部件相对整车的重要性。

5）预计剩余运行里程：指剩余氢气量可以支持车辆继续行驶的距离，即续驶里程。

（2）状态评估模型

将本评估系统分为决策层、准则层和指标层。决策层即车辆运行状态综合评估；准则层即燃料电池系统、电动机控制器、动力电池控制器、氢气控制器等燃料电池汽车的五大部件子系统；指标层即与各子系统相关的数据信息。考虑到故障码、零部件寿命、运行时间、续驶里程等参数与各子系统运行情况分别相关，建立车辆运行状态评估模型。

指标层中的性能参数、故障码和续驶里程都由车辆CAN总线实时发出，是一个含多个随时间变化参数的数组。为了保证评估的有效性，同时屏蔽系统偶发性报错，选取当前时刻收集到的前30组运行参数的历史数据进行融合。各零部件寿命期和修理后运行期等时间状态量需要根据实际情况手动输入，并在系统中加入时间累计程序不断更新。初始权重则根据整车和各部件的系统特点和长期的运行实际经验给出。

车辆运行状态的评估包括指标层到准则层、准则层到决策层的两次融合，从而实现对各部件子系统状态和整车状态的分别评估，并得出它们的状态指数。

3.2.3 燃料电池电动汽车监控平台管理系统

1. 车辆信息管理

车辆信息管理包含车辆列表、车辆任务列表、车辆数据处理、车型配置ID、车辆型号、生产批次、车辆种类、存放地点、负责人信息、集成电路卡识别码（ICCID）变更记录、车辆信息变更登记等。

2. 监控分析管理

监控分析管理包含车辆查询、车辆列表、多车对比、三级报警统计、单车监控等。其中，车辆查询支持单一条件或组合条件查询车辆，如车牌号、VIN、车辆厂商、上牌城市、运营单位、车辆种类、在线情况等；车辆列表可以根据查询条件，展示符合查询条件的车辆，可以设置车辆展示的信息和关注车辆。

3. 单车车辆在线与历史轨迹管理

单车车辆在线与历史轨迹管理包含当前在线和轨迹回放。其中，当前在线支持查看车辆的基础信息、是否在线、最后通信时间、充电状态、结束里程值、故障状态；轨迹回放可以查询车辆的历史轨迹，支持利用车牌号或 VIN 进行查询，可分段显示。

4. 报文分析与明细数据管理

报文分析与明细数据管理包含报文查询和明细数据查询。其中，报文查询可以查询车辆某个时间段内的报文数据，每一帧报文查看详细的国标解析，可以导出查询结果，并支持单一条件或组合条件查询报文；明细数据查询可以查询单车某时间段内各项数据的详细信息。必须要选择需要查询的数据项，以及要输入车牌号、起始时间和结束时间作为查询条件，支持导出查询结果。

3.2.4　基于监控平台数据的燃料电池汽车市场规模统计分析

1. 全国氢燃料电池汽车市场规模

根据国家级燃料电池汽车监控平台数据统计，截至 2020 年 12 月 31 日，全国共有 6002 辆燃料电池汽车，其中燃料电池物流车数量最多，达到 3153 辆，燃料电池客车数量达到 2846 辆，燃料电池乘用车 3 辆。燃料电池汽车分布在全国 17 个省，37 个城市。

2. 燃料电池汽车用途分布

燃料电池乘用车较少并且只应用于租赁。燃料电池客车主要应用于公交客车和公路客车，在公交客车中应用最广泛，达到 2222 辆，占比达到燃料电池客车的 37.02%，燃料电池物流车占燃料电池汽车总量的 52.53%，如图 3-9 所示。

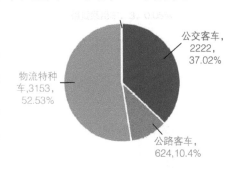

图 3-9　燃料电池汽车用途分布

3. 燃料电池汽车地域分布

（1）不同类别燃料电池汽车各省份分布

全国燃料电池汽车分布在 17 个省，广东省分布车辆数最高，达到 2415 辆，其中燃料电池客车 1039 辆，燃料电池专用车 1376 辆。河南省、河北省、辽宁省、安徽省、福建省的燃料电池汽车均为客车，陕西省燃料电池汽车均为专用车，如图 3-10 所示。

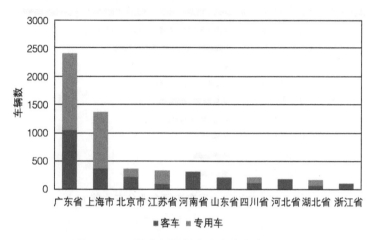

图 3-10　不同类别燃料电池汽车各省份分布

（2）燃料电池汽车各城市分布

燃料电池汽车在北京市、上海市、广州市、深圳市这 4 个一线城市中，在上海市应用推广效果最好，数量达到 1376 辆，其次为深圳市，数量为 774 辆。在所有地级市中，佛山市应用推广效果最好，数量达到 1453 辆。截至 2020 年底，全国已有 36 个地方出台的氢能产业支持政策，其中 10 个省级政策，26 个市县区级政策。燃料电池汽车的发展与各地方政策密切相关，如图 3-11 所示。

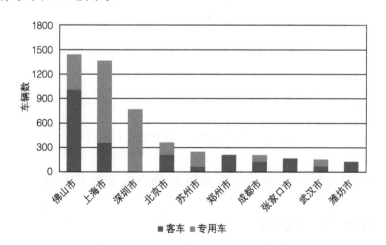

图 3-11　燃料电池汽车各城市分布情况

4. 燃料电池汽车车辆企业分布

（1）燃料电池客车车辆企业分布

截至 2020 年底，燃料电池客车生产企业共 22 家，筛选出接入车辆数最高的前 10 家企业，佛山飞驰汽车接入车辆数最多，达到 579 辆。燃料电池客车车辆企业分布如图 3-12 所示。

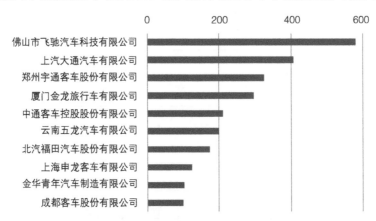

图 3-12　燃料电池客车车辆企业分布（前 10）

（2）燃料电池物流车企业分布

截至 2020 年底，氢燃料电池物流车生产企业共 10 家，中通客车接入车辆数最多，达到 1332 辆，客车市场占比为 42.2%，如图 3-13 所示。

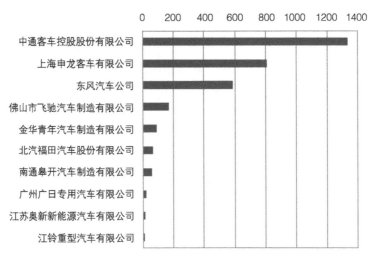

图 3-13　燃料电池物流车企业分布（前 10）

3.2.5　基于监控平台数据的全国燃料电池电动汽车运行情况统计分析

1. 燃料电池汽车车辆上线情况

统计 2020 年 1—12 月所有车辆月上线车辆情况，1 月份和 2 月份由于新冠疫情的原因，上线车辆数较低。随着疫情逐步稳定，每月上线车辆数逐步上升，燃料电池专用车上线车辆数与燃料电池客车大体相当，如图3-14所示。

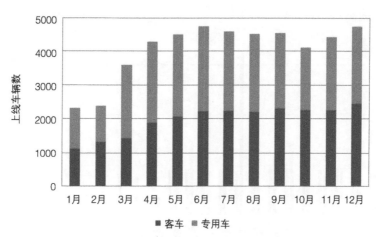

图 3-14 2020 年燃料电池汽车月上线车辆数分布

2. 燃料电池汽车行驶情况

（1）月总行驶里程和时长分布

2020 年燃料电池汽车发展迅速。随着燃料电池汽车的推广，车辆的月总行驶里程和时长也逐步增长，12 月份总行驶里程达到 905.2 万 km，对比 1 月份增长了 3.7 倍，12 月份总行驶时长达到 33.2 万 h，对比 1 月份增长了 3.7 倍，如图 3-15 所示。

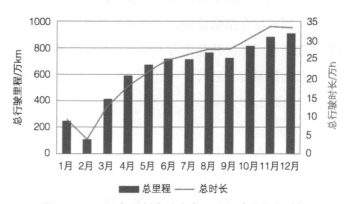

图 3-15 2020 年燃料电池汽车月总行驶里程和时长

（2）不同类别车辆日行驶里程分布

燃料电池客车日行驶里程主要集中在 140～220km 之间，相较其他用途车辆而言，公交、公路和通勤客车运行路线较为固定，燃料电池客车应用示范效果较好，日均行驶里程和时长与纯电动客车也较为接近。燃料电池物流车日行驶里程在 0～20km 之间的比例相对较高，说明燃料电池物流车主要用于短途运输，另外有一部分燃料电池物流车日行驶里程超过 500km，符合城市间物流车运行规律，体现出燃料电池物流车相较于纯电动物流车具有一定的长续驶里程优势，如图 3-16 所示。

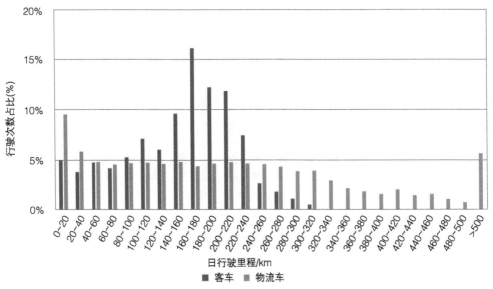

图 3-16　不同类别车辆日行驶里程分布

3.燃料电池汽车加氢情况

（1）每月加氢车辆数

统计分析表明，每月加氢车辆数变化较大，广东省加氢车辆较多。加氢车辆数与上线车辆变化幅度基本一致，同时存在细微差别，这是由于一些省份氢燃料电池推广应用量相对广泛，从而使驾驶人在里程与能源补充忧虑方面存在相对显著差异导致。相关车辆能源补充频次随着区域内加氢站数量变化趋向性一致，可预见在相关配套设施完善的情况下加氢行为可形成固定规律，如图 3-17 所示。

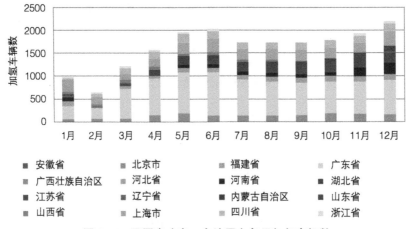

图 3-17　不同省（市、自治区）每日加氢车辆数

（2）加氢开始时刻分布

燃料电池汽车加氢开始时刻分布如图 3-18 所示，车辆加氢时间大部分在 8：00—22：00，其他时间相对较少，其中 10：00—11：00 时段为一天中加氢的高峰期。随着加氢站和燃料电池汽车车辆数日益增多，车辆补充氢气的规律也越来越显著，如图 3-18 所示。

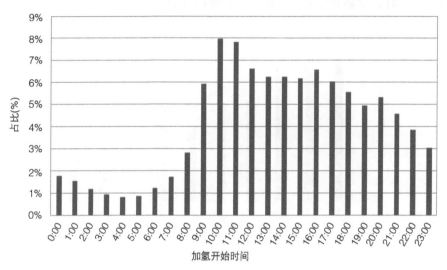

图 3-18　加氢开始时刻分布

（3）加氢时长分布

对所有车辆的加氢时长进行统计，按每分钟时间间隔计数，形成图 3-19 所示的加氢时长分布图。车辆加氢时长高峰出现在 6～13min 区间内。车辆加氢时间相较于纯电动汽车快充时间有较大的能源补充效率优势，如图 3-19 所示。

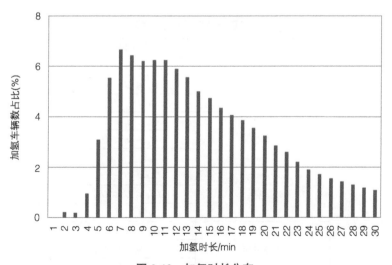

图 3-19　加氢时长分布

（4）典型城市加氢时长分布

通过燃料电池汽车的使用频率和数量较多的典型城市对比加氢时长，大同市车辆平均加氢时间较长，达到 18.7min，上海市加氢时间最短，为 7.7min。典型城市的加氢时长与全国整体的加氢时长分布规律相近，全部集中在 20min 以内，可见加氢站的数量及分布密度会影响到加氢时长及燃料电池汽车的推广，如图 3-20 所示。

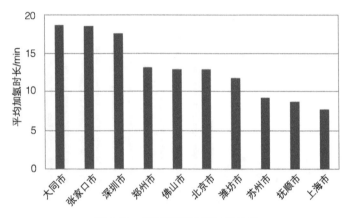

图 3-20　典型城市加氢时长分布

3.2.6　燃料电池电动汽车和加氢基础设施监控、预警与处理机制

1. 基于"值"的故障预警

"值"指的是用传感器探测得到电池电压、温度等值与事先设定的阈值进行比较，其中每类数据又分为 3 个故障等级，对燃料电池汽车的故障进行预警，见表 3-1。

表 3-1　基于数值阈值的故障预警

报警		分级规则	级别
过压报警	总电压	$U_1 < U < U_2$	1
		$U_3 \leq U \leq U_4$	2
		$U > U_5$	3
	单体电压	$U_6 < u_i < U_7$	1
		$U_8 \leq u_i \leq U_9$	2
		$u_i > U_{10}$	3
欠压报警	总电压	$U_{11} < U < U_{12}$	1
		$U_{13} \leq U \leq U_{14}$	2
		$U < U_{15}$	3
	单体电压	$U_{16} < u_i < U_{17}$	1
		$U_{18} \leq u_i \leq U_{19}$	2
		$u_i < U_{20}$	3

（续）

报警	分级规则	级别
电池电压极差过大报警	$u_{max}-u_{min} > U_{21}$	3
	$U_{22} < u_{max}-u_{min} \leqslant U_{23}$	2
	$U_{24} < u_{max}-u_{min} \leqslant U_{25}$	1
燃料电池过温报警	$T_1 < T_i < T_2$	1
	$T_3 < T_i < T_4$	2
	$T_i > T_5$	3
燃料电池温度差异过大报警	$T_{max}-T_{min} > T_6$	1
	$T_{max}-T_{min} > T_7$	2
	$T_{max}-T_{min} > T_8$ 和 $T_i > T_9$	3
氢气压力报警	$P_1 < P_i < P_2$	1
	$P_3 < P_i < P_4$	2
	$P_i > P_5$	3
氢系统温度报警	$T_{10} < T_i < T_{11}$	1
	$T_{12} < T_i < T_{13}$	2
	$T_i > T_{14}$	3

注：$u_1 \sim u_{25}$ 为阈值电压；$T_1 \sim T_{14}$ 为阈值温度；$P_1 \sim P_5$ 为阈值压力。

（1）电池电压

根据所测燃料电池电压可以将故障分为过压报警、欠压报警、电池电压极差过大报警，见表3-1。其中过压报警和欠压报警又分为总电压故障报警和单体电池电压故障报警。电池电压极差是指同一时刻测得的所有单体电池电压中最大值与最小值的差值。电池电压故障的三种报警及其分类规则和对应的报警级别见表3-2。车辆处于行驶状态以及停放状态或者充电状态时，当系统确定电池电压故障为第1、2、3级别，车辆应按表3-2进行处理。

表 3-2　电池电压不同等级故障的处理方式

故障等级	处理方式	
	当汽车处于行驶状态时	当汽车处于停放状态或者充电状态时
第1级别	应在车厢内的电子显示屏或者其他相关组件等能够让乘客和驾驶人轻易察觉到的位置进行预警提醒	通过闪光灯及语音系统向外界提出报警并同时切断充电行为
第2级别	应用语音播报功能对车厢内人员进行报警	运行冷却装置，加大鸣笛声
第3级别	在保证人员安全的情况下将汽车停下，并及时切断燃料电池反应池，保持冷却装置的运转，将车门门闩打开并提醒车厢内人员下车，若处于第3级别时间超过10min，自动将坐标信息发送至消防局寻求帮助	切断燃料电池反应池，保持冷却装置的运转，条件允许的情况下发送信息给车主，报告情况，若处于第3级别时间超过10min，自动将坐标信息发送至消防局寻求帮助

（2）电池温度

燃料电池温度故障诊断分为电池温度过高报警以及电池温度差异过大报警（表3-1），其中温度的测量来源于每一个电池上的温度传感器。电池温度故障的3种报警及其分类规则和对应的报警级别见表3-1，其中各个值 $T_1 \sim T_9$ 设定为阈值。车辆处于行驶状态以及停放状态或者充电状态时，当系统确定电池温度故障为第1、2、3级别，车辆同样参考表3-2进行处理。

（3）氢气压力、氢系统温度

燃料电池氢气压力与氢系统温度故障诊断分别由氢气压力过大和氢系统温度过高报警组成。氢气压力、氢系统温度故障的3种报警及其分类规则和对应的报警级别见表3-1，其中各个值如P_1、P_5、P_{13}设定为阈值。车辆处于行驶状态以及停放状态或者充电状态时，若系统确定氢气压力、氢系统温度故障为第1、2、3级别，车辆应按表3-3进行处理。

表3-3　氢气压力、氢系统温度不同等级故障的处理方式

故障等级	处理方式	
	当汽车处于行驶状态时	当汽车处于停放状态或者充电状态时
第1级别	应在车厢内的电子显示屏或者其他相关组件等能够让乘客和驾驶人轻易察觉到的位置进行预警提醒	通过闪光灯及语音系统向外界提出报警并同时切断充电行为
第2级别	应用语音播报功能对车厢内人员进行报警	运行冷却装置，加大鸣笛声
第3级别	在保证人员安全的情况下将汽车停下，并及时切断燃料电池反应池，保持冷却装置的运转，在环境温度允许条件下打开氢气系统泄压阀，将车门门闩打开并提醒车厢内人员下车，若处于第3级别时间超过10min，自动将坐标信息发送至消防局寻求帮助	切断燃料电池反应池，保持冷却装置的运转，条件允许的情况下发送信息给车主，报告情况，在环境温度允许条件下打开氢气系统泄压阀，若处于第3级别时间超过10min，自动将坐标信息发送至消防局寻求帮助

2. 基于"率"的故障预警

"率"指的是用传感器探测得到电池电压、温度等值在一定时间内的变化率与事先设定的阈值进行比较，其中每类数据又分为3个故障等级，对燃料电池汽车的故障进行预警，见表3-4。

表3-4　基于变化率阈值的故障预警

报警		分级规则	级别
电压变化率过高报警	总电压	$\Delta U_1 < \Delta U < \Delta U_2$	1
		$\Delta U_3 \leqslant \Delta U \leqslant \Delta U_4$	2
		$\Delta U > \Delta U_5$	3
	单体电压	$\Delta U_6 < \Delta u_i < \Delta U_7$	1
		$\Delta U_8 \leqslant \Delta u_i \leqslant \Delta U_9$	2
		$\Delta u_i > \Delta U_{10}$	3
燃料电池温升过快报警		$\Delta T > \Delta T_1$	2
		$\Delta T > \Delta T_2$	3
氢气压力变化过快报警		$\Delta P_1 < \Delta P_i < \Delta P_2$	1
		$\Delta P_3 < \Delta P_i < \Delta P_4$	2
		$\Delta P_i > \Delta P_5$	3
氢系统温升过快报警		$\Delta T_3 < \Delta T_i < \Delta T_4$	1
		$\Delta T_5 < \Delta T_i < \Delta T_6$	2
		$\Delta T_i > \Delta T_7$	3

（1）电池电压

根据所测燃料电池电压变化率，可以将故障分为总电压变化率故障报警和单体电池电压变化率故障报警。电池电压变化率的 3 种报警及其分类规则和对应的报警级别见表 3-4，其中各个值如 $\Delta U_1 \sim \Delta U_{10}$ 为设定阈值。当车辆处于行驶状态以及停放状态或者充电状态时，若系统确定电池电压变化率故障为第 1、2、3 级别，车辆参考表 3-2 进行处理。

（2）电池温度

燃料电池温度变化率故障诊断为电池温度变化过快报警。电池温度变化率故障报警及其分类规则和对应的报警级别见表 3-4，其中各个值如 $\Delta T_1 \sim \Delta T_3$ 为设定阈值。当车辆处于行驶状态以及停放状态或者充电状态时，若系统确定电池温度变化率故障为第 1、2、3 级别，车辆参考表 3-3 内容进行处理。

（3）氢气压力、氢系统温度

燃料电池氢气压力与氢系统温度故障诊断分别由氢气压力变化过快和氢系统温度变化过快报警组成。氢气压力、氢系统温度变化率故障报警及其分类规则和对应的报警级别见表 3-1，其中各个值如 ΔP_1、ΔT_4 等为设定阈值。当车辆处于行驶状态以及停放状态或者充电状态时，若系统确定氢气压力、氢系统温度变化率故障为第 1、2、3 级别，车辆参考表 3-3 进行处理。

3. 基于"模"的故障预警

"模"是指根据数据挖掘和机器学习的方法，建立异常单体诊断模型，识别潜在故障单体的方法。

（1）电池异常特征诊断模型

模型背景：燃料电池汽车在运行过程中，单体电压可以反映电池的化学性质，当某个单体电压与其他单体在一段时间内差异较大时，该单体可能由于电气滥用而存在潜在故障。当某个单体电压与其他单体在某时刻差异较大时，该单体可能由于电气滥用或者机械滥用而存在潜在故障。本模型通过提取各电池单体瞬态和稳态故障特征，识别电池单体潜在故障。

方案流程：研究方案路线图如图 3-21 所示。

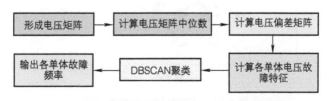

图 3-21　电池异常特征诊断模型研究方案路线图

（2）过压故障诊断模型

模型背景：燃料电池汽车的运行过程中，电池组中一致性较差的单体的电压都较容易偏离整体电压水平，出现过压故障。通过建立过压故障诊断模型，判断电池组中一致性较差的单体电池。

方案流程：研究方案路线图如图 3-22 所示。

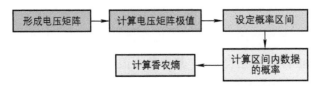

图 3-22　过压故障诊断模型研究方案路线图

（3）电池异常单体诊断模型

模型背景：基于角度分布的方法计算对异常数据点进行检测，处于数据集外围的点，与其他数据点的相对方向较为稳定，与任意两数据点形成的角度波动较小。可以看出，角度波动越小，该点越有可能是异常点；有的点处于聚集区域内部，有的数据点分布在各个方向，形成的角度波动较大。

在采集时间间隔 T 内，电池单体电压数值按照时间顺序排列在一起，组成一个电池单体 i 的特征向量 $U^i(U_1^i, U_2^i, U_3^i, \cdots, U_t^i)$，同一电池组的电池单体的电压数据点数应是一一对应的，即在时间轴上是同步的。

根据每个电池单体的特征向量将单体数据点映射到 T 维（即将每个记录时刻看作一个维度）空间，对应电池单体每个时刻的电压数据，计算电池单体与电池组内其他任意两电池单体形成夹角余弦值集合的方差，作为该电池单体的异常程度，如图 3-23 所示。

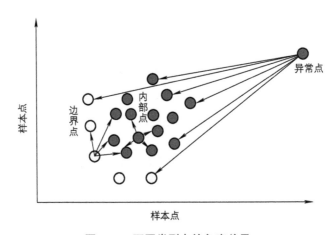

图 3-23　不同类型点的角度差异

首先采用基于信息熵理论的对每个时刻不一致性参数指标进行权重赋值，将每一时刻的不一致性得分对应加权至单体电压的时序矩阵上，采用基于高维空间角度方差的方法对各电池单体的异常程度进行评价。

方案流程：研究方案路线图如图 3-24 所示。

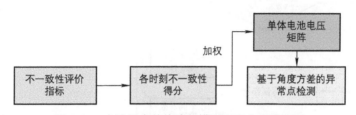

图 3-24　电池异常单体诊断模型研究方案路线图

4. 燃料电池汽车故障预警处理机制

在车辆实际使用过程中，大多数故障在发生时，电压、温度、绝缘电阻值等参数会有表征，如果在数据上体现出很明显的问题，可以采用直接判断的方式。如果通过这些特征参数无法直接判断出来，则将从时间维度、单体一致性维度、短时瞬变性维度形成模型来评估电池单体的状态，并将模型赋以不同权重，形成单体风险的概率给定预警结果。其中单车和车型的离群点概率分布将从充放电过程进行分析。基于车辆上传的数据，形成诊断的数据流程，如图 3-25 所示。

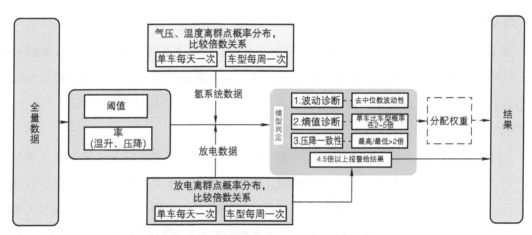

图 3-25　故障诊断过程中的数据流程图

诊断过程中的阈值设定来自于相关企业及北京理工大学阈值库。完成车辆阈值设定后，即可进行故障诊断，将诊断中产生的警告类型进行分类，分类后上传说明文件，完成审核后，形成故障报表，具体流程如图 3-26 所示。

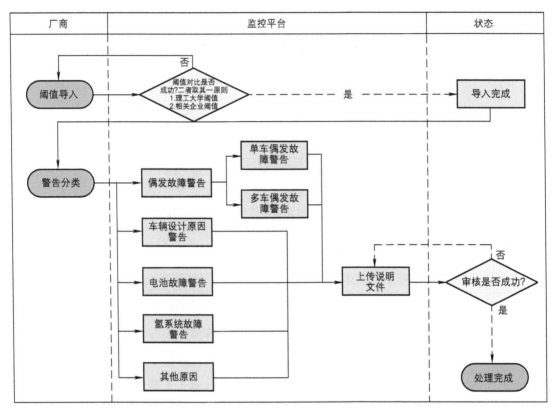

图 3-26　监控平台故障处理机制

5. 加氢基础设施故障预警处理机制

加氢站作为加氢基础设施载体，不同于加油站、加气站，故障概率统计数据相对缺乏，利用故障树的分析手段从基本事件出发，找出顶上事件的概率，从而构建加氢站的安全风险评价指标体系。另外，运用模糊层次分析法与灰色理论相结合改进综合评估方法，对加氢站的安全风险进行评估。

加氢站的工作流程简言之为供氢、压缩、储存、加注。其主要安全风险来源于氢气运输、储存和为燃料汽车充装过程中气体泄漏、静电、火灾、爆炸等危险。研究将加氢站的安全风险因素归为站内工艺布局影响、承压设备系统、安全保障系统、控制系统、人为因素、环境因素以及规章制度共 7 个大类。以这 7 个大类为系统的顶事件，整理出 59 个可能造成加氢站安全事故的基本事件，构建故障树分析模型如图 3-27 所示。依据构建的加氢站故障树模型，对得出的 59 个加氢站安全基本事件进行分类总结，建立加氢站故障预警处理模型。

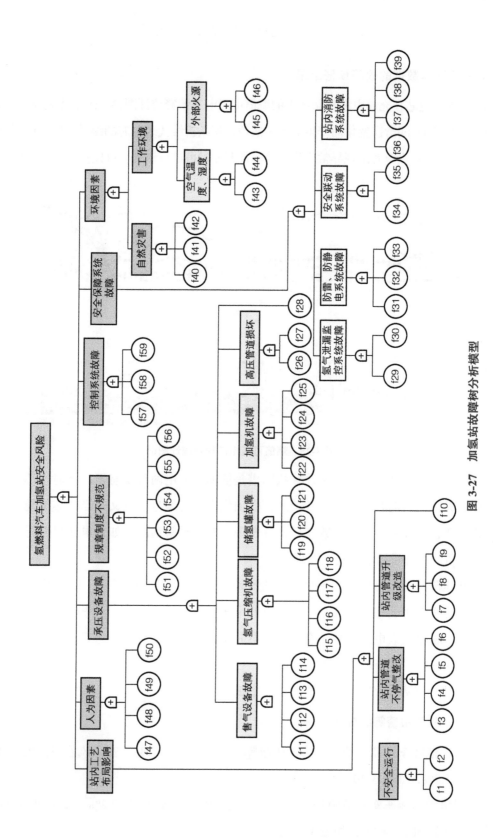

图3-27　加氢站故障树分析模型

3.2.7 全国氢燃料电池汽车和加氢基础设施故障情况

1. 基于实车数据的故障预警结果

图 3-28 为电芯在充放电两种状态下的熵值可疑电芯预警统计图谱。纵轴代表异常系数值，横轴代表电芯随时间滑窗变化而产生的异常次数，每条折线代表电芯的编号。熵值可疑单体预警图谱的意义是：当电芯出现异常变化趋势非常明显时可进行识别，可以直观清晰显现。

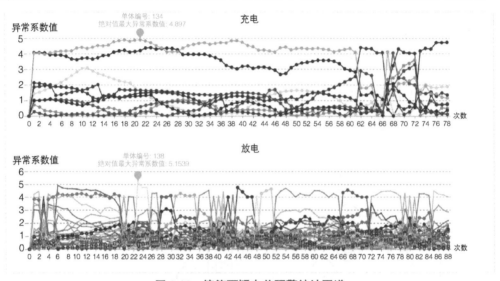

图 3-28　熵值可疑电芯预警统计图谱

电压波动性可疑电芯预警统计柱状图谱是依据充放电两种状态下，针对电芯异常频次的统计。纵轴代表电芯产生的异常频次，横轴代表电芯编号。意义是当电芯出现异常早期的变化趋势，去掉趋势化中位数之后，可发现电芯的异常情况。如果电芯早期异常变化不明显，则可利用此模型清晰直观展现。

电压压降一致性可疑电芯预警折线图谱是依据充放电两种状态下，针对电芯异常频次的统计，并将两种状态下的最高电压、最低电压作为二维判定因子。纵轴代表电芯产生的异常频次，横轴代表电芯编号。意义是对电芯出现的异常变化趋势进行识别，当电芯异常变化非常明显时，可直观清晰展现。

波动性、压降一致性可疑电芯预警统计如图 3-29 所示。

2. 车辆故障报警等级分析

燃料电池客车故障报警主要为 1 级故障，占比达到 56.5%。安全风险更高的 3 级故障占比仅为 5.2%，如图 3-30 所示。

燃料电池物流车车辆故障报警主要为 1 级故障，占比达到 77.2%。安全风险更高的 3 级故障占比达到了 14.3%，如图 3-31 所示。

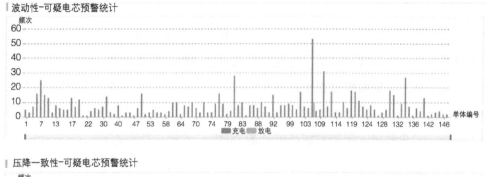

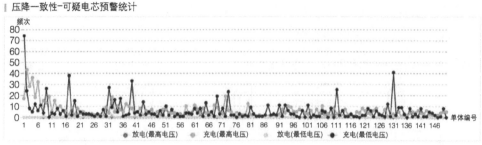

图 3-29 波动性、压降一致性可疑电芯预警统计

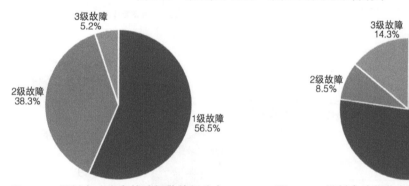

图 3-30 燃料电池客车故障报警等级分布　　图 3-31 燃料电池物流车车辆故障报警等级分布

3.3 地方／企业级燃料电池电动汽车监控平台

3.3.1 京津冀地区燃料电池汽车监控平台（企业级）

京津冀地区燃料电池汽车监控平台（企业级）是运行团队为了京津冀地区的燃料电池汽车示范自主开发的燃料电池汽车运行数据监控平台。监控平台除采集常规数据项外，监控重点还主要体现在安全性、稳定性和经济性维度：

1）安全性，包括气瓶压力、气瓶温度、氢气最高浓度和氢气最高压力等。

2）稳定性，包括总输出电压／电流、单电池电压（最高值、最低值和平均值）、氢气入口压力及温度、空气入口压力及温度、燃料电池电堆水温度（出水口温度）、氢系统中最高温等。

3）经济性，包括加注压力、加氢量、行驶里程、速度、故障次数等。

监控平台主要特点有：

1）及时响应：对接收到的各种警告、事件、反馈信息及时响应处理。

2）智能分析：业务统计分析、智能预测及对比分析、数据报表。

3）主动交互：车辆监控过程中发现车辆问题，主动向车载设备或用户发送提示。

4）多维云服务：提供标准化的开放云服务接口，可与其他云服务平台进行对接。

5）安全：紧急救援、远程车辆故障检测/控制、车辆定位跟踪。

6）全面日志监控：信息量丰富，包括车辆行驶数据、燃料电池运行数据、车载储氢系统状态数据、车辆运维保养信息等。

监控平台相关事项如图 3-32～图 3-37 所示。

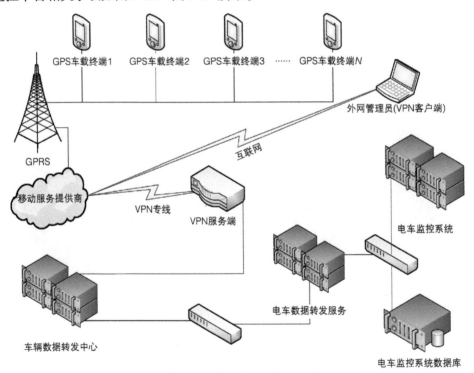

图 3-32　燃料电池汽车示范数据采集传输方式

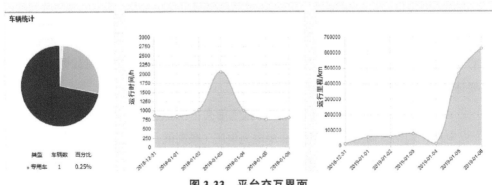

图 3-33　平台交互界面

图 3-34　车辆实时监控图

图 3-35　运营管理模块

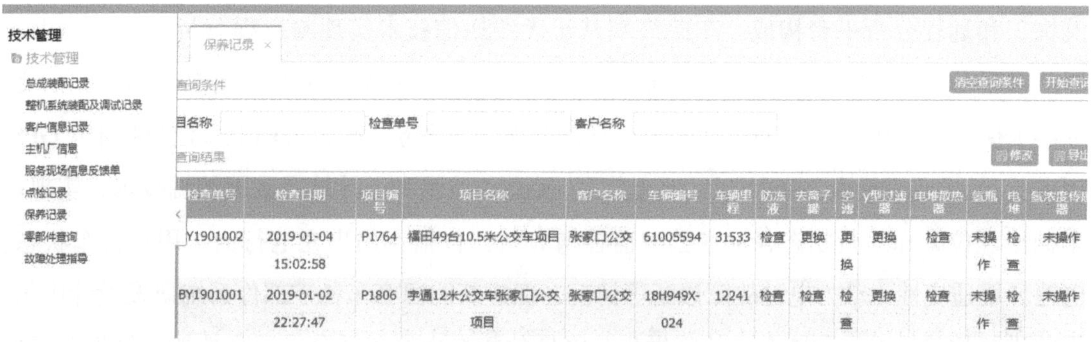

图 3-36　燃料电池汽车保养记录

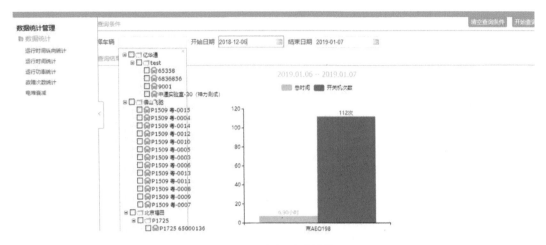

图 3-37　数据统计模块

3.3.2　宇通新能源客车大数据分析平台（企业级）

宇通新能源客车大数据分析平台（企业级）是宇通客车股份有限公司为了进行燃料电池客车全生命周期监测建立的基于规模化应用的新能源客车大数据分析平台，如图 3-38 ~ 图 3-41 所示。平台采用先进的运算架构，基于 B/S（Browser/Server，浏览器 / 服务器）模式，结合行业先进技术，从安全、节能和延长寿命等角度实现对全生命周期内燃料电池客车运行状态信息的有效管理。基于大数据与数据挖掘技术，快速实现运行车辆地理位置和运行状态各项参数的大数据监控与分析。平台数据采集基于宇通自主研发的新能源车载终端，根据 SAE J1939 标准诊断协议和宇通自制新能源客车诊断协议，基于无线通信技术和 CAN 通信技术，实现燃料电池客车运行状态参数的实时采集；基于并行编程模型及高效分布式计算技术，研发基于大数据的新能源客车大数据分析平台，平台支持 10Gbit/s 以上量级的数据流实时索引，秒级完成数据分析。

新能源客车大数据分析平台由车载终端（包含 CAN 通信、定位、无线通信、存储等模块）和远程分析平台构成。车载终端基于无线通信技术实现与远程分析平台的远程通信，采用 TCP/IP 协议，保证数据传输的稳定与可靠；远程分析平台采用 B/S（浏览器 / 服务器）模式进行开发，提供面向 Web 及其他客户端的服务。平台采用卫星定位技术（GPS/BDS）、无线通信技术（3G/4G）、地理信息（GIS）技术和云计算及数据挖掘技术，实现对车辆地理位置和运行状态各项参数的监控与分析，包括：用户充电行为、用户行车状态、电池环境适应性、动力电池故障诊断等情况，促进新能源客车各零部件系统研发设计优化，提前进行故障排除，预防重大故障发生，降低故障发生率。平台采用高性能大规模并行处

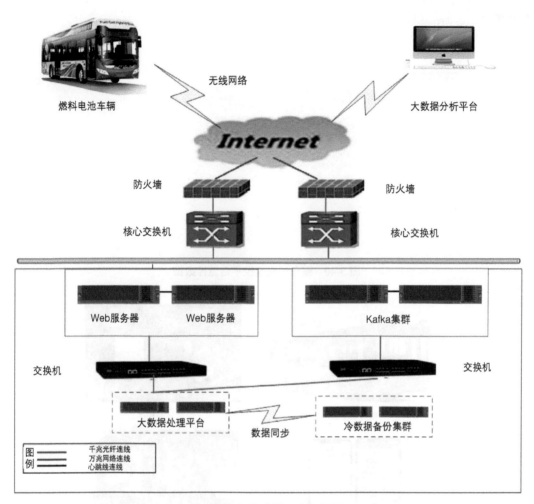

图 3-38　远程监控平台框架图

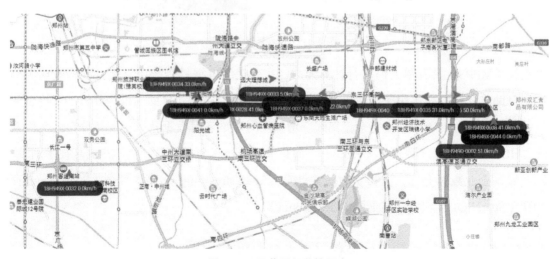

图 3-39　示范运行监控平台

车辆	上报时间	启动状态	启动命令	目标功率(Kw)	状态	温度(℃)	最大允许电流(A)	电流(A)	电压(V)	系统氢气压力(MPa)
18H949X-0032	2021-04-13 15:16:25	开	2	22	3	52	150.9	120.6	154.5	0.63
18H949X-0032	2021-04-13 15:16:05	开	2	22	3	52	150.8	120.2	154.7	0.63
18H949X-0032	2021-04-13 15:15:45	开	2	22	3	52	150.7	120.5	154.3	0.63
18H949X-0032	2021-04-13 15:15:41									
18H949X-0032	2021-04-13 15:15:25	开	2	22	3	52	150.7	120.9	154.6	0.624
18H949X-0032	2021-04-13 15:15:05	开	2	22	3	52	150.6	120.6	154.6	0.631
18H949X-0032	2021-04-13 15:14:45	开	2	22	3	52	150.2	119.9	154.9	0.631
18H949X-0032	2021-04-13 15:14:25	开	2	22	3	52	151.1	121.2	154.6	0.632
18H949X-0032	2021-04-13 15:14:05	开	2	22	3	52	149.9	120.8	155.1	0.633
18H949X-0032	2021-04-13 15:13:45	开	2	22	3	52	151	122.2	155.2	0.632
18H949X-0032	2021-04-13 15:13:25	开	2	22	3	54	150.3	119.1	155.5	0.631
18H949X-0032	2021-04-13 15:13:05	开	2	22	3	54	151.5	122.4	155.2	0.626

图 3-40　整车远程监控平台监控数据

燃料电池客车　　　　　　新能源监控平台

故障预警信息　　　　　　人员现场处理

图 3-41　故障预警流程

理系统（MPP），具有强大的并行计算能力，实现亿级数据秒级响应；支持异构数据源分析。自助式分析可视化快速构建报表，多维可视化数据探索，自助式报表分析。支持企业各种系统和类型的数据，支持全量离线、增量实时和准实时数据接入。支持分布式文件系统（HDFS）和分布式数据库（HBase）。简化大数据技术应用场景，为用户屏蔽技术困难。轻松实现企业数据仓库，支持实时流式计算（Sparkstreaming）、离线计算（Spark）、内存计算（SparkSQL）和交互式查询（Greenplum）。

3.3.3　长三角地区燃料电池监控平台（企业级）

长三角地区燃料电池汽车监控平台（图 3-42）由项目参与单位长三角新能源汽车研究

院有限公司建立，主要应用于车辆测试验证及售出车辆实际运行过程中的数据记录、故障监测、远程监控、远程升级等。监控的数据包括整车数据、驱动电机数据、燃料电池数据、发动机数据、车辆位置数据、极值数据、报警数据、可充电储能装置电压数据、可充电储能装置温度数据等。当车辆出现 GB/T 32960 规范要求中的 3 级报警时，上报故障点前后30s 的所有数据项数据，数据上报频率不超过 1s，其中故障发生前的数据是以补发的形式进行上报。信息保存时间不少于 3 年。

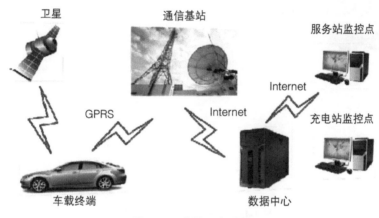

图 3-42　监控平台流程

3.3.4　佛山市南海区新能源（氢能）汽车综合监管平台（地方级）

佛山市南海区新能源（氢能）汽车综合监管平台能实时监控燃料电池汽车及加氢站的相关运行情况，包括车辆状态、行驶速度、耗氢量、行驶里程、燃料电池发电机状态、燃料电池电堆、氢系统状态、驱动电机温度转速、加氢站加注量等数据情况。平台具备较强的数据接入能力及扩展能力，可根据产业发展的情况，快速扩展车辆和加氢站相关数据接入能力、持久化存储和备份能力，并且具备数据异地备份功能，从而确保系统的稳定运行。监控平台还开发了氢能汽车综合监管小程序，可随时随地查看数据情况，如图 3-43 ～图 3-46 所示。

利用采集到的大数据，建立燃料电池汽车驾驶行为随机森林模型，实时采集运行车辆的工况数据，通过随机森林模型进行驾驶行为的异常预测。全面探讨燃料电池汽车故障分类、故障诊断的内容，建立设备典型故障的故障树模型以及模糊神经网络故障诊断模型，实现故障诊断算法的网络部署。综合加氢的时间、成本、续驶里程和充电的时间、成本、续驶里程等全面因素，基于大数据挖掘出加氢与充电综合成本最低、续驶里程最长的多目标优化最佳运行模式，从而开发出经济性最优化运行管理系统。

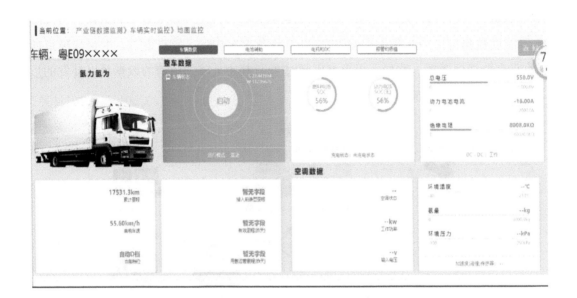

图 3-43　单车实时工况监测界面

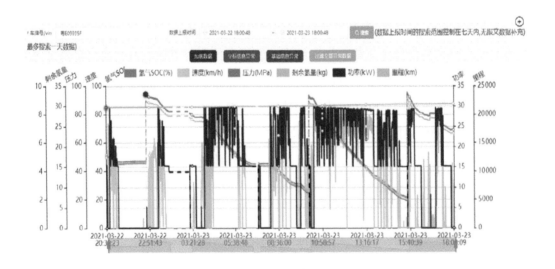

图 3-44　单车工况追溯

图 3-45　车辆数据统计模块

图 3-46　燃料电池汽车监控概况

3.4　补充填报数据

考虑到燃料电池汽车技术发展的快速迭代性，以及监控平台升级换代的滞后性，项目还针对各区域示范运行的每一台车辆，组织燃料电池汽车和加氢站企业进行示范运行补充数据的人工提报工作。收取了京津冀地区、中原地区、长三角地区、珠三角地区共计 223 辆燃料电池汽车的补充运行数据，作为示范运行研究的基础补充数据。燃料电池汽车手工提报数据主要包括车辆基本信息、累计运营里程、当月运营里程、当月加氢量、百公里耗氢量、加氢次数、电堆运行时间、电堆停运时间、故障信息；加氢站手工提报数据包括加氢站基本信息、累计加氢量、当月加氢量、累计加注车辆数、当月加注车辆数、累计运营天数、当月运营天数、累计故障次数、当月故障次数、故障信息等。补充填报数据表示例如图 3-47 所示。

序号	车牌号码	车工号	2019年(km)												2020年(km)											
			1月	2月	3月	4月	5月	6月	7月	8月	9月	10月	11月	12月	1月	2月	3月	4月	5月	6月	7月	8月	9月	10月	11月	12月
1	豫A08087F	18H949D-0001	5180	5629	6404	6252	5891	4806	3690	3148	6257	6654	4916	6321	2501	104	23	3602	5271	2636	4168	5222	4757	4953	4843	5470
2	豫A08007F	18H949D-0002	4966	3956	5826	5417	4209	5291	5556	4356	1659	1950	1397	1072	1104	0	22	6	3698	3584	5309	4486	3976	5287	5388	6915
3	豫A01777F	18H949X-0026	3150	6100	6849	6341	7082	7427	6113	5698	6275	5867	6920	6090	4230	2178	4803	2361	4342	5734	5460	5451	4847	4783	3233	4561
4	豫A01779F	18H949X-0027	7338	6387	6632	6495	6949	7136	6498	6092	6624	6362	6899	7048	4724	1801	4593	3796	3096	5779	5808	3437	2730	3821	3006	3301
5	豫A09995F	18H949X-0031	5747	4001	5523	4867	5290	5703	3638	3151	5920	5440	4692	2926	3879	0	4135	4248	4729	4692	4619	4324	2203	1463	1895	3879
6	豫A01758F	18H949X-0032	2853	5208	6604	6247	5657	5900	5093	4159	6241	6130	5636	5387	3933	0	866	3958	5261	1753	2791	3645	3418	2968	3926	3977
7	豫A09990F	18H949X-0033	4484	4960	5989	5452	5477	6240	5078	4711	3483	4759	3378	4816	3639	103	30	146	4484	4471	3422	1901	4653	5389	3700	4619
8	豫A09959F	18H949X-0035	4664	4015	6102	6404	4339	6215	5147	5626	6313	5668	6408	6774	4914	0	2690	1879	4712	5605	3706	5414	5763	5222	5791	5617
9	豫A09966F	18H949X-0036	6051	4438	5226	6383	6338	7147	5078	5939	5856	6086	5830	6311	3330	0	2949	2273	4673	4128	4074	3552	3944	4122	3378	4232
10	豫A09995F	18H949X-0038	6174	4311	6383	5723	6545	4179	6032	4693	6217	5509	5182	4996	3146	0	2951	2124	3366	5566	5671	5725	5564	5351	5408	5731
11	豫A09989F	18H949X-0039	3115	3393	4911	5748	5710	3513	3215	3845	4411	6165	6427	6133	4992	0	0	925	3121	4024	3790	5176	5523	4859	5743	5262
12	豫A03399F	18H949X-0040	4313	2999	5517	4921	6859	6954	4384	5838	6414	5953	6834	6922	4294	104	1200	1564	3760	5390	4819	5736	2823	2823	4769	3677
13	豫A09939F	18H949X-0042	2860	5455	5131	6544	6514	7303	6427	6323	2831	2591	6253	7458	4808	0	14	693	5387	5994	6206	6185	5736	4861	4673	5700
14	豫A08000F	18H949X-0043	5692	4536	6259	6038	6911	5196	5115	661	250	6637	7020	5184	0	14	5359	5290	5934	6255	5907	5782	5080	5558		
15	豫A06777F	18H949X-0044	3963	3265	4774	5525	4410	6563	6318	6161	5720	5063	6271	7234	5291	356	4628	4688	5752	5621	4452	5582	2548	5501	4845	5781

1车辆基本信息　2运营里程（累计）　3.运营里程（当月）　4加氢量（当月）　5.百公里氢料　6.加氢次数　7.运行时长　8.停运天数　9.故障统计　+

序号	加氢站名称	2018年(kg)			2019年(kg)												2020年(kg)									
		10月	11月	12月	1月	2月	3月	4月	5月	6月	7月	8月	9月	10月	11月	12月	1月	2月	3月	4月	5月	6月	7月	8月	9月	10月
1	郑州宇通客车加氢站			10932	9296	9568	9015	8001	8076	6901		6166	13549		6730	4136	7233	10934	14740	17230.08	14057	12429.76				

> >| 加氢站基本信息　加氢量（累计）　加氢量（当月）　加注车辆数（累计）　加注车辆数（当月）　加氢站运营天数（累计）　加氢站运营天数（当月）　故障次数（累计）　… +

图 3-47　补充填报数据表示例

3.5　小结

通过国家级燃料电池汽车监控平台、地方 / 企业级燃料电池汽车监控平台和补充填报数据三级监控措施，项目顺利完成了燃料电池汽车和加氢站示范运行数据的采集。其中，国家级燃料电池汽车监控平台开展了平台数据支撑系统、平台可视化系统的研究，完成了平台搭建和部署，同时开展了数据存储与快速挖掘处理技术、平台管理系统研究，得到了基于监控平台数据的燃料电池汽车市场规模和运行情况，并从"值""率""模"三个层次开展燃料电池汽车故障预警。另外，京津冀地区燃料电池汽车监控平台、宇通新能源客车大数据分析平台、长三角地区燃料电池监控平台和佛山市南海区新能源（氢能）汽车综合监管平台等地方 / 企业级监控平台以及补充填报数据也为运行数据的采集和分析做出了有效支撑。

第4章

消防安全风险评估和事故应急救援指南研究

通过对国内外燃料电池汽车消防安全标准体系和氢气泄漏、氢气喷射火灾、温度驱动压力泄放装置（TPRD）泄放等进行研究，项目开展了燃料电池汽车泄漏发生后打开车窗和天窗等不同场景下车辆内外的氢气浓度分布变化规律、TRPD 阀门向车外排放氢气流体动力学模拟研究，开展了加氢站火灾危险性分析、氢气泄漏模型与探测方法研究。在对加氢站火灾危险性分析的基础上，从运行消防安全管控的角度，构建加氢站消防安全风险评估指标体系，并提出风险评估方法和指标量化评价标准，制定加氢站风险评估具体流程，为提升加氢站消防安全保障能力水平和事故应急救援提供有力的技术支撑。

4.1 国内外氢能相关消防安全标准研究分析

长久以来，各国针对全球资源枯竭与环境问题等挑战，致力于开发新能源，氢能作为一种清洁无污染的能源得到迅速发展。许多国家制定了本国的"氢能燃料计划"和"氢能设想发展路线图"，并在大力发展氢能的同时也建立了相关的氢能技术标准规范。

4.1.1 国外氢能安全标准研究现状

在国际标准化组织（ISO）中，负责氢能技术领域标准制定的是氢能技术标准化技术委员会（ISO/TC（Technical Committee，全国专业标准化技术委员会）197）。ISO/TC 197 设有 14 个工作组，涵盖 4 个领域方向，如图 4-1 所示，主要研究氢能应用中如氢能使用环境与安全、加氢站、氢燃料储存等问题。ISO/TC 197 已颁布的 17 项标准见表 4-1。

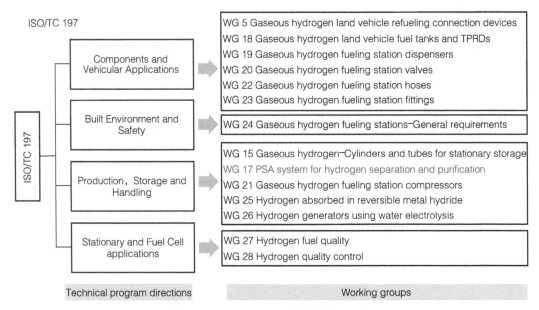

图 4-1 ISO/TC 197 研究内容与工作组

表 4-1 ISO/TC 197 标准

No.	标准编号	标准名称	类型
1	ISO 14687-1:1999	Hydrogen fuel—Product specification—Part 1: All applications except proton exchange membrane (PEM) fuel cell for road vehicles	质量
2	ISO 14687-2:2012	Hydrogen fuel—Product specification—Part 2: Proton exchange membrane (PEM) fuel cell applications for road vehicles	质量
3	ISO 14687-3:2014	Hydrogen fuel—Product specification—Part 3: Proton exchange membrane (PEM) fuel cell applications for stationary appliances	质量
4	ISO 22734-1:2008	Hydrogen generators using water electrolysis process—Part 1: Industrial and commercial applications	生产
5	ISO 22734-2:2011	Hydrogen generators using water electrolysis process—Part 2: Residential applications	生产
6	ISO 13985:2006	Liquid hydrogen—Land vehicle fuel tanks	储存
7	ISO/TS 15869:2009	Gaseous hydrogen and hydrogen blends—Land vehicle fuel tanks	储存
8	ISO 16111:2008	Transportable gas storage devices—Hydrogen absorbed in reversible metal hydride	储存
9	ISO/TR 15916:2015	Basic considerations for the safety of hydrogen systems	安全
10	ISO 16110-1:2007	Hydrogen generators using fuel processing technologies—Part 1: Safety	安全
11	ISO/TS 19883:2017	Safety of pressure swing adsorption systems for hydrogen separation and purification	安全
12	ISO 13984:1999	Liquid hydrogen—Land vehicle fuelling system interface	加注
13	ISO 17268:2012	Gaseous hydrogen land vehicle refueling connection devices	加注
14	ISO/TS 19880-1:2016	Gaseous hydrogen—Fuelling stations—Part 1: General requirements	加注
15	ISO 19880-3:2018	Gaseous hydrogen—Fuelling stations—Part 3: Valves	加注

（续）

No.	标准编号	标准名称	类型
16	ISO 16110-2:2010	Hydrogen generators using fuel processing technologies—Part 2: Test methods for performance	测试
17	ISO 26142:2010	Hydrogen detection apparatus—Stationary applications	测试

通过对 ISO/TC 197 已颁布的 17 项标准进行分析，发现标准主要集中在氢气产品质量、储存和加氢要求。针对安全的标准只有 3 项，主要针对供氢系统、用氢系统安全，对于火灾和消防安全的要求很少，并且未涉及加氢基础设施的消防要求。

国际电工委员会（IEC）下的燃料电池技术标准化技术委员会（IEC/TC 105 年会），主要负责氢能技术领域中的燃料电池及相关国际标准的制定。

4.1.2 国内氢能安全标准研究现状

我国负责氢能技术标准制定的组织为全国氢能标准化技术委员会（SAC TC/309），负责燃料电池标准化制定的组织为全国燃料电池标准化技术委员会（SAC/TC 342）。图 4-2 为中国氢能标准体系总框架。由框架图可以看出，与 ISO/TC 197 不同，我国氢能标准体系专注于整个氢工业链，包括 8 个标准子体系，标准占比如图 4-3 所示，子体系又可根据自身特点细化分类。

图 4-2　中国氢能标准体系总框架

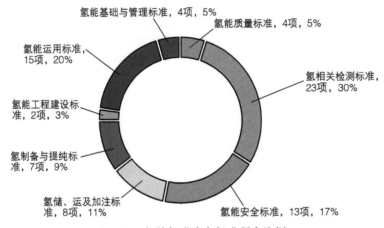

图 4-3 氢能标准中各标准所占比例

氢能相关标准见表 4-2 ~ 表 4-9。从表 4-2 可看出氢能基础与管理标准中有 4 个与术语相关的标准，其中 3 个与燃料电池及其实用性相关。

表 4-2 氢能基础与管理标准

编号	标准号	标准名称	TC 编号
1	GB/T 20042.1—2017	质子交换膜燃料电池 第一部分：术语	TC 342
2	GB/T 24499—2009	氢气、氢能与氢能系统术语	TC 309
3	GB/T 24548—2009	燃料电池电动汽车 术语	TC 114
4	GB/T 28816—2020	燃料电池 术语	TC 342

注：TC 114 为全国汽车标准化技术委员会。

表 4-3 氢能质量标准

编号	标准号	标准名称	TC 编号
1	GB/T 16942—2009	电子工业用气体 氢	TC 203
2	GB/T 34537—2017	车用压缩氢气天然气混合燃气	TC 309
3	GB/T 3634.1—2006	氢气 第 1 部分：工业氢	TC 206
4	GB/T 3634.2—2011	氢气 第 2 部分：纯氢、高纯氢和超纯氢	TC 206

注：TC 203 为全国半导体设备和材料标准化技术委员会，TC 206 为全国气体标准化技术委员会。

表 4-4 氢能安全标准

编号	标准号	标准名称	TC 编号
1	GB 4962—2008	氢气使用安全技术规程	TC 288
2	GB/T 23751.1—2009	微型燃料电池发电系统 第 1 部分：安全	TC 342
3	GB/T 24549—2020	燃料电池电动汽车 安全要求	TC 114
4	GB/T 27748.1—2017	固定式燃料电池发电系统 第 1 部分：安全	TC 342
5	GB/T 29729—2022	氢系统安全的基本要求	TC 309
6	GB/T 30084—2013	便携式燃料电池发电系统 - 安全	TC 342
7	GB/T 31036—2014	质子交换膜燃料电池备用电源系统 安全	TC 342

（续）

编号	标准号	标准名称	TC 编号
8	GB/T 31037.1—2014	工业起升车辆用燃料电池发电系统 第1部分：安全	TC 342
9	GB/T 31139—2014	移动式加氢设施安全技术规范	TC 309
10	GB/T 34539—2017	氢氧发生器安全技术要求	TC 309
11	GB/Z 34541—2017	氢能车辆加氢设施安全运行管理规程	TC 309
12	GB/T 34583—2017	加氢站用储氢装置安全技术要求	TC 309
13	GB/T 34584—2017	加氢站安全技术规范	TC 309

注：TC 288 为全国安全生产标准化技术委员会。

表 4-5　氢能工程建设标准

编号	标准号	标准名称	TC 编号
1	GB 50177—2005	氢气站设计规范	—
2	GB 50516—2010	加氢站技术规范（2021 年版）	—

表 4-6　氢制备与提纯标准

编号	标准号	标准名称	TC 编号
1	GB 32311—2015	水电解制氢系统能效限定值及能效等级	TC 20
2	GB/T 19773—2005	变压吸附提纯氢系统技术要求	TC 309
3	GB/T 19774—2005	水电解制氢系统技术要求	TC 309
4	GB/T 26915—2011	太阳能光催化分解水制氢体系的能量转化效率与量子产率计算	TC 309
5	GB/T 29411—2012	水电解氢氧发生器技术要求	TC 309
6	GB/T 29412—2012	变压吸附提纯用吸附器	TC 309
7	GB/T 34540—2017	甲醇转化变压吸附制氢系统技术要求	TC 309

注：TC 20 为全国能源基础与管理标准化技术委员会。

表 4-7　氢储、运及加注标准

编号	标准号	标准名称	TC 编号
1	GB/T 26466—2011	固定式高压储氢用钢带错绕式容器	TC 262
2	GB/T 26779—2021	燃料电池电动汽车 加氢口	TC 114
3	GB/T 30718—2014（ISO 17268:2006）	压缩氢气车辆加注连接装置（气态氢陆地车辆加油连接设备）	TC 309
4	GB/T 30719—2014（ISO 13984:1999）	液氢车辆燃料加注系统接口（液压 道路车辆燃油系统界面）	TC 309
5	GB/T 31138—2022	加氢机	TC 309
6	GB/T 33292—2016	燃料电池备用电源用金属氢化物储氢系统	TC 309
7	GB/T 34542.1—2017	氢气储存输送系统 第1部分：通用要求	TC 309
8	GB/T 35544—2017	车用压缩氢气铝内胆碳纤维全缠绕气瓶	TC 31

注：TC 262 为全国锅炉压力容器标准化技术委员会，TC 31 为全国气瓶标准化技术委员。

表 4-8　氢能运用标准

编号	标准号	标准名称	TC 编号
1	GB/T 18288—2000	蜂窝电话用金属氢化物镍电池总规范	TC 77
2	GB/T 20042.2—2023	质子交换膜燃料电池　第 2 部分：电池堆通用技术条件	TC 342
3	GB/T 22084.2—2008	含碱性或其他非酸性电解质的蓄电池和蓄电池组　便携式密封单体蓄电池　第 2 部分：金属氢化物镍电池	TC 77
4	GB/T 25319—2010	汽车用燃料电池发电系统　技术条件	TC 342
5	GB/T 26916—2011	小型氢能综合能源系统性能评价方法	TC 309
6	GB/T 26990—2011	燃料电池电动汽车　车载氢系统　技术条件	TC 114
7	GB/T 27748.3—2017	固定式燃料电池发电系统　第 3 部分：安装	TC 342
8	GB/T 29123—2012	示范运行氢燃料电池电动汽车技术规范	TC 114
9	GB/T 29124—2012	氢燃料电池电动汽车示范运行配套设施规范	TC 114
10	GB/T 29838—2013	燃料电池　模块	TC 342
11	GB/T 31037.2—2014	工业起升车辆用燃料电池发电系统　第 2 部分：技术条件	TC 342
12	GB/T 33062—2016	镍氢电池材料废弃物回收利用的处理方法	TC 294
13	GB/T 33978—2017	道路车辆用质子交换膜燃料电池模块	TC 342
14	GB/Z 21742—2008	便携式质子交换膜燃料电池发电系统	TC 342
15	GB/Z 23751.3—2013	微型燃料电池发电系统　第 3 部分：燃料容器互换性	TC 342

注：TC 77 为全国碱性蓄电池标准化技术委员会，TC 294 为全国废弃化学品处置标准化技术委员会。

表 4-9　氢相关检测标准

编号	标准号	标准名称	TC 编号
1	GB/T 20042.3—2022	质子交换膜燃料电池　第 3 部分：质子交换膜测试方法	TC 342
2	GB/T 20042.4—2009	质子交换膜燃料电池　第 4 部分：电催化剂测试方法	TC 342
3	GB/T 20042.5—2009	质子交换膜燃料电池　第 5 部分：膜电极测试方法	TC 342
4	GB/T 20042.6—2011	质子交换膜燃料电池　第 6 部分：双极板特性测试方法	TC 342
5	GB/T 20042.7—2014	质子交换膜燃料电池　第 7 部分：炭纸特性测试方法	TC 342
6	GB/T 23645—2009	乘用车用燃料电池发电系统测试方法	TC 342
7	GB/T 23751.2—2017	微型燃料电池发电系统　第 2 部分：性能试验方法	TC 342
8	GB/T 24554—2022	燃料电池发动机性能试验方法	TC 114
9	GB/T 26991—2011	燃料电池电动汽车　最高车速试验方法	TC 114
10	GB/T 27748.2—2022	固定式燃料电池发电系统　第 2 部分：性能试验方法	TC 342
11	GB/T 27748.4—2017	固定式燃料电池发电系统　第 4 部分：小型燃料电池发电系统性能试验方法	TC 342
12	GB/T 28183—2011	客车用燃料电池发电系统测试方法	TC 342
13	GB/T 28817—2022	聚合物电解质燃料电池单电池测试方法	TC 342
14	GB/T 29126—2012	燃料电池电动汽车　车载氢系统　试验方法	TC 114
15	GB/T 31035—2014	质子交换膜燃料电池电堆低温特性试验方法	TC 342
16	GB/T 31886.1—2015	反应气中杂质对质子交换膜燃料电池性能影响的测试方法　第 1 部分：空气中杂质	TC 342
17	GB/T 31886.2—2015	反应气中杂质对质子交换膜燃料电池性能影响的测试方法　第 2 部分：氢气中杂质	TC 342
18	GB/T 33291—2016	氢化物可逆吸放氢压力－组成－等温线（P-C-T）测试方法	TC 309
19	GB/T 33979—2017	质子交换膜燃料电池发电系统低温特性测试方法	TC 342

（续）

编号	标准号	标准名称	TC 编号
20	GB/T 34542.2—2018	氢气储存输送系统　第2部分：金属材料与压缩氢环境相容性试验方法	TC 309
21	GB/T 34542.3—2018	氢气储存输送系统　第3部分：金属材料氢脆敏感性试验方法	TC 309
22	GB/T 34544—2017	小型燃料电池汽车用低压储氢装置安全试验方法	TC 309
23	GB/Z 27753—2011	质子交换膜燃料电池膜电极工况适应性测试方法	TC 342

关于氢能技术标准的4项标准正在制定当中，详见表4-10。

表4-10　氢能技术标准提案

编号	标准名称	类型
1	质子交换膜燃料电池汽车的氢气规范	质量
2	加压水电解氢气系统的安全性	安全
3	积分球法测定悬浮光催化制氢反应	产品
4	高压水点解制氢系统技术条件	产品

通过我国氢能标准分析，发现我国的氢能标准主要集中在氢能质量、条件测试、燃料电池本质安全方面，针对燃料电池汽车的安全标准主要规范了汽车加氢口、供氢系统安全等方面的要求，涉及消防安全的标准几乎是空白。针对加氢基础设施的标准有氢气站设计规范、加氢站技术规范，这些标准为我国加氢站的建设提供了技术依据，但是涉及消防安全的要求也比较少。

4.1.3　燃料电池汽车消防安全现状分析

燃料电池汽车绝大多数采用了车载高压储氢的方式。研究表明，氢泄漏事故是影响燃料电池汽车安全的主要问题，燃料管路或元件的密封失效、探测氢气和切断氢管路的传感系统失效、储氢瓶上的流量阀失效和控制燃料电池氢流量的计算机程序失效的四种失效方式会产生严重的氢泄漏事故。

2001年，美国迈阿密大学Michael Swain博士在美国国家氢能协会会议上发表研究报告，他通过试验模拟了燃油汽车和氢燃料电池汽车因燃料泄漏而失火的燃烧过程，对比分析了两类车的安全性能。试验表明，由于氢气密度很低，当氢向一个敞开的空间泄漏后，会迅速扩散；而汽油燃料泄漏后向地面滴落，还会渗入缝隙，燃烧迅速、猛烈。因此在一定条件下，燃料电池电动汽车的储氢技术比汽油存储要安全，只要有完善配套的氢泄漏探测、报警和紧急切断装置，氢用作燃料就是安全的。

通过国内外相关标准调研分析，针对燃料电池特别是氢的特性，燃料电池汽车的氢安全系统主要包括：氢供应安全系统、整车氢安全系统、车库安全系统、防静电设施、电器防爆五大系统，涉及的标准总共有 29 项，其中国际标准 7 项，国内标准 22 项。

1. 燃料电池汽车氢供应安全系统

1）在储氢瓶的出口处，应当安装过电流保护装置。当管路或阀件产生氢气泄漏，使氢气流量超过燃料电池系统需要最大流量的 20% 时，过电流保护装置自动切断氢气供应；当故障排除后，只需对电磁阀进行数秒钟的通电，即可恢复正常运行。

2）在储氢瓶的总出口处应当安装电磁阀，当整车氢报警系统的任意一个探头检测到车内氢浓度达到报警标准时，将自动切断氢气供应。

2. 燃料电池汽车整车氢安全系统

整车氢安全系统包括氢泄漏监测及报警处理系统。氢泄漏监测系统一般由安装在车顶部的储氢瓶舱、乘客舱、燃料电池系统舱以及系统散热器附近的 4 个催化燃烧型传感器和安装在车体下部的一套监控器组成。传感器实时检测车内氢浓度，当任何一个传感器检测到的氢浓度超过氢爆炸下限的 10%、20% 和 50% 时，监控器会分别自动发出 I 级、II 级、III 级声光报警信号，并通知安全报警处理系统采取相应的安全措施。

3. 燃料电池汽车车库安全系统

燃料电池汽车车库的氢安全系统包括氢泄漏监测及报警处理系统，以及自动送、排风设施。车库内应当安装氢泄漏监测系统，该系统由车库顶部的多个催化燃烧型传感器和安装在控制室内的监控器组成。传感器实时检测车库内的氢浓度，当任何一个传感器检测到的氢浓度超过氢爆炸下限的 10%、20% 和 50% 时，监控器会分别自动发出 I 级、II 级、III 级声光报警信号，同时通知安全报警处理系统采取相应的安全措施。当接到 I 级报警信号时，报警处理单元应当启动车库顶部报警器，并自动启动车库顶部的换气窗和防爆排风机。换气窗和防爆排风机应当同时具有手动启动功能。

4. 燃料电池汽车防静电设施

氢是一种非导电物质，不论是液氢还是气氢，流动时由于摩擦都会带电，使静电积累，当静电位升高到一定数值时就会产生放电现象。为防止静电积累，燃料电池汽车应当在车体底部安装接地导线，将加氢时以及车辆行驶过程中产生的静电放回大地，以保证安全。

5. 燃料电池汽车电器防爆

燃料电池汽车上的氢检测传感器均应选用防爆型，氢安全处理系统应选用防爆固态继电器，避免继电器动作时产生电弧，并可以防止机械式继电器因汽车行驶中的振动造成误动作。当氢安全系统报警时，汽车上严禁使用电源插座、接触器、继电器及机械开关等可能引起电弧的装置，以确保安全。

4.1.4　加氢站消防安全分析

1999 年 5 月，德国慕尼黑国际机场建成了世界上第一座应用于燃料电池汽车的加氢站。随着氢燃料电池汽车的进一步发展，加氢站数量将快速增加，势必会向市区人口密度度更高的区域发展。目前，全世界已有或在建的加氢站主要集中在欧美和日本，多数是压缩氢气加氢站，中国加氢站的建设也将进入快速发展阶段，因此迫切需要开展加氢站消防安全的相关研究。

一个标准加氢站的基本构成为：氢源（站外输送或者站内制氢）、氢气压缩机、储氢罐（高压储氢瓶组）、加氢机，此外还有高压氢气专用阀门组件和泄漏检测报警装置等安全及控制系统等。加氢站 35MPa 储氢瓶组如图 4-4 所示。

图 4-4　加氢站 35MPa 储氢瓶组

1. 加氢站的总平面布局

加氢站属于甲类火灾危险性设施，又主要建在人员相对稠密的城市，必须确保安全可靠。在进行加氢站网点布局和选址定点时，必须符合当地的城市规划和防火安全要求，在未制定相应技术规范之前，应当参照 GB 50516—2010《加氢站技术规范》和 GB 50156—2002《汽车加油加气站设计与施工规范》，确保加氢站与重要公共建筑、明火或散发明火地点、民用建筑和厂房、库房、储罐以及道路、铁路、架空通信线、架空电力线路等保持足够的安全距离。在确定加氢站的站址后，应当综合考虑站内氢气压缩机房、储氢罐（高压储氢瓶组）、加氢机及加氢枪之间的安全距离，合理安排站内停车场和车辆行走路线，分开设置车辆入口和出口，尤其要避免进站加氢的车辆堵塞高压氢气（液氢）专用运输车辆的驶离车道，以保证发生事故时高压氢气（液氢）专用运输车辆能够迅速撤离。

2. 氢气压缩机房的消防安全

氢气密度低，必须以较高的压力压缩储存。加氢站内氢气压缩机的工作压力通常在35MPa以上，压缩机的选型和台数应当根据加氢站的工作压力、总加氢能力和其他工作特性确定。

氢气压缩机房应当按照 GB 50016—2014《建筑设计防火规范（2018 年版）》和 GB 50516—2010《加氢站技术规范（2021 年版）》对有爆炸危险的甲类厂房防爆要求，独立设置并采用钢筋混凝土或钢框架、排架承重结构。由于氢气爆炸的破坏力很大，氢气压缩机房的泄压比值应当不小于 0.25。为便于快速泄压和避免产生二次危害，泄压设施应当采用轻质屋面板、轻质墙体和易于泄压的门窗（不得采用普通玻璃），并优先采用轻质屋面板的全部或局部作为泄压面积。同时，氢气压缩机房的顶棚应尽量平整、避免死角，上部空间应当通风良好。氢气压缩机房应当设置送风机，因为送风机可以增加气流的紊流度以改善通风环境，防止氢气积聚，其效果比单纯排风要好。

氢气压缩机房还应根据建筑情况，设置氢泄漏监测及报警处理系统。

3. 储氢罐（高压储氢瓶组）的消防安全

储氢罐（高压储氢瓶组）的压力表、安全阀失灵或储存压力超过使用压力时，极易引发事故，造成燃烧爆炸；此外，若缺乏可靠的防雷设施，雷击也可能造成燃烧爆炸。因此，除按照储氢罐（高压储氢瓶组）特性规定的使用方法外，要尤其注意：

1）储氢罐（高压储氢瓶组）的位置应与其他建筑保持足够间距。

2）储氢罐（高压储氢瓶组）应当安装压力表、安全阀，并保证可靠。安全阀应连接装有阻火器的放空管。

3）储氢罐（高压储氢瓶组）要按照有关规定进行耐压和气密试验，并进行周期检查，安全部件应及时校正，确保灵敏有效。

4）安装可靠的防雷装置，定期测试，其接地电阻应小于 4Ω。

4. 加氢机及加氢枪的消防安全措施

加氢机的数量一般根据服务区域内需要加氢的燃料电池汽车数量合理确定。为防止氢气泄漏形成爆炸性的混合物，加氢机严禁设置在室内。同时，加氢机附近应设防撞柱或栏杆，以防止意外事故撞击。

加氢枪作为一个相对独立的装置，类似于压缩天然气（CNG）加注器，但操作压力更高，安全措施更复杂，除质量流量计以外，还应当安装温度和压力传感器，其设计压力应当根据燃料电池汽车储氢罐的压力确定，并限制加注流量，以便于加注操作和降低产生静电的危险。

加氢机的加氢管应当设置事故切断阀或过流阀，当加氢机遭受撞击时，事故切断阀应当能自行关闭；当氢气流量超过最大工作流量时，过流阀应当能自行关闭。加氢管上应当设置拉断阀，并合理确定分离拉力，以防止燃料电池汽车在加氢过程中因意外启动而拉断加氢管或拉倒加注机。拉断阀在外力作用下分开后，两端应当能自行密封，以防止氢气外泄。

5. 加氢站消防设施设置

氢气泄漏发生火灾最基本的灭火方法是在周围火点已彻底扑灭、外围火种等危险源已全部控制的前提下，关闭阀门，切断气源，让火焰自行熄灭。虽然 GB 50156—2021《汽车加油加气加氢站技术标准》规定，压缩天然气加气站可不设消防给水系统，考虑到加氢站的建设刚刚起步，对其火灾危险性还缺乏全面深入的了解，GB 50516—2010《加氢站技术规范（2021 年版）》建议加氢站设消防给水系统，或利用已有消防给水系统，在加氢站内设置消火栓，以用于火灾时的冷却和灭火。

GB 50516—2010 给出了加氢站灭火器材应选用干粉灭火器的配置要求。加氢站内的储氢罐（高压储氢瓶组）、氢气压缩机房、加氢机等部位也当配置灭火器材，可选择使用的灭火剂包括：雾状水、泡沫、二氧化碳（CO_2）、干粉。使用 CO_2 灭火时要特别当心，因为氢气能有可能将 CO_2 还原为一氧化碳（CO）而使人中毒。

4.2 加氢基础设施消防安全风险评估指南

4.2.1 国内外加氢基础设施风险评估方法研究

风险评估关注的内容通常包括人员伤亡、设备损害、财产损失及环境影响等。目前，常用的加氢站风险评价的方法主要有两类：快速风险评级（RRR）和量化风险评估（QRA）。前者是定性的评估，后者是定量的评价。

1. 加氢站快速风险评级

快速风险评级是一种粗略的定性风险评估，它是由一组有经验的专家对氢能设施分析讨论得到的结果。欧洲氢能一体化计划阶段二（EIHP2）给出了 RRR 方法在加氢站评估应用方面详细的操作步骤，并且用此方法对氨裂解制氢、甲醇重整制氢、甲烷重整制氢和电解水制氢这 4 种不同类型的站内制氢加氢站进行了评估。类似的评估可以把重要的危险源和风险辨识出来，还可以根据专家经验找出最为危险的情形。例如，针对不同类型站内制氢加氢站的 RRR 评估表明，高压氢气泄漏是最危险的情形，波及范围较大。RRR 最后将与风险矩阵（表 4-11）比较，得出风险评估结果。通过将专家讨论得出的后果和概率与风险矩阵比对，可以得出高、中、低 3 种风险等级。

表 4-11 风险矩阵

后果严重程度	频率/（次/年）				
	A	B	C	D	E
	（< 0.001）	（0.01～0.001）	（0.1～0.01）	（1～0.1）	（10～1）
灾难（数人死亡）	高	高	高	高	高
重大（一人死亡）	中	高	高	高	高
严重（终身残疾）	中	中	中	高	高
一般（需医疗救助）	低	低	中	中	高
较小（较小伤害）	低	低	低	低	中

RRR 的最大优势在于快，这是 RRR 能被广泛应用的重要原因，但由于 RRR 主要依赖专家的经验，主观性较强，仅可用于定性的粗略判断。当对风险进行更为深入的分析，尤其是对风险等级高的事故进行更为细致的评价时，就需要用到量化分析方法。

2. 加氢站量化风险评估

量化风险评估技术（QRA）已成为国内外氢能设施安全研究的热点。QRA 不仅可以科学地评价氢能设施或某一具体事故的风险，估计风险降低的可能，为风险减轻措施提供指导和建议，还可直接用于氢能安全相关标准的制定，如安全距离确定等。

（1）加氢站量化风险评估方法

目前国际上面向加氢站的量化风险评估中，吸收采纳了很多方法，这些方法大致可分为 4 类。

1）危险辨识技术：预先危险分析（PHA）、危险与可操作性分析（HAZOP）以及失效模式和后果分析（FMEA）等。

2）概率分析技术：如故障树分析（FTA）、事件树分析（ETA）等。

3）后果量化评价：用于模拟泄漏的，如统一扩散模型（UDM）和基于计算流体动力学（CFD）原理的各类模型；用于模拟爆炸的，如三硝基甲苯（TNT）模型、荷兰科学研究组织（TNO）模型及 Baker-Strehlow 模型等；用于模拟射流火焰的 API 模型和 Shell 模型等。

4）风险度量技术。也就是把后果和概率综合为风险，量化表达风险水平，通常用个人风险和社会风险两种方法度量加氢站的风险。

不论使用哪一种风险度量方法，最后的结果都需要与风险可接受标准（Risk Acceptance Criteria）进行比较，以评价风险能否被接受。上述方法结合起来，就组成了氢能设施量化风险评估的流程（图4-5）。

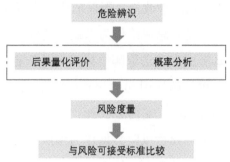

图4-5　氢能设施量化风险评估的流程

（2）加氢站量化风险评估中存在的问题与争议

在加氢站量化风险评估中，涉及两类标准的选择：一类是后果评价时需用到伤亡标准，也就是多大的超压或热辐射值会造成人死亡或受伤，即损害限的确定；另一类是风险可接受标准的确定，即风险处于什么水平是可接受的。这两类标准目前国际上尚无定论，不同机构组织给出的推荐值各不相同，存在一定争议。

1）不同后果损害限的确定。无论是个人风险还是社会风险的确定，都是以后果量化评价为前提的。但后果量化评价时损害限的选用，国际上存在一定争议。如火灾辐射值的死亡限，欧洲工业气体协会（EIGA）的推荐值为 $9.5kW/m^2$，意大利塞维索法令的规定值是 $7kW/m^2$；对闪火后果评价时，国际火灾规范（IFC）将闪火无危害限定为 1/2 燃烧下限，即氢气浓度为 2% 就不会对人造成任何危害，塞维索法令则认为 1/2 的燃烧下限是造成死亡的起点。诸如此类，包括爆炸引起的超压的危害，各组织推荐值也不尽相同，如塞维索法令认为 0.03Pa 超压即可造成伤害，而 EIGA 则认为该值为 0.07Pa。损害限选取得不同，将直接影响后果量化评价的结果。

2）风险可接受标准的确定。风险可接受标准的确定是 QRA 中的关键因素，不同的风险标准导致不同的 QRA 评价结果。目前国际上针对加氢站的风险标准的确定，就个人风险而言，大致有 3 种途径。

① 参照个人意外死亡风险数据取百分比：把个人日常生活意外死亡风险统计数据取百分比作为风险可接受标准，这一方法已经被许多机构所采纳，但各机构所采用的百分数并不相同。如美国核管理委员会（NRC）把意外死亡风险数据乘以 0.1% 作为氢能事故的风险可接受标准，EIHP2 则把这一百分数提高到 1%，EIGA 甚至采用 17.5%。EIGA 根据统计数据，个人意外死亡概率取 2×10^{-4}，因此个人风险可接受标准确定为：$2 \times 10^{-4} \times 17.5\% = 3.5 \times 10^{-5}$，EIGA 同时建议无害风险标准比该标准低两个数量级。EIHP2 也采纳个人意外死亡概率的统计数据 2×10^{-4}，但乘以 1% 后，个人风险可接受标准为 2×10^{-6}。可见，风险可接受标准在国际上争议较大。

② 参照火灾和爆炸风险数据：这种方法是对"参照个人意外死亡风险数据取百分比"方法的一种改进，即仅把意外伤害或死亡数据中由火灾和爆炸引起的风险数据作为参照，而不是拿总风险作为参照。这种方法虽然从理念上进步了许多，但需要根据实际需要认真考虑究竟选取哪个风险统计数据。比如说，美国由火灾引起的死亡风险是 1.2×10^{-5}，由爆炸超压引起的死亡风险是 6.0×10^{-7}。其中，由高致燃物质导致的火灾死亡风险为 2.0×10^{-7}，室内火灾死亡风险为 9.5×10^{-6}，室外火灾死亡的风险为 8×10^{-8}。究竟选取哪一种死亡风险数据作为参照，需要根据风险评估的实际需要来选取。此外，由于致伤风险统计数据的缺乏，该方法建议致伤风险标准的选取参照死亡风险标准，增加两个数量级。

③ 参照现有油气站的风险数据：参照现有油气站的风险数据似乎是更好的方法，但遗憾的是，没有公开发布的油气站风险评估数据可供参考，因此此方法应用受到很大限制。目前可找到的关于加油站火灾的有限数据，如 1 万座加油站统计数据表明，单个加油站火灾的发生频率为每年 7.4×10^{-2}，其中多数由车辆着火引起，大致为每年 4.6×10^{-2}，占 62%；由汽油泄漏引起的大致为每年 3×10^{-3}，占 4%。单个加油站每年发生的事故中由火灾导致的致死风险为每年每人 2×10^{-5}，致伤风险为每年每人 7×10^{-4}。这些有限的数据，也可以为加氢站风险可接受标准的制定提供参考。

4.2.2　加氢基础设施消防安全风险评估方法研究

目前国内外加氢基础设施风险评估方法主要集中应用在具体设计和标准制定中，而应用于运营管理中的风险评估涉及较少。本节将针对加氢基础设施运营管理中存在的消防安全风险如何评估进行研究。

1. 加氢站火灾危险性分析

用氢的安全性问题一直是讨论的热点。与天然气相比，氢气具有更宽的着火范围，更低的着火能，更加容易泄漏，具有更高的火焰速度，更容易爆炸等不利的性质特点，尤其是在密闭的车库、停车场内氢气发生缓慢泄漏，逐渐累积而导致着火或爆炸。

此外，氢对金属材料的破坏具有多种形式，如氢应力破坏、抗拉延性损失、氢环境脆化、氢攻击、泡踵、氢化物形成、毛发状裂缝、高压氢的微细穿孔现象、流动性变差等 9 种，还应注意的是氢脆现象。所以在选用氢的储运材料时，应尽可能选用合成材料，避免因氢脆产生的风险。

加氢站作为氢的生产、存储、输送、加注的全过程系统，要更加注重安全问题：站内的设备、管道等应有可靠的防渗透、防泄漏措施；站内应设有可靠的排风装置，及时排除泄漏的氢气；应参照标准、规范设置防雷保护设施；站内所有的电器元件都要按照有关的标准、规范防爆；加注系统要设有安全联动系统，具有安全联锁功能和过电压保护功能。另外，高压储氢瓶的密封泄漏是很危险的。加氢站的安全性问题需要系统运行经验的积累。

2. 消防安全风险影响因素分析

（1）建筑特性

建筑特性是指建筑物自身的特征和其内外部的致灾因素，如建筑类型、规模、用途、人群数量和特点、周边环境影响等。建筑特性主要反映了建筑既有的火灾风险，建筑年限越早、规模越大、用途复杂、人员数量越多，相应的建筑风险越大，其发生火灾的概率和造成的后果也就越大。

加氢站与一般建筑不同，大多独立建造或与加油加气站合建。由于氢气自身的危险性较大，加之站内存在制氢、加压和加氢等工艺流程，因此消防安全风险较大。其中，加氢站类型、规模、供氢方式、加氢压力等对其火灾危险性有较大影响。

（2）主被动防火系统

主被动防火系统主要包括两个方面：一方面是针对建筑火灾所采取的被动防火设计，主要是由建筑空间的合理布局、适用有效的防火分隔、符合规定要求的建材和构件等设防内容所形成，如建筑耐火等级、防火分区、防火间距等，还应考虑疏散楼梯、疏散走道和疏散指示标识等发生火灾时供人员疏散的设施。加氢站由于其建筑的特殊性，应重点考虑平面布置、防火距离、耐火等级以及疏散指示灯对其消防安全风险的影响；另一方面是针对建筑火灾所配置的消防设施，主要是由主动自动（或手动）控制的灭火、报警、防排烟和消火栓等设备系统组成。

主被动防火系统的主要作用是能够早期发现火灾，并对火灾及时报警，实施有效的控制和扑救，是直接限制火灾发生和发展的技术，加氢站重点考虑可燃气体报警系统、火灾自动报警系统、室内消火栓系统、自动灭火系统、排风系统及灭火器材配置等设施器材的配置及使用情况。在进行风险评估时，应检查是否按规定设置各系统，以及系统的完好率。

主被动防火系统设计合理、配置到位、系统完好，加氢站发生火灾后造成的损失就会降低，其发生火灾的概率较小，造成的后果也较轻微。

（3）消防安全管理

消防安全管理是指人们为了预防火灾和降低火灾损失所采取的管理措施，比如消防宣传教育培训、应急预案编制及演练、消防设施维护、物业管理等。纵观国内外发生火灾的原因，人的过失和不安全行为造成的火灾事故约占火灾总数的85%以上，可见加强消防安全管理，可有效降低火灾风险。加氢站内涉及的加氢设施、储氢设施、传输管道、加氢机等设施较多，对消防安全管理的要求较高。

（4）外部救援力量

外部救援力量是指为了灭火所借助的加氢站以外的力量，主要指消防队、消防车通道及室外消防给水系统等。当加氢站发生火灾且火势较大时，需要外部救援力量尽快发挥作用，减少火灾的损失，降低火灾风险。

3. 消防安全风险评估指标分析

加氢基础设施消防安全风险评估指标体系，要建立流程，确定指标的选取原则，确定体系框架和指标量化。

（1）评价指标体系建立流程

进行科学合理的评价，首先要构建一个完整的评价指标体系。评价指标体系的建立要遵循一定的流程，构建一个完整客观、科学合理的目标评价指标体系是一个系统化的项目，在评价指标内容的确定上需要考虑各方面的综合因素，以保证其建立的科学性、适用性，因此才能对评价目标做出更贴切的评价。

1）首先结合前人的研究与建议，增加评估指标全面性水平的构面，形成整体的结构框架。

2）结合我国已建和在建加氢站的实际情况与专家的建议，参考其他行业评估指标体系的建设情况并结合现场调研的实际情况，对指标体系进行筛选验证，组成影响加氢站消防安全风险的因素集合，保证指标来源的完整性。

3）在上述研究的基础上，对集合内的影响因素进行合理筛选，剔除不适合作为指标或者不具有代表性的影响因素，保留适合作为评价指标的影响因素，最终形成加氢基础设施消防安全风险评估指标体系。

4）对指标库内的指标进行实证分析，寻找出指标之间的内在关系并剔除重要性程度低的指标，形成评价指标体系的层级结构模型。

5）对选中的指标进行权重的分配，构建一个适合加氢基础设施消防风险评估的模型。综上所述，建立指标体系的流程具体如图4-6所示，可作为后面建立评价指标体系的指导依据。

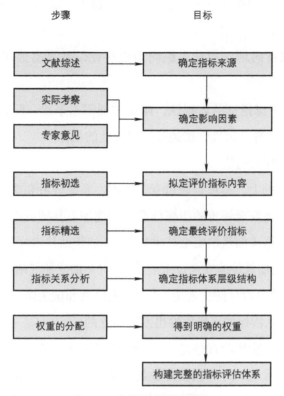

图 4-6 指标体系构建流程

（2）评价指标的选取原则

本次研究的评估指标选取方式如图 4-7 所示，指标选取应当重点把握以下六方面的原则：

1）明确性。指标的内涵、外延明确，有法律法规和文件政策依据，给出权威的定义和描述，便于操作，避免似是而非，含混不清。

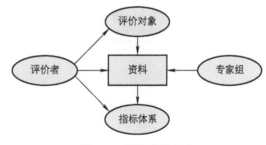

图 4-7 指标选取方式

2）代表性。强调宏观评价，突出工作重点和主要矛盾，突出约束性强的指标，指标设置要"少而精"，力求全面，简洁易行，避免以偏概全和过细、过滥、过繁。

3）指导性。体现评价的目的性，通过评价，提供科学的决策依据，明确阶段性目标，以便政府、相关部门明确加强加氢站消防工作的着力点，以指导工作实践。

4）可考性。指标便于考评、易于考评，数据有可靠来源。贯彻"部门采信"原则，优先选用相关部门已有的统计数据，以提高评价的可靠性和权威性。对于可靠性差、真实性难以核查的指标，以及数据缺乏来源、实测工作量大、随机性大、不确定性大的指标，不予选取。

5）可比性。力求横向地区可比，纵向历史可比，并提高通用性，兼顾国内、国外可比。

6）客观性。充分考虑指标的客观性，避免主观因素干扰。同时，要尽可能选择反映最终成果的指标，而不选择动因性、措施性、过程性的指标。

（3）评价指标体系框架构建

在上述分析研究基础上，本项目通过专家咨询、系统分析和文献调研等方法以及参考工业、企业和城市等方面安全评价的指标体系，构建加氢基础设施消防安全风险评估指标体系。本指标体系是依据《加氢站安全技术规范》《加氢站技术规范》《加氢站用储氢装置安全技术要求》《移动式加氢设施安全技术规范》《汽车加油加气站设计与施工规范》《氢气使用安全技术规程》《建筑设计防火规范》《中华人民共和国消防法》等法律法规，并结合实际调研和专家讨论，从指标的可操作性出发而建立的。

加氢基础设施消防安全风险评估是一项全方位的工作，涉及建筑特性、建筑防火、消防设施器材、消防安全管理、外部救援力量共五个方面。下面将围绕这五个方面，逐步细化展开，最终确定出每个具体指标的内容及评价标准，包含5个一级指标和29个二级指标，见表4-12。

表4-12　加氢基础设施消防安全风险评估指标集

序号	一级指标	二级指标	
1	建筑特性	1.1	加氢站类型
		1.2	加氢站规模
		1.3	供氢方式
		1.4	加氢压力
		1.5	加氢机数量
2	消防设施器材	2.1	可燃气体报警系统
		2.2	火灾自动报警系统
		2.3	室内消火栓系统
		2.4	自动灭火系统
		2.5	排风系统
		2.6	灭火器材配置
		2.7	紧急切断系统

（续）

序号	一级指标	二级指标
3	建筑防火	3.1 平面布置
		3.2 耐火等级
		3.3 外部防火距离
		3.4 内部防火间距
		3.5 电气防爆
		3.6 防雷防静电
4	消防安全管理	4.1 消防安全责任制落实
		4.2 消防设施维护保养
		4.3 防火巡查与检查
		4.4 隐患整改
		4.5 应急预案及其演练
		4.6 消防安全培训情况
		4.7 志愿消防队
		4.8 用火用电管理
5	外部救援力量	5.1 消防车通道
		5.2 消防队到场时间
		5.3 消防水源

（4）评价指标量化

通过对加氢基础设施消防安全状况的风险评估，确定了影响加氢站消防安全评价的各种因素，并建立了评价指标体系框架。根据标准规范规定和相关统计数据来确定各区间划分，但由于目前火灾数据库相关信息严重匮乏，因此区间划分很多是借助于经验值。依据表 4-13 所列的消防安全风险等级划分标准，通过利用定性和定量相结合的方法对各种指标进行定量化，给出各种指标的量化标准见表 4-14 ~ 表 4-42 所示。

表 4-13　消防安全风险等级划分

等级	1	2	3	4	5
指标描述	低风险	较低风险	中等风险	较高风险	高风险
指标分值	≥ 90	80 ~ 90	70 ~ 80	60 ~ 70	< 60

表 4-14　建筑特性——加氢站类型等级划分

等级	1	2	3	4
指标描述	独立建造	与加油加气站合建	与充电站合建	与加油加气充电站合建
指标分值	≥ 80	70 ~ 80	60 ~ 70	<60

表 4-15　建筑特性——加氢站规模

等级	1	2	3
指标描述	三级加氢站	二级加氢站	一级加氢站
指标分值	80 ~ 100	60 ~ 80	< 60

表 4-16   建筑特性——供氢方式等级划分

等级	1	2	3	4
指标描述	氢气长管拖车运输	液氢运输	管道运输	自备制氢系统
指标分值	≥ 80	70 ~ 80	60 ~ 70	< 60

表 4-17   建筑特性——加氢压力等级划分

等级	1	2	3
指标描述	≤ 35MPa	35 ~ 70MPa	> 70MPa
指标分值	80 ~ 100	60 ~ 80	< 60

表 4-18   建筑特性——加氢机数量等级划分

等级	1	2	3	4
指标描述	1	2	3	≥ 4
指标分值	≥ 80	70 ~ 80	60 ~ 70	< 60

表 4-19   消防设施器材——可燃气体报警系统等级划分

等级	1	2	3
指标描述	按规范设置可燃气体报警系统,且有效	符合规范要求,但部分失效	不符合规范设计要求
指标分值	80 ~ 100	60 ~ 80	< 60

表 4-20   消防设施器材——火灾自动报警系统等级划分

等级	1	2	3	4	5
指标描述	有报警、有视频监控、有人值守	有报警、无视频监控、有人值守	有报警、无视频监控、无人值守	无报警、有视频监控、有人值守	无报警、无视频监控
指标分值	≥ 90	80 ~ 90	70 ~ 80	60 ~ 70	< 60

表 4-21   消防设施器材——室内消火栓系统等级划分

等级	1	2	3
指标描述	按规范设置室内外消火栓,且有效	符合规范要求,但部分失效	不符合规范设计要求
指标分值	80 ~ 100	60 ~ 80	< 60

表 4-22   消防设施器材——自动灭火系统等级划分

等级	1	2	3
指标描述	符合规范要求,且有效	符合规范要求,但部分失效	不符合规范设计要求
指标分值	80 ~ 100	60 ~ 80	< 60

表 4-23   消防设施器材——排风系统等级划分

等级	1	2	3
指标描述	符合规范要求,且有效	符合规范要求,但部分失效	不符合规范设计要求
指标分值	80 ~ 100	60 ~ 80	< 60

表 4-24　消防设施器材——灭火器材配置等级划分

等级	1	2	3
指标描述	配置相关灭火器材，符合规范要求，并有效	配置相关灭火器材，不符合规范要求	未配置相关灭火器材或灭火器材失效
指标分值	80~100	60~80	<60

表 4-25　消防设施器材——紧急切断系统等级划分

等级	1	2	3
指标描述	配置紧急切断系统，符合规范要求，并有效	配置紧急切断系统，不符合规范要求	未配置紧急切断系统或紧急切断系统失效
指标分值	80~100	60~80	<60

表 4-26　建筑防火——平面布置等级划分

等级	1	2	3
指标描述	符合规范要求	部分符合规范要求	不符合规范要求
指标分值	80~100	60~80	<60

表 4-27　建筑防火——耐火等级划分

等级	1	2	3
指标描述	一级	二级	三级及以下
指标分值	80~100	60~80	<60

表 4-28　建筑防火——外部防火距离等级划分

等级	1	2	3	4
指标描述	≥100	≥50	≥30	<30
指标分值	≥80	70~80	60~70	<60

表 4-29　建筑防火——内部防火距离等级划分

等级	1	2	3
指标描述	符合规范要求	部分符合规范要求	不符合规范要求
指标分值	80~100	60~80	<60

表 4-30　建筑防火——电气防爆等级划分

等级	1	2	3
指标描述	按规范设置电气防爆措施，且有效	按规范设置电气防爆措施，但部分失效	未设置电气防爆措施或措施失效
指标分值	80~100	60~80	<60

表 4-31　建筑防火——防雷防静电等级划分

等级	1	2	3
指标描述	按规范设置防雷防静电措施，且有效	按规范设置防雷防静电措施，但部分失效	未设置防雷防静电措施或措施失效
指标分值	80~100	60~80	<60

表 4-32 消防安全管理——消防安全责任制落实等级划分

等级	1	2	3
指标描述	全部落实到位, 有执行记录	部分落实到位, 执行记录不全	没有落实, 无执行记录
指标分值	80 ~ 100	60 ~ 80	< 60

表 4-33 消防安全管理——消防设施维护保养等级划分

等级	1	2	3
指标描述	有相应制度、有执行记录	有相应制度、无执行记录	无
指标分值	80 ~ 100	60 ~ 80	< 60

表 4-34 消防安全管理——防火巡查与检查等级划分

等级	1	2	3
指标描述	有相应制度、有执行记录	有相应制度、无执行记录	无
指标分值	80 ~ 100	60 ~ 80	< 60

表 4-35 消防安全管理——隐患整改等级划分

等级	1	2	3
指标描述	有相应制度、有执行记录	有相应制度、无执行记录	无
指标分值	80 ~ 100	60 ~ 80	< 60

表 4-36 消防安全管理——应急预案及其演练等级划分

等级	1	2	3
指标描述	有, 且内容齐全可行, 有演练记录	有, 且内容齐全可行, 无演练记录	无
指标分值	80 ~ 100	60 ~ 80	< 60

表 4-37 消防安全管理——消防安全培训情况等级划分

等级	1	2	3	4	5
指标描述	4 次 / 年	3 次 / 年	2 次 / 年	1 次 / 年	0 次 / 年
指标分值	≥ 90	80 ~ 90	70 ~ 80	60 ~ 70	< 60

表 4-38 消防安全管理——志愿消防队等级划分

等级	1	2	3
指标描述	有队伍, 有装备, 战斗力较高	有队伍, 装备较少, 战斗力一般	无队伍
指标分值	80 ~ 100	60 ~ 80	< 60

表 4-39 消防安全管理——用火用电管理等级划分

等级	1	2	3
指标描述	有相应制度、有执行记录	有相应制度、无执行记录	无
指标分值	80 ~ 100	60 ~ 80	< 60

表 4-40　外部救援力量——消防车通道等级划分

等级	1	2	3
指标描述	符合规范设计要求，且通畅无占用	符合规范设计要求，但存在占用阻塞情况	不符合规范设计要求
指标分值	80 ~ 100	60 ~ 80	< 60

表 4-41　外部救援力量——消防队到场时间等级划分

等级	1	2	3	4	5
指标描述	< 3min	3 ~ 5min	5 ~ 8min	8 ~ 10min	> 10min
指标分值	≥ 90	80 ~ 90	70 ~ 80	60 ~ 70	< 60

表 4-42　外部救援力量——消防水源等级划分

等级	1	2	3
指标描述	符合规范设计要求，且能正常使用	符合规范设计要求，但不能正常使用	不符合规范设计要求
指标分值	80 ~ 100	60 ~ 80	<60

4. 消防风险评估指标权重研究

（1）原则和依据

在指标体系中，每个指标对系统都有其作用和贡献。因此，在确定指标权重时，应综合考虑各指标对整体评价的作用和效果，对其相对重要性做出判断，以达到权重的系统优化，并将评价者对消防安全工作的评价理念、评价目的与消防安全工作的客观现实情况相结合，将每个指标的作用和贡献定量的表示出来。

为了科学、合理地确定加氢基础设施消防安全风险评估指标的权重，用科学的方法指导消防安全管理工作，促进燃料电池汽车行业消防安全与经济社会同步、协调、可持续发展，在进行加氢基础设施消防安全风险评估指标赋权时，必须遵循以下原则和依据：

1）系统优化原则。指标权重应体现各指标的相对重要性。既不能对指标的权重进行平均分配，也不能片面强调某个指标、单个指标的最优化，而忽略其他方面的发展。在指标权重的确定过程中，应使每个指标发挥其应有的作用。

2）评价者的主观意图与客观情况相结合的原则。加氢基础设施消防安全风险评估的主要目的是对加氢站展开评价，确定火灾风险等级，指导、推动政府消防工作的开展。因此，与此目的开展相关的指标，其权重应适当加重。但现实可能与主观意志不尽相同，在这种情况下，如果增加其权重，则会影响整体评价结果。因此，在进行加氢基础设施消防安全风险评估指标赋权时，必须采用主观意图与客观情况相结合的原则。

3）指标权重应与指标之间的独立程度相适应。在进行指标的设计和提取时，应尽量避免指标之间出现较高的相关性。另外，指标体系不是许多指标的简单堆砌，而是由一组相互间具有联系的个体指标所构成，指标之间绝对的无关往往无法构成一个有机的整体。因此，从指标体系的完备性考虑，需要从不同方面来设置一些指标，以相互弥补或验证。对这些具有较高相关性的指标，应综合考虑关联指标的权重。

4）指标权重应与各指标的区分度相适应。指标的区分度是指一个指标对达到目标程度较好的被评对象与达到目标程度较差的被评对象的区别程度及鉴别能力。由于不同指标在特征性、内涵清晰度、综合复杂性等方面存在差异，不同指标的区分度有所不同，如有的指标对各评价对象差异不大，指标计算值比较集中；有的定性指标比较模糊、复杂或综合，造成判断困难，指标计算值容易趋于大众化，即指标区分度不高。在这种情况下，指标应用效果不够理想，指标价值不大。但若取消这些指标，则指标体系在形式上和实质上都可能存在偏颇，与评价理念和评价目的不符。因此，在评价指标体系中应保留这些指标，但应赋予其较低的权重。

5）指标权重应与各指标的信息可靠性相适应。指标的评判需要信息的支撑。对于不同指标，由于评价者所掌握信息的准确性、客观性、可靠性等方面存在差异，不同指标评判结果的可利用价值不同。信息可靠性越高，其指标评判结果的可利用价值越高，反之亦然。因此，在进行加氢站评价指标赋权时，应对那些信息可靠性较低和利用价值较低的指标赋予较低权重，尽量降低或减免虚假数据对评价指标体系的影响。

（2）指标权重方法确定

基于以上原则和依据，在综合文献调研、专家咨询和实地调研的基础上，采用层次分析法设定了加氢基础设施消防安全风险评估体系各指标的具体权重。

加氢基础设施消防安全风险评估指标权重见表4-43。

表4-43　加氢基础设施消防安全风险评估指标权重

序号	一级指标	权重	二级指标		权重
1	建筑特性	0.20	1.1	加氢站类型	0.30
			1.2	加氢站规模	0.30
			1.3	供氢方式	0.20
			1.4	加氢压力	0.10
			1.5	加氢机数量	0.10
2	消防设施器材	0.20	2.1	可燃气体报警系统	0.20
			2.2	火灾自动报警系统	0.10
			2.3	室内消火栓系统	0.20
			2.4	自动灭火系统	0.10
			2.5	排风系统	0.05
			2.6	灭火器材配置	0.10
			2.7	紧急切断系统	0.25

（续）

序号	一级指标	权重	二级指标		权重
3	建筑防火	0.30	3.1	平面布置	0.15
			3.2	耐火等级	0.10
			3.3	外部防火距离	0.25
			3.4	内部防火间距	0.15
			3.5	电气防爆	0.20
			3.6	防雷防静电	0.15
4	消防安全管理	0.20	4.1	消防安全责任制落实	0.10
			4.2	消防设施维护保养	0.15
			4.3	防火巡查与检查	0.15
			4.4	隐患整改	0.10
			4.5	应急预案及其演练	0.15
			4.6	消防安全培训情况	0.15
			4.7	志愿消防队	0.10
			4.8	用火用电管理	0.10
5	外部救援力量	0.10	5.1	消防车通道	0.10
			5.2	消防队到场时间	0.60
			5.3	消防水源	0.30

5. 评估方法的确定

（1）评价方法的选择

1866 年，美国国家火灾保险商委员会（NBFU）为提高城市防火和公共消防，开发了城市检查和等级系统。随后英国、日本、澳大利亚等国家都相继开展了大量的区域火灾风险评估研究，并在实践中进行了成熟的应用。我国关于火灾风险评估的研究起步较晚，安全评价首先在矿山生产、危险品运输、发电厂等安全要求较高的生产领域或场所应用，并逐渐形成了较为成熟的安全评价方法和流程。近些年来，随着消防工作受到越来越多的重视，消防部门和各科研院所开展了大量的研究工作，火灾风险评估也逐步在很多消防管理工作中得到了良好的应用。

在长期的研究积累和应用实践中，涌现出了许多火灾风险评估方法。从方法学的角度，火灾风险评估方法可分为定性法、半定量法和定量法。

1）定性的火灾风险评估方法主要用于识别最不利火灾事件。目前比较典型的定性火灾风险评估方法有：安全检查表法、风险分类指示器方法等。这类方法主要以标准、规范或规章的有关规定为评判依据，以简单方式确定火灾风险特征，从而采取指令性方式解决消防安全问题。

2）半定量的火灾风险评估方法也称为火灾风险分级法，其主要用来确定火灾的相对风险。比较典型的半定量火灾风险评估方法有风险值矩阵法、RHAVE（风险、危害和经济价值评估）法、火灾风险指数法、F.R.A.M.E（工程用火灾风险评估法）等。半定量法由于其快捷简便、结构化强的特点，应用较为广泛，其缺点是它是针对特定类型建筑、工艺开发的，不具有普适性，尤其是因素选择和权重确定；另外，评价结果与方法开发者的知识水平、经验以及相关历史数据积累等密切相关，具有一定主观性。

3）定量的火灾风险评估方法主要用于确定火灾的实际风险，其通过明确的假设、数据以及数学关联，追溯产生量化结果并反映潜在的火灾风险分布，也称为概率法。比较典型的方法有CRISP（Computation of Risk Indices by Simulation Procedures）法、FiRE-CAM（Fire Risk Evaluation and Cost Assessment Model）法、风险分析事件树法等。这类方法的优点是结果反映了风险不确定的本质，缺点是需要大量的数据资料和时间。

由于火灾事故数据资料的缺乏以及时间、费用等方面的限制，准确计算火灾事故的概率是困难的，而且在相当多的场合根本无法得到这种概率。因此，长期以来火灾风险评估仍以定性分析方法和半定量方法为主。定性分析方法对分析对象的火灾危险状况进行系统、细致的检查，根据检查结果对其火灾危险性做出大致的评价。半定量分析方法则将对象的危险状况表示为某种形式的分度值，从而区分出不同对象的火灾危险程度。这种分度值可以与某种定量的经费进行比较，进而可以进行消防费用效益、火灾风险大小等方面的分析。典型的火灾风险评估方法见表4-44。

表4-44 典型火灾风险评估方法汇总表

方法	方法特点	程度	适用范围	人员要求	所需时间	优缺点
安全检查表（Safe Check List）	按事先编制的有标准要求的检查表逐项检查，按规定赋分标准给分，评定安全等级	定性	各类行业	检查人员应会检查表、规范以及具备必要的知识。检查表的编制人员和评价结果的审核人员要有丰富的经验	时间短，费用低	简便易于掌握，但编制检查表难度高、工作量大
对照规范评价法	以现行消防规范为依据，逐项检查消防设计方案是否符合规范要求	定性	消防监督管理部门	熟悉当前最新消防规范	时间短，费用低	简便易行，对符合现行消防规范的一般建筑尤为适用；新型建筑按照现有规范很难设计，对照规范缺乏依据
预先危险分析（PHA）	讨论分析系统存在的危险有害因素、触发条件、事故类型，评定危险性等级	定性	各行各业	熟悉系统和设施，有丰富的知识和实践经验，有工程和安全方面背景	时间短，费用低	简单易行，但准确度受分析评价人员的主观因素影响
故障类型、影响和危险性分析（FMEA）	列表分析系统故障类型、原因、故障影响，评定影响程度等级，再由元素故障概率计算系统危险性指数	定性	机械电气系统和具备工艺过程	熟悉系统和设备及其功能、故障类型和事故的传播过程	每个分析者每小时可分析2~4台设备	较复杂、详尽，但准确度受分析人员主观因素影响

（续）

方法	方法特点	程度	适用范围	人员要求	所需时间	优缺点
事件树（ETA）	归纳法，由初始事件判断系统故障原因及条件，由条件事故概率计算系统概率	定性或定量	各类工艺过程，设备装置	分析人员熟悉系统、元素间的因果关系及事件树的分析方法	3天至数周	定性简便易行，定量受资料限制
事故树（FTA）	演绎法，由事故和基本事件概率计算事故概率	定性或定量	宇航、核电、工艺、设备等复杂系统	了解故障类型及其影响，熟悉事故、基本事件间的关系，熟悉事故树分析方法	1天至数周	复杂，工作量大，精确事故树编制易失真
格雷厄姆-金妮法	按规定对系统事故发生可能性、人员暴露情况、危险程度进行赋分，经计算后评定危险性等级	定性	各类行业生产作业条件	分析人员熟悉系统，对安全生产有丰富知识和实践经验	时间短、费用低	简易实用，但准确度受分析评价人员主观因素影响
道（Dow）化学公司指数法	由物质、工艺危险性计算火灾爆炸指数	定量	生产、储存、处理易燃易爆、有毒物质的工艺过程及其他有关工艺系统	熟悉掌握分析方法，对工艺、系统、设备有较透彻的理解和良好的判断力	每人每周分析2~3个工艺单元	简洁明了，但只能对系统整体做出宏观评价
相对风险指数法	综合考虑事故发生概率、后果及预防后果发生的难易程度三个方面	相对定量	各类行业	熟悉掌握分析方法，对系统、工艺、设备有较透彻的理解和良好的判断力	时间较短，费用低	较复杂、详尽，但准确度受分析人员主观因素影响
传统概率分析法	以纯粹的工学计算为基础	定量	各类行业	分析人员熟悉系统，熟练掌握概率计算知识	时间长、费用高	复杂、详尽，但对具体事件的概率确定较为困难
模糊综合判断分析	以模糊数学理论为依托	相对定量	各类行业	分析人员熟悉系统，熟练掌握模糊理论	时间较长	较复杂、详尽，但准确度受分析人员主观因素影响
综合评估法	综合考虑事故发生概率、后果及预防后果发生所采取的技术措施，运用多个指标对对象进行评价	相对定量	各类行业	分析人员熟悉系统，熟练掌握风险评估理论	时间中等	较复杂、详尽，评价结果受到指标体系客观性和代表性的影响

项目通过比较各种方法的优缺点，确定选用综合评价法来评价加氢基础设施消防安全风险。此方法综合考虑了各种因素对火灾的影响以及影响的程度，根据大量已有的统计资料并结合实际经验判定建筑物的火灾危险性，全面而且实际，类似方法在核工业、化工和

矿业等领域都已得到广泛应用，并取得了良好效果。

综合评估法基本评价过程：

1）确立系统元素的层次关系，建立评价指标体系模型。

2）分析各层内系统元素之间的相互关系，确定每个评价指标的权系数。

3）处理评价指标，根据评价结构求综合评价值。

4）根据综合评价值做出评价结论。

综合评估法中比较关键的是多因素综合评判的方法，本项目采用加权平均法，其计算公式如下：

如果评判对象有 m 个因素，对每个因素评定的结果为 S_i（$i = 1，2，\cdots，m$），鉴于对每个因素的重视程度不同，可以对每个因素视其重要程度赋以一定的权重 ρ_i，ρ_i 表示第 i 个因素在评判中所占的百分比，则综合评价值 S 为：

$$S = \sum_{i=1}^{m} \rho_i S_i$$

其中 $\sum_{i=1}^{m} \rho_i = 1$

（2）消防安全风险分级

依据加氢基础设施消防安全风险评估指标体系和采用的综合评价法，最终确定了加氢基础设施消防安全风险综合评价分级表，见表4-45。

（3）评价流程

加氢基础设施消防安全风险评估的流程如图4-8所示。

表4-45 加氢基础设施消防安全风险综合评价分级表

综合评价分值 S	分级
$S \geqslant 90$	低风险
$80 \leqslant S < 90$	较低风险
$70 \leqslant S < 80$	中等风险
$60 \leqslant S < 70$	较高风险
$S < 60$	高风险

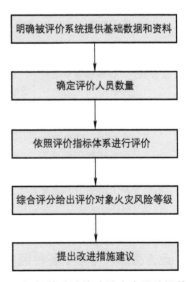

图4-8 加氢基础设施消防安全风险评估流程

4.3 燃料电池电动汽车和加氢基础设施事故应急救援指南

4.3.1 典型事故场景设计

1. 氢泄漏典型事故场景

氢泄漏典型事故主要考虑以下典型过程。

1）加氢过程中，燃料电池汽车温度驱动的压力泄放装置（TPRD）发生故障，储氢瓶意外泄漏，在加氢岛附近形成可燃气体云团。

2）汽车加氢结束，加氢枪并未与汽车脱离，汽车启动，导致加氢管路断裂，造成氢气泄漏。

3）加氢站管道腐蚀造成泄漏。目前国家标准规定的检查项目只囊括了压力容器，不包含管道，但是管道腐蚀泄漏的风险更高。

4）燃料电池汽车在相对封闭的环境中发生泄漏后氢气聚集，如家庭车库、停车场、隧道等。

5）燃料电池汽车储氢瓶受热导致 TPRD 阀门开启，氢气大量泄漏并流入乘客舱。需考虑乘客舱的隔离问题，以及氢气从窗户进入乘客舱的问题。

6）燃料电池汽车在开放的公路上，TPRD 阀门开启，氢气意外泄放形成可燃气云。如遇到后方车辆内的人员吸烟等情况，容易点燃云团。因此应重新定义燃料电池汽车与汽油柴油车辆的安全距离，并考虑风力的影响。

2. 氢喷射火典型事故场景

氢喷射火典型事故主要考虑以下典型过程。

1）加氢站管道破损，氢泄漏后发生激波自点火，从而形成喷射火。

2）燃料电池汽车 TPRD 发生故障，储氢瓶意外泄漏，形成喷射火。

3. 爆炸典型事故场景

爆炸典型事故主要考虑以下典型过程。

1）目前加氢站内高压钢瓶主要采用喷淋降温冷却。在发生喷射火炙烤钢瓶的情况下，喷淋对喷射火的热辐射和火焰直接灼烧钢瓶产生的效果没有准确的评估，如果不能及时降温，钢瓶可能会因为内部压力过高而发生爆炸。

2）燃料电池汽车的碳纤维储氢瓶在外部火焰加热的情况下发生热解，未达到承压极限发生爆炸。

3）燃料电池汽车的碳纤维材质缺陷造成储氢瓶实际耐压能力不足。

4）燃料电池汽车着火情况下，TPRD阀门失效，外部火焰加热导致储氢瓶压力急剧升高，发生爆炸。

5）加氢站管道泄漏，在上方形成氢气云团，点火后爆炸产生超压。

6）燃料电池汽车TRPD泄放，在汽车后方形成氢气云团，爆炸产生超压。

4.3.2 氢气泄漏事故场景浓度场分布

1. 车内氢气泄漏计算流体动力学（CFD）模拟

采用开源CFD软件OpenFOAM进行氢气射流模拟，其控制方程如下：

质量守恒：

$$\frac{\partial \rho}{\partial t} + \frac{\partial}{\partial x_i}(\rho u_i) = 0$$

动量守恒：

$$\frac{\partial}{\partial t}(\rho u_i) + \frac{\partial}{\partial x_j}(\rho u_j u_i) = -\frac{\partial \rho}{\partial x_i} + \frac{\partial \sigma_{ij}}{\partial x_j} + \frac{\partial}{\partial x_j}(-\rho u_i' u_j')$$

方程中非时间项的离散格式为一阶，对流项和扩散项的离散格式为二阶，并采用两方程标准 $k\text{-}\varepsilon$ 湍流模型来计算动量方程中的雷诺应力项。

为了保证模型的准确性，选取了一组氢射流实验数据来进行模拟验证。射流出口距地面0.9m，射流方向为水平。氢气储存温度为14.5℃，等于环境温度。实验中数据测量点位置见表4-46。

表 4-46　实验中数据测量点位置

编号	喷口直径 /mm	储氢压力 /bar	流量 /（ 10^{-3} kg/s）	测量点离喷口距离 /m
HD 22-24	0.25	162.8	0.46	0.75
		160.4	0.45	1.5
		162.1	0.46	2.25

注：1bar = 10^5Pa。

在进行CFD模拟时，针对上述三组实验，为简化计算，选取162bar作为初始压力。通过计算，实验中的氢气射流最大动量主导区域离喷口的距离 x 为5.26m，故所有测量点都在动量主导区域内。

图4-9显示了在喷口中心线上模拟以及测量的氢气流速（图4-9a）和质量分数（图4-9b）。模拟结果与实验结果吻合较好，实际测量速度和氢质量分数略微低于模拟数据，这表明可以利用数值模拟技术针对加氢站内可能出现的氢气泄漏扩散进行模拟分析。

针对氢燃料汽车交通事故的救援，考虑到事故中车辆受到撞击，储氢罐管道可能发生泄漏并流入乘客舱。为减少救援中可能发生的危险，可以在车辆前方布置风机，以降低氢气浓度。针对这种情况，采用 CFD 模拟分析了汽车在打开天窗、侧窗以及两者同时打开的情况下，采用外部风降低车内氢气爆炸区域的可行性。车内储氢瓶放置于尾部，储氢压力 70MPa，泄漏口直径 1mm。

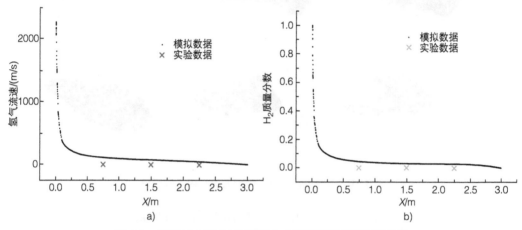

图 4-9　实验 HD 22-24 的喷口中心线流速和氢气质量分数

如图 4-10 所示，在燃料电池汽车天窗打开的情况下，在汽车前部采用不同的风速（20～120km/h）流过汽车，车内氢气的浓度始终大于氢气的爆炸下限 4%。可见，在这种情况下，对车内人员的救援将比较危险，应尽可能避免任何点火源。

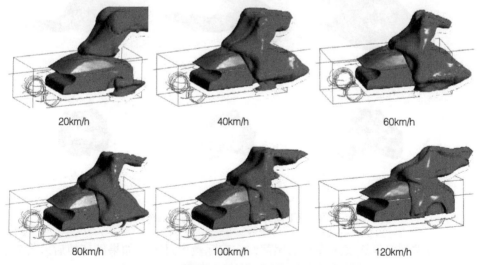

图 4-10　不同风速下打开天窗后的车内危险区域

如图 4-11 所示，在燃料电池汽车两侧窗户打开的情况下，随着外部风速的提高，车内易爆区域逐渐减小，至 100km/h 时，车的前部基本安全。但是当风速继续上升，流动过快的外部风阻挡了车内氢气的扩散，导致车内氢气聚集，危险区域增大。因此，在侧窗打开的情况下，救援时需要控制好外部风场的流速，才能保障车前部区域的安全。

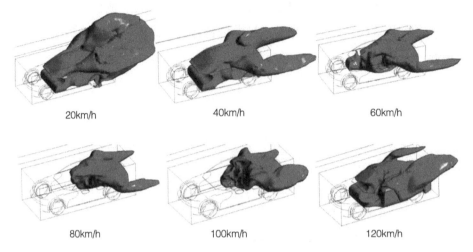

图 4-11　不同风速下打开侧窗后的车内危险区域

　　如图 4-12 所示，在燃料电池汽车的天窗和侧窗同时打开的情况下，随着外部风速从 20km/h 增加到 120km/h，车内的危险区域逐渐减小，至 120km/h 时，车前部的氢气浓度低于 4%。因此在救援过程中，应尽量将人员移至车的前部，避免窒息。

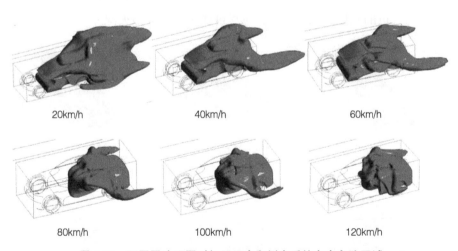

图 4-12　不同风速下同时打开天窗和侧窗后的车内危险区域

　　另外，考虑到储氢瓶安装在车的尾部，在实际救援过程中如果破坏掉后风窗玻璃，且同时打开天窗和侧窗，可能会有利于氢气的扩散。如图 4-13 所示，在三者同时打开的情况下，外部风只需要在较低的流速（60km/h）下就可以保证汽车前部的安全。但是若流速继续上升，外部风会阻碍车内氢气的扩散，导致车内氢气浓度上升。

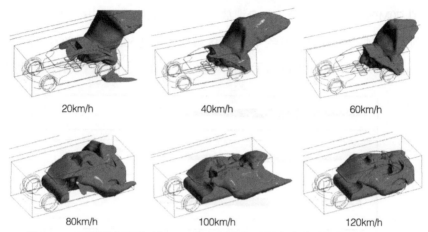

图 4-13 不同风速下同时打开天窗、侧窗和后风窗玻璃后的车内危险区域

2. 燃料电池汽车 TPRD 阀门向车外排放氢气 CFD 模拟

燃料电池汽车储氢瓶的 TPRD 控制阀（图 4-14），主要用于高温条件下防止储氢瓶内部压力过大造成爆炸。当检测到环境温度偏高时，TPRD 阀门会自动打开，储氢瓶内的氢气会沿着管道从车的底部快速泄放。

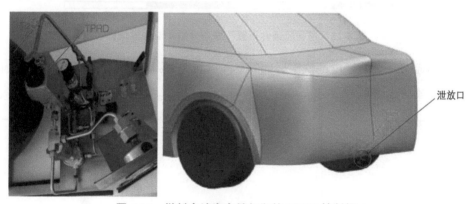

图 4-14 燃料电池汽车储氢瓶的 TPRD 控制阀

考虑到环境的自然风可能会影响氢气的扩散，故在模拟中添加了环境风的影响。环境风的方向设定为迎面朝向车头和侧面方向两种。风力等级参照 GB/T 28591—2012《风力等级》，详见表 4-47。

表 4-47 外界风力条件（GB/T 28591—2012）

风力等级	地面标识物的表现	风速/（m/s）
1	烟直上	0.3 ~ 1.5
2	人能感觉到风，树叶轻微响动	1.6 ~ 3.3
3	树叶快速吹动	3.4 ~ 5.4
4	灰尘和纸被吹起，树枝摇晃	5.5 ~ 7.9
5	小树摇晃	8.0 ~ 10.7
6	大树枝摇晃，电线抖动，人难以撑住伞	10.8 ~ 13.8

经过模拟,70MPa压力的储氢瓶,TPRD泄放口尺寸3.6mm,在不同风力等级的迎面风条件下,汽车尾部达到氢气爆炸下限(摩尔系数4%)的区域长度超过50m。并且随着风力的增大,危险区域的长度会进一步增大,如图4-15所示。在风力6级条件下,危险区域的长度达到80m。

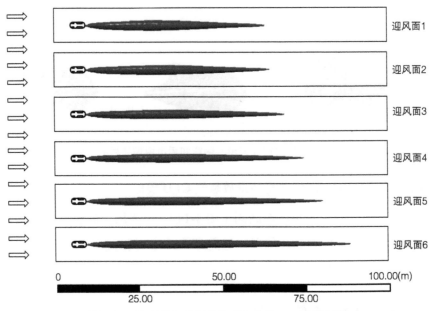

图 4-15 迎面风条件下氢气摩尔分数 4% 的等值面

在侧面风条件下,燃料电池汽车尾部的危险区域(4%以上氢气摩尔分数)与迎面风条件下有较大的差异。如图4-16所示,侧面风会造成危险区域沿图中 y 轴方向发生偏转,风力

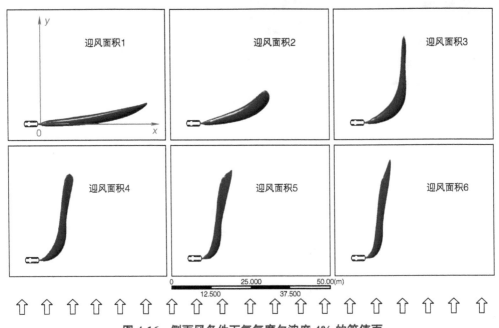

图 4-16 侧面风条件下氢气摩尔浓度 4% 的等值面

等级越高，偏转越剧烈。风力为 1 级时，危险区域在 x 方向上的长度为 35m，y 方向上长度为 6.4m。当风力增加到 6 级时，x 方向上的长度减小至 8.2m，y 方向上长度增加至 30.3m。

不同风力等级的迎面风和侧面风条件下，燃料电池汽车尾部危险区域的范围详见表 4-48。

表 4-48　最大危险距离

风力等级	迎面风	侧面风	
	x 方向 /m	x 方向 /m	y 方向 /m
1	53.671	35.026	6.368
2	54.937	20.083	9.934
3	59.494	13.140	26.341
4	65.085	11.018	26.496
5	71.186	10.017	26.992
6	79.747	8.197	30.291

4.3.3　火灾及爆炸事故危害估算

由于加氢站储氢压力较高，主要的火灾类型为喷射火。

采用基于开源 C++ 类库 OpenFOAM 开发的火灾求解器 PaSRTfireFOAM 来计算高压氢喷射火。该求解器的燃烧模型，采用基于大涡模拟（LES）框架的涡流耗散概念（EDC），并利用有限体积离散坐标模型（FvDOM）和灰体吸收 / 发射系数加权和模型（WSGGM）来计算火焰的辐射热。

为了保证模型的准确性，选取了美国 Sandia 国家实验室的三组氢喷射火实验数据来进行模拟验证。实验装置示意图如图 4-17 所示，氢气水平射流，三组实验分别为自由喷射火、喷射火撞击墙顶和喷射火撞击墙心。

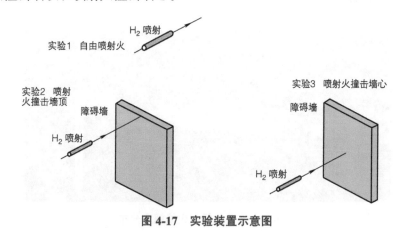

图 4-17　实验装置示意图

三组实验的条件详见表 4-49。

表 4-49　三组实验条件

参数	实验 1	实验 2	实验 3
初始压力 P_0/bar	95	106.5	102
初始温度 T_0/℃	28.8	25	18.9
环境压力 P_{atm}/Pa	101325	101325	101325
环境温度 T_{atm}/℃	28.8	25	18.9
泄放口直径 d_j/mm	3.175	3.175	3.175

经过比较可知，实际测量的实验 1 喷口中心线上的温度与模拟得出的轴线温度分布吻合较好（图 4-18），表明 EDC 燃烧模型可用于高压氢气喷射火的模拟。

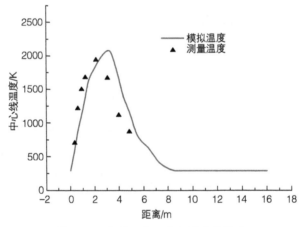

图 4-18　实验 1 喷口中心线火焰温度

图 4-19 展示了数值模拟的自由喷射火焰形态，图中火焰的长度为 4.18m，与理论计算值（3.90m）的偏差为 7.18%。

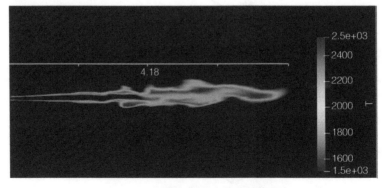

图 4-19　实验 1 模拟火焰温度分布

如图 4-20 所示，实验 2 的水平氢气喷射火朝向隔离墙的顶部，通过模拟得出的喷口轴线上的温度分布与实验结果高度吻合。

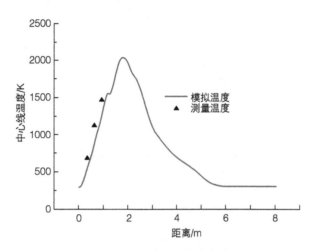

图 4-20　实验 2 喷口中心线火焰温度

在图 4-21 中，实验中采用光学相机拍摄到火焰的详细尺寸，水平方向的火焰长度为 3.32m，竖直方向火焰长度为 1.12m。通过计算机数值模拟得出的水平方向火焰长度为 3.55m，竖直方向火焰长度为 1.24m，相应的误差分别为 7.23%（水平方向）和 10.71%（竖直方向）。

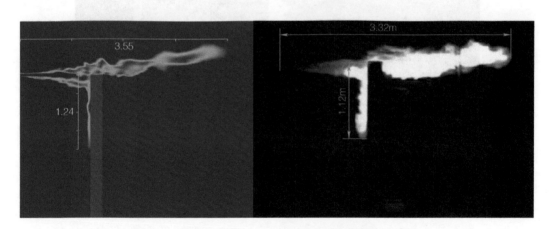

图 4-21　实验 2 模拟火焰温度分布与实验拍摄的火焰图

如图 4-22 所示，实验 3 的高压氢喷射火朝向隔离墙的中心，通过模拟得出的喷口轴线上的温度分布与实验结果吻合得也非常好。

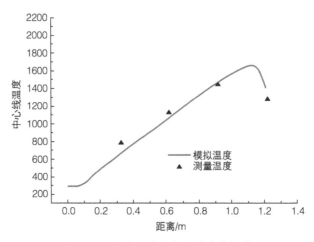

图 4-22 实验 3 喷口中心线火焰温度

在图 4-23 中，采用光学相机拍摄到火焰在水平方向反弹的火焰长度为 0.66m，竖直方向火焰长度为 1.02m。通过计算机数值模拟得出的水平方向反弹得火焰长度为 0.64m，竖直方向火焰长度为 1.54m，相应的误差分别为 −3.03%（水平方向）和 50.98%（竖直方向）。竖直方向的火焰长度偏差较大，造成这一现象的原因可能是由于火焰的不稳定，在不同的时刻火焰会不断跳动，火焰长度随时间变化较大。

图 4-23 实验 3 模拟火焰温度分布与实验拍摄的火焰图

4.3.4 应急救援策略分析

1. 车内泄漏救援策略

采用火灾动力学模拟软件（FDS）对燃料电池汽车氢气泄漏过程进行模拟。该软件采用大涡模拟方法（LES）对湍流过程进行模拟，能够有效模拟气相环境中的传热传质问题。

研究的物理模型尺寸参照普通小型轿车进行设计，具体参数见表 4-50。

表 4-50　燃料电池汽车氢气泄漏模型参数

参数	参数值
汽车尺寸	3900mm×1500mm×1600mm
天窗面积	0.236m²
门窗面积	1.2m²

燃料电池汽车储氢瓶相关资料参照某燃料电池汽车相关参数，使用 35MPa 储氢技术，设定储氢瓶为两个：一个置于后座椅下部；一个置于汽车后轴位置。模型平面示意图如图 4-24 所示。

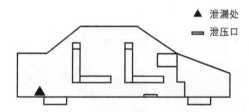

图 4-24　燃料电池汽车氢气泄漏模型平面示意图

前储氢瓶容积为 60L，后储氢瓶为 62.4L，总容积为 122.4L，则常压下氢气体积为：

$$122.4×350 = 42840L$$

前储罐为 21000L，后储罐为 21840L。模拟设置后储氢瓶管口处泄漏，泄漏面积为 0.01m³，泄漏量为 10920N$^{\ominus}$L/min，后储氢瓶氢气完全泄漏需要 120s，前储氢瓶氢气全部泄漏结束需要 120s，模拟时间设置为 500s。

计算网格大小为 0.1m×0.1m×0.1m，环境温度为 20℃，大气压力为标准大气压。汽车底盘靠近驾驶座附近有一泄压口，面积为 0.2m×0.2m。

研究燃料电池汽车前后储氢瓶氢气泄漏情况及汽车内部及周边环境氢浓度范围，见表 4-51。

（1）无开口条件下氢气浓度分布

氢气爆炸范围为体积含量的 4%～74%。图 4-25 是车内不同时刻氢气浓度分布图，对于氢气完全泄漏后再开窗的情况，在氢气泄漏开始 8～9s 后，车内氢气浓度达到爆炸范围下限，氢气受浮力作用，沿着车壁向车顶棚运动，随后向四周扩散，车内顶棚处氢气浓度较高。随着车内氢气不断积聚，在泄漏结束时刻 $t = 120s$ 时，车内氢气浓度几乎达到体积含量的 100%。在之后的 80s 内，即直到 200s 时车内的氢气浓度一直保持较恒定状态。从分布图可以看出，氢气泄漏速度和扩散速度极快，如果泄漏快速达到爆炸极限，则对于封

　$\ominus$　N 表示标准状态下。

闭的汽车十分危险。

表 4-51　燃料电池汽车氢气泄漏情况场景分布

工况	车窗状态	开启时间	泄漏位置
1	天窗开启，门窗关闭	200s	
2	门窗开启，天窗关闭	200s	
3	天窗、门窗均开启	200s	后储罐
4	天窗开启，门窗关闭	60s	
5	门窗开启，天窗关闭	60s	
6	天窗、门窗均开启	60s	

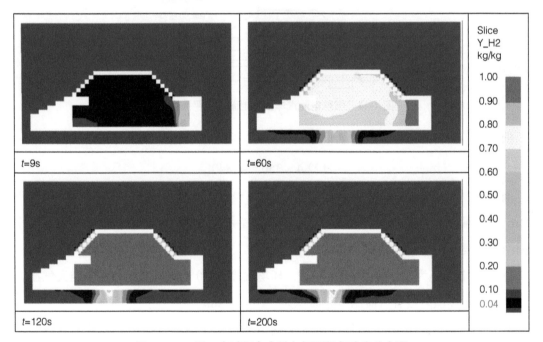

图 4-25　工况 1 全过程车内纵向切面氢气浓度分布图

（2）开口位置对氢气浓度的影响

在 200s 时打开天窗，车内氢气迅速由天窗向外界扩散，图 4-26 和图 4-27 分别为燃料电池汽车两个切面氢气浓度的分布图，当天窗开启 5s 后，车内大部分区域氢气的体积含量下降了将近一半。天窗开启 167s 后，即在 $t = 367s$ 时，车内氢气浓度已降低到爆炸下限以下。

在 200s 时打开门窗后，氢气由车门窗向车外扩散，由图 4-28 和图 4-29 这两个氢气浓度切片图可看出，在开启车门窗 1s 后，除了车顶棚附近氢气浓度还较高外，车内氢气浓度迅速下降，当泄漏结束 18s 后，即 $t=218s$ 时，车内氢气浓度已不在爆炸范围内。

天窗与门窗一起开启后，氢气从汽车上部及两侧向车外扩散，可以从图4-30和图4-31看出，在205s时，车内大部分区域氢气浓度已降到爆炸浓度下限，210s时车内氢气浓度已不在爆炸范围内，脱离氢气爆炸范围所需时间大约为10s。

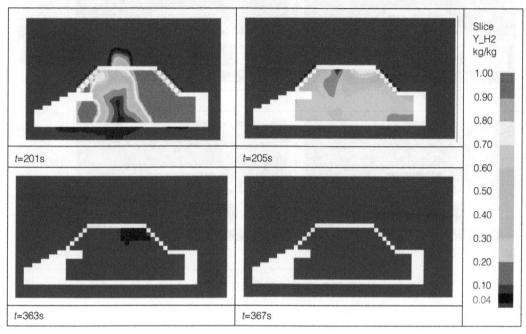

图4-26　工况1氢气浓度分布图（1）

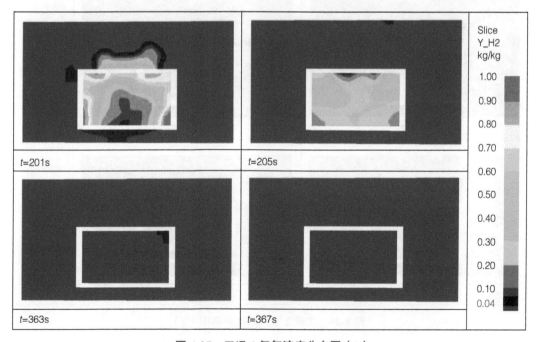

图4-27　工况1氢气浓度分布图（2）

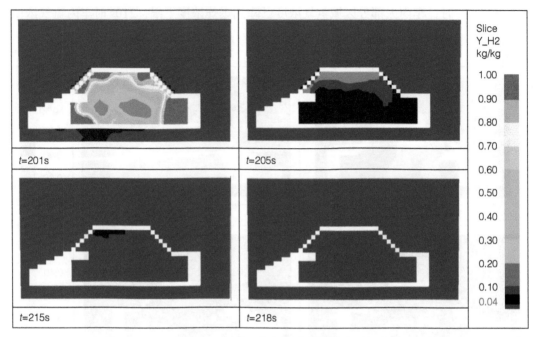

图 4-28 工况 2 氢气浓度分布图（1）

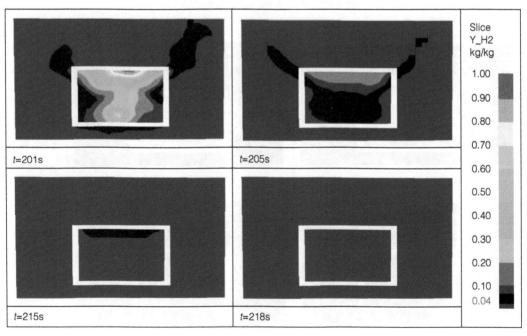

图 4-29 工况 2 氢气浓度分布图（2）

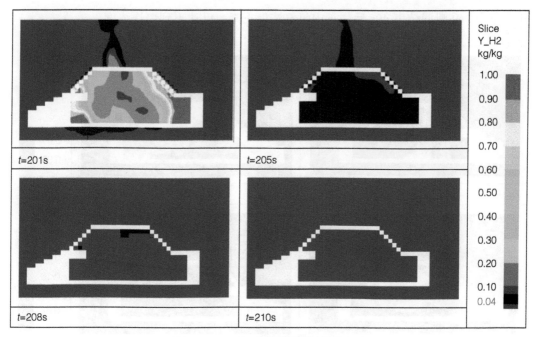

图 4-30　工况 3 氢气浓度分布图（1）

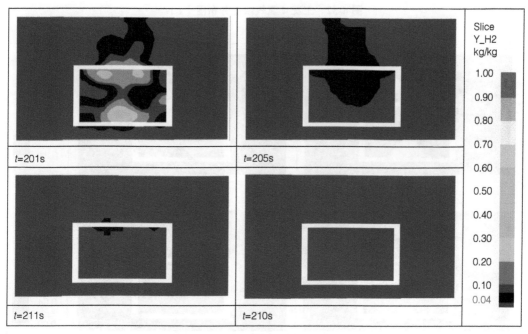

图 4-31　工况 3 氢气浓度分布图（2）

（3）开口开启时间对氢气浓度的影响

在氢气泄漏过程中开启车窗，即泄漏 60s 后开启车窗。如若泄漏过程中开启的是天窗，则车内氢气浓度仍在爆炸范围内，如图 4-32 和图 4-33 所示，氢气浓度较氢气泄漏结束后再开天窗小。在泄漏结束 40s 后，车内氢气浓度下降，已达不到爆炸浓度。

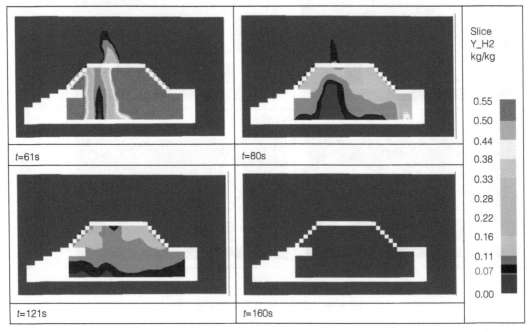

图 4-32　工况 4 氢气浓度分布图（1）

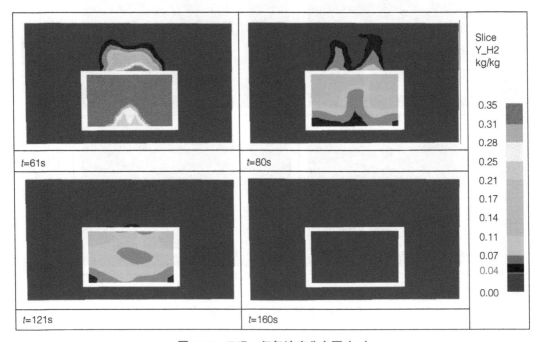

图 4-33　工况 4 氢气浓度分布图（2）

泄漏过程中开启门窗，从图 4-34 和图 4-35 可以看出车棚附近氢气浓度较高，车中部及以下氢气浓度比较低。在氢气泄漏结束 12s 后，车内氢气浓度已不在爆炸范围之内。

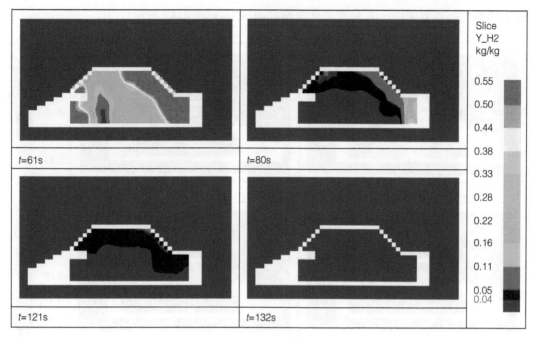

图 4-34　工况 5 氢气浓度分布图（1）

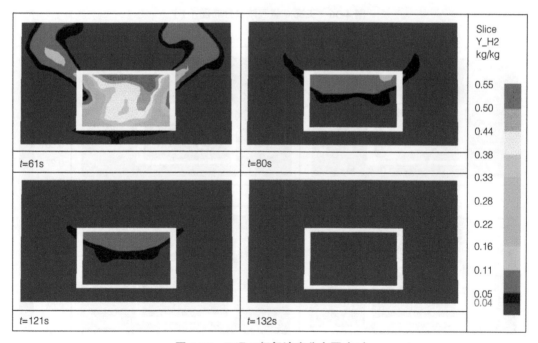

图 4-35　工况 5 氢气浓度分布图（2）

当门窗与天窗同时开启时，由于车门窗面积较大，车门窗附近的氢气向外扩散的速度快于天窗附近的氢气，故而在氢气泄漏结束 1s 后，车内大部分氢气都已蔓延至车外环境中，唯有车顶棚附近仍残留有部分氢气。当泄漏结束 3s 后，车内氢气基本扩散至大气中，氢气浓度不在爆炸范围内。其氢气浓度分布如图 4-36 和图 4-37 所示。

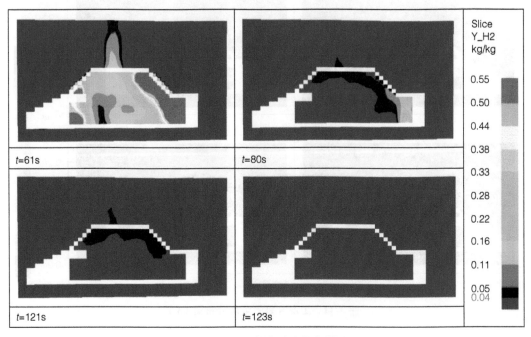

图 4-36　工况 6 氢气浓度分布图（1）

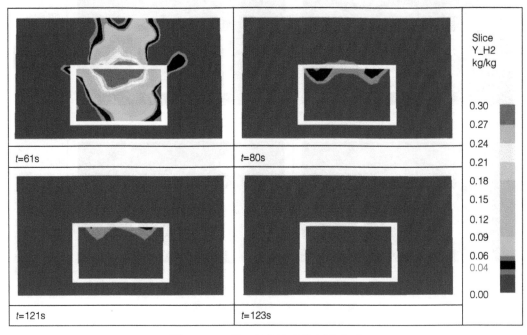

图 4-37　工况 6 氢气浓度分布图（2）

（4）模拟实验结论

利用数值模拟的方法对燃料电池汽车氢气泄漏进行研究，该模型对车内情况作了一定简化，但整体布局基本反映了普通乘用车的结构特点。分析发现氢气泄漏过程中：

1）对于较为封闭的汽车空间，车内氢气浓度在泄漏 9s 时就能达到爆炸范围下限，这种情况十分危险。

2）氢气由门窗向外扩散使汽车脱离爆炸范围的时间要快于氢气从天窗向外扩散的情况，天窗与门窗同开启对于氢气向外界扩散更为有利。

3）在扩散时开启车窗，大部分氢气从泄漏口直接由车窗扩散至外界，车内氢气积聚的量要小于泄漏后再开启车窗的情况。

2. 车外泄漏救援策略

车辆的外部泄漏主要考虑温度触发压力泄放装置（TPRD，图 4-38）泄放过程对救援产生的影响，TPRD 是高压储氢瓶瓶头处的压力泄放装置，当储氢瓶内压力或温度超过阈值时就会向外泄放。

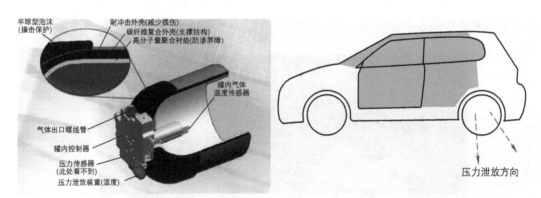

图 4-38　温度触发压力泄放装置 (TPRD)

考虑某型号燃料电池汽车，其 TPRD 泄放口位于车辆后部，具体的车辆储氢瓶参数见表 4-52。

表 4-52　车辆储氢瓶参数

项目	参数
气瓶压力	35MPa
气瓶容量	171L
TPRD 喷口直径	5.7mm
气瓶温度	20℃
环境压力	1atm
环境温度	20℃

模拟车辆与工况如图 4-39 所示。

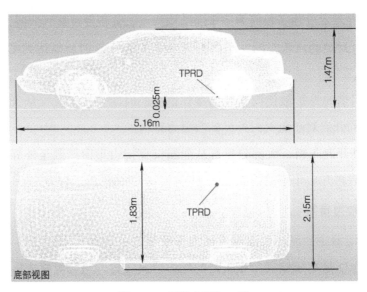

图 4-39　模拟车辆与工况

模拟结果发现，TPRD 泄放后在 7s 时爆炸浓度下限的范围达到最大，在高度方向约为 8m，在后方和左侧的水平距离可达 13m（图 4-40）。

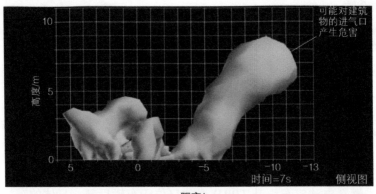

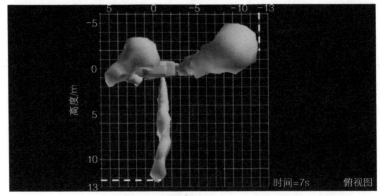

图 4-40　TPRD 泄放后氢气浓度分布

对于普通燃油汽车，救援人员应从车辆的 45° 方向接近车辆（图 4-41），以防液压杆、安全气囊突然弹开对救援人员造成伤害。从模拟结果看，救援人员也应从燃料电池汽车的 45° 方向接近车辆，以防 TPRD 突然泄放时可燃气体对救援人员造成伤害。

3. 火灾爆炸救援策略

燃料电池汽车同样也有可能发生火灾和爆炸，消防救援人员对于火灾的救援较为了解，其影响范围基本在上一节中进行了论述，所涉及的危害性不大。

图 4-41 TPRD 泄放后应急救援策略

与火灾相比，由于燃料电池汽车存在高压压力容器，需要特别考虑储氢瓶发生爆炸的情况，当发生外部火灾使得储氢瓶被加热升温时，如果 TPRD 能成功触发，则不会发生大规模的爆炸；然而一旦 TPRD 失效，爆炸就会发生，且可能造成非常严重的后果（图 4-42）。

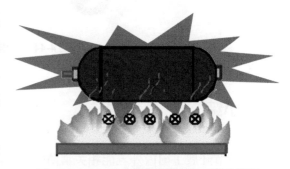

图 4-42 TPRD 失效导致的储氢瓶爆炸场景

为此，项目通过实验研究储氢瓶爆炸的影响和后果，如图 4-43 所示。布置实验场景为储氢瓶置于车辆后部，采用油池外部火源引燃储氢瓶，当不断加热后储氢瓶发生爆炸。储罐爆炸导致车辆被向左前方快速推动了 22m（储罐位于后方）。

图 4-43 储氢瓶爆炸试验

上述研究表明，车辆发生爆炸后车辆会对前部人员造成更加严重的损伤。从救援的角度来看，救援人员从前方接近车辆更加危险（图 4-44）。因此，宜采用从后方 45° 角度接近更为合适，并应该做好相应的防爆防护。

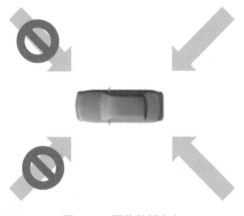

图 4-44　爆炸救援方向

4.4　小结

本章节开展了国内外氢能相关消防安全标准研究分析，我国氢能与燃料电池汽车产业在消防领域的标准很少。

本章节归纳了目前国内外加氢站火灾风险评估方法研究现状，分析了快速风险评级和量化风险评估两种常用方法的评估内容、判定标准和优缺点。在对加氢基础设施火灾危险性详细分析的基础上，从运营消防安全管控的角度出发，构建了涉及建筑特性、消防设施器材、建筑防火、消防安全管理、外部救援力量五个方面的加氢基础设施消防安全风险评估指标体系，包含 5 个一级指标和 29 个二级指标，并提出了相应的风险评估方法，确定了指标权重和指标量化评价标准，为提升加氢基础设施消防安全保障能力和水平提供了有力的技术支撑。

另外，本章节通过对燃料电池汽车和加氢基础设施的事故场景进行了调研和分析，总结了氢气泄漏、氢气喷射火灾、氢气爆炸三种典型的事故场景，分别对氢气泄漏和火灾爆炸场景的灾害后果进行了分析与研究，开展了氢气浓度分布、火灾形态等数值模拟研究，基本掌握了典型灾害事故特点。

第5章

燃料电池整车技术升级和优化研究

为提升燃料电池汽车的整车性能，使其更好地参与示范运行、降低能耗并给乘客带来良好的乘坐体验，项目针对燃料电池整车热管理系统和燃料电池系统低温冷启动性能开展了技术升级和优化研究，并将研究成果在燃料电池汽车示范运行过程中加以验证和应用，进一步提升了燃料电池汽车的使用性能。

5.1 整车热管理系统优化设计

研究燃料电池汽车在各种工况和车用环境下，燃料电池电堆及关键部件热特性，以及传热对其性能的影响，提出燃料电池汽车热管理的目标和要求。优化面向寒区环境的整车热管理系统，统筹热量的有效利用，设计基于整车的"精密冷却"和"分流式"系统，建立热管理系统结构布置及管路连接，使冷却液的流动分布最优化；并通过仿真模拟研究热传递过程及性能，以优化系统设计。

针对寒区低温环境下燃料电池客车乘员舱取暖困难及电堆热量利用率较低的问题，课题设计了基于电堆冷启动系统、废热回收利用系统、电池热管理系统等的整车综合热管理系统。通过优化面向寒区环境的整车热管理系统，统筹热量的有效利用，从整体角度控制并优化燃料电池发动机的热量传递过程，合理利用热能、有效冷却散热及节能降耗，改善整车在低温环境下的各项性能。

5.1.1 整车一体化热管理系统设计

燃料电池客车整车综合热管理系统建立在现有纯电动客车的供暖系统基础上。由于通常客车的乘客舱供暖采用液体介质，而燃料电池系统也采用液冷的散热方式，因此项目设计了采用液 - 液换热器进行热交换的余热利用方案。为了保证换热效率和适当的部件温度，系统内部需要有合理的温度差和温度范围。参与示范的燃料电池客车所采用的大功率电堆散热要求高，工作温度约为 80℃（出堆水温）。整车供暖系统中，供暖介质的热量通过乘客舱内的散热器翅片传递给循环空气。供暖介质的温度通常为 60 ~ 70℃ 左右，并且需要先经过除霜器以保证除霜能力。动力蓄电池系统通常也采用液体换热，但其需求温度比乘客舱低，因此可采用整车先除霜供暖后再对动力蓄电池进行加热和保温的热管理方式。

整车一体化热管理系统初步设计方案如图 5-1 所示[○]，系统保留了燃料电池和动力蓄电池原有的热管理系统（包括散热和加热），采用液 - 液换热器来实现燃料电池冷却水和供暖系统、动力蓄电池保温系统的介质进行热交换，以实现低温条件下的余热利用，降低供暖能耗。

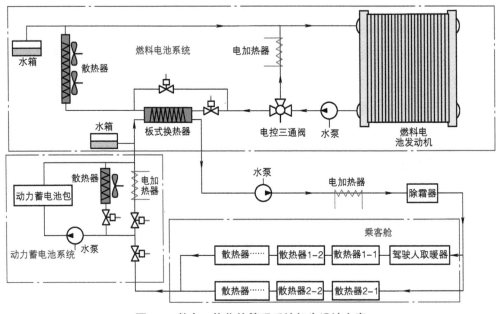

图 5-1 整车一体化热管理系统初步设计方案

通过对北京和张家口两地示范车辆在冬季运行数据的跟踪分析，发现在低温环境中动力蓄电池本身的发热量足以维持其温度。根据上述情况对热管理系统进行了改进，如图 5-2 所示。

5.1.2 整车一体化热管理系统建模

对上述的燃料电池客车综合热管理系统进行建模，所建模型包括热管理系统模型、整车热模型和整车动力系统模型。在 AMESim 中搭建了整车一体化热管理系统的动态模型，

—————————

○ 本热管理设计方案来自清华大学江宏亮发表的博士学位论文《低温环境下的燃料电池启动建模与控制及整车能耗优化》，在此向作者致谢。

利用和 MATLAB/Simulink 的接口，在 MATLAB/Simulink 中搭建控制模型，将所建立的各个子系统模型整合到联合仿真平台中，用于热管理系统仿真和性能分析，并为系统优化和控制策略的设计提供分析手段。

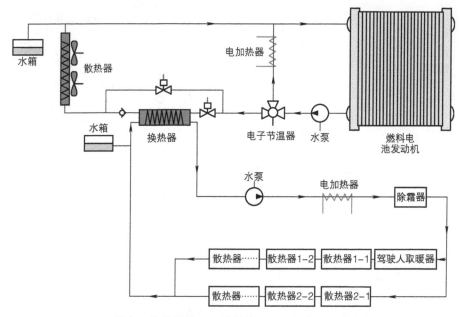

图 5-2　整车一体化热管理系统结构图（燃料电池 + 整车供暖）

整车综合热管理联合仿真系统包括燃料电池热管理系统、乘客舱热管理系统以及连接两者的换热器。换热器模型主要描述冷却液在两个子系统中流动及换热的动态过程，如图 5-3 所示。

参与示范的燃料电池客车采用了燃料电池 + 动力电池的混合动力系统构型，其中燃料电池输出端连接 DC/DC 变换器，用于控制燃料电池工作在相对稳定的工作点。整车动力系统模型主要包括整车动力学、燃料电池混合动力系统能量分配、传动系模型、电机模型、燃料电池系统模型和动力电池模型。燃料电池客车动力系统模型在 MATLAB/Simulink 中进行搭建，如图 5-4 所示。

由于燃料电池热管理系统模型和乘客舱热模型是在 AMESim 中建立，而控制器和整车动力学模型在 MATLAB/Simulink 建立，因此需要建立联合仿真平台，实现整车综合热管理系统的仿真，并在此基础上开发调试控制策略，分析系统性能。

5.1.3　整车热管理控制策略

在上述整车热管理系统模型基础上，基于 MATLAB/Simulink 设计了整车热管理综合热管理策略和温度控制算法，如图 5-5 所示。不同场景下的综合热管理系统工作模式通过系统状态切换实现，而温度控制则包括燃料电池温度控制和乘客舱温度控制两部分。

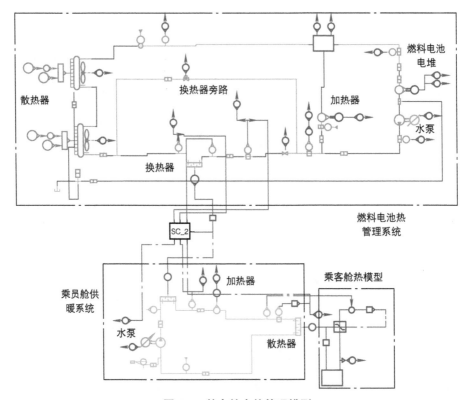

图 5-3　整车综合热管理模型

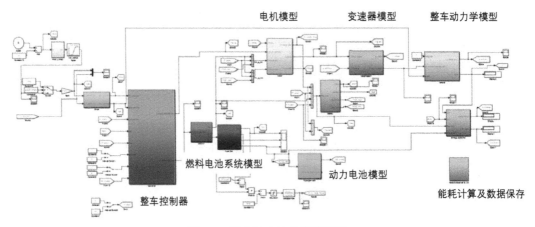

图 5-4　整车动力系统仿真模型

　　针对不同温度下的工作环境和车辆状态，设计了四种工作模式，包括常温环境启动、常温环境运行、低温环境启动和低温环境运行四种工作模式。

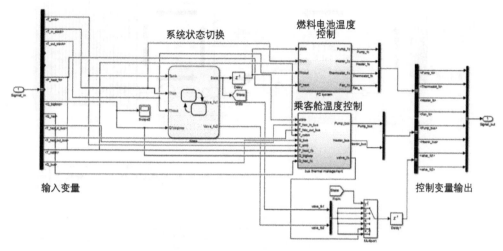

图 5-5 综合热管理系统控制模型

1. 常温环境启动模式

常温环境下，乘员舱不需要燃料电池系统进行供暖和保温。当启动温度大于预设阈值时，进入常温启动模式。首先启动小循环，电堆开始供气加载。由于电堆反应产热，电堆和小循环温度逐渐上升，当小循环温度到达燃料电池电堆工作温度时，开启节温器。此时大、小循环协调工作，在保持燃料电池温度在正常工作温度的同时，将热量通过大循环散热器散出，其工作过程分别如图 5-6 和图 5-7 所示。

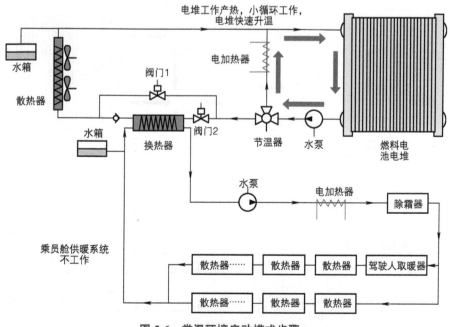

图 5-6 常温环境启动模式步骤一

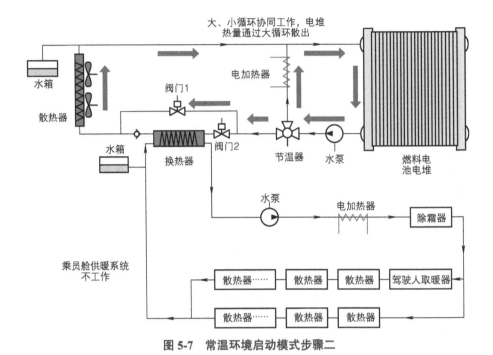

图 5-7　常温环境启动模式步骤二

2. 常温环境运行模式

在常温环境完成启动后，进入常温环境运行模式，如图 5-8 所示。该模式下乘客舱供暖系统不工作，燃料电池产生的热量通过大循环散出。通过控制水泵总流量来控制燃料电池进出口温差，通过控制散热风扇的转速来控制散热量，以维持燃料电池温度在目标值。

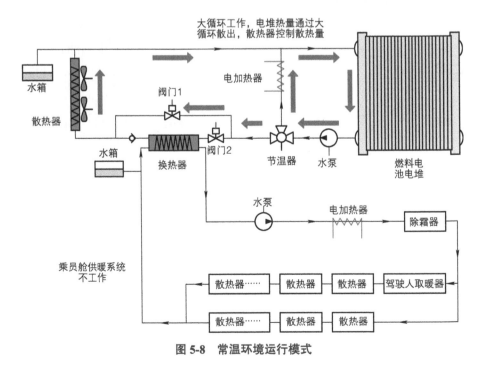

图 5-8　常温环境运行模式

3. 低温环境启动模式

系统启动时如果检测到环境温度低于预设阈值，则进入低温环境启动模式。低温环境启动模式各步骤如图 5-9 ~ 图 5-11 所示，目标是使燃料电池和乘客舱迅速升温，达到目标温度。

首先进入步骤一（图 5-9），开启燃料电池系统小循环和加热器，通过加热器加热冷却液，使电堆温度上升。乘客舱供暖系统中，开启水泵和电加热器，通过电加热器使整个系统逐渐升温。

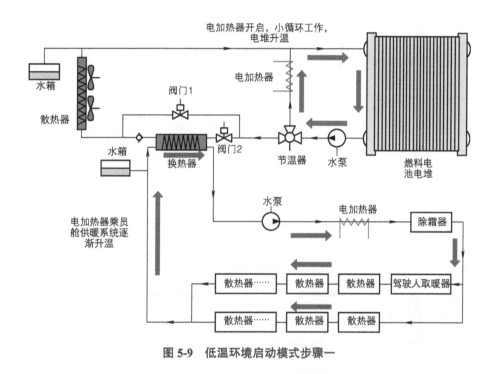

图 5-9　低温环境启动模式步骤一

当电堆温度到达燃料电池自启动温度时，进入步骤二（图 5-10），进行气体供给和电流加载，电堆开始工作并对外发电。此时总产热量为电堆产热和电加热器产热之和，电堆温度迅速上升。

当电堆温度到达燃料电池工作温度时，进入步骤三（图 5-11）。燃料电池小循环加热器关闭，同时打开节温器。通过节温器调节大小循环流量，使得燃料电池电堆温度维持在目标值。该过程中燃料电池散热系统大循环的温度逐渐上升，当大循环的温度和流量到达预设阈值，即可以进行供暖后，开启阀门 2，进入低温环境运行模式。

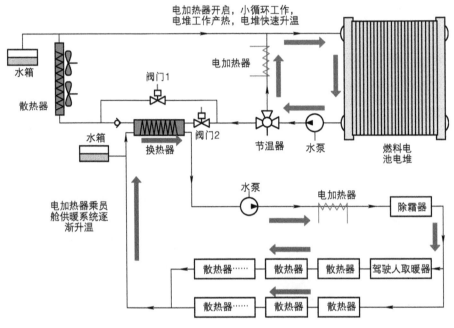

图 5-10　低温环境启动模式步骤二

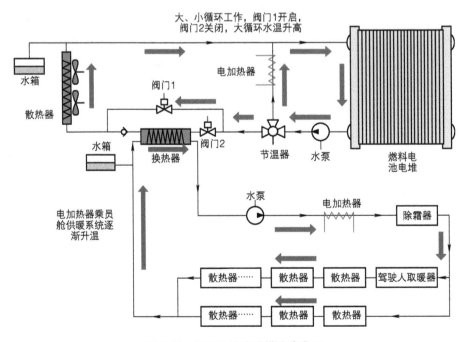

图 5-11　低温环境启动模式步骤三

4. 低温环境运行模式

当大循环的吻合和流量到达预设阈值，即可以进行供暖后，开启阀门 2，进入低温环境运行模式（图 5-12）。此时燃料电池热管理系统大、小循环协作工作，控制燃料电池温度在目标值。阀门 2 开启，通过调节阀门 1 的开度控制流经换热器的流量。燃料电池系统通过换热器向乘客舱供暖。乘客舱供暖回路中的电加热器用于余热供暖不足时开启，以维持乘客舱的温度。

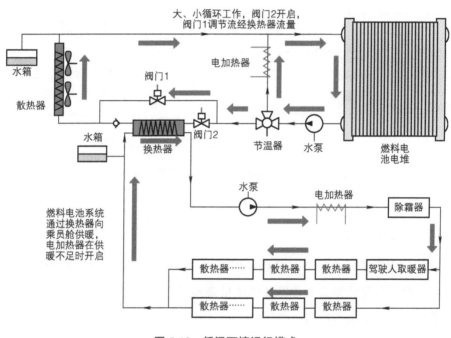

图 5-12　低温环境运行模式

5.1.4　燃料电池系统和乘客舱温度控制算法

燃料电池客车综合热管理系统包含燃料电池热管理和乘客舱供暖两个子系统，两者通过换热器耦合，因此温度控制算法需要同时控制燃料电池工作温度和乘客舱温度。控制策略分为三部分，先通过模型对换热量进行估计并控制流经换热器的冷却液流量，再分别利用反馈控制对燃料电池和乘客舱温度进行控制，以保证控制的稳定性和精确性。乘客舱和燃料电池温度控制算法框图如图 5-13 所示。

1. 换热器换热量和流量控制

由于燃料电池电堆的温度主要通过散热器和节温器控制，大小循环的流量由节温器控制，流经换热器的流量需要通过主路和旁路两个阀门控制。旁路阀门为阀门 1，主路阀门为阀门 2。因为换热器的流动阻力远大于管道的流动阻力，所以在进入供暖阶段后阀门 2 直接打开，通过调节阀门 1 开度即可控制流量。

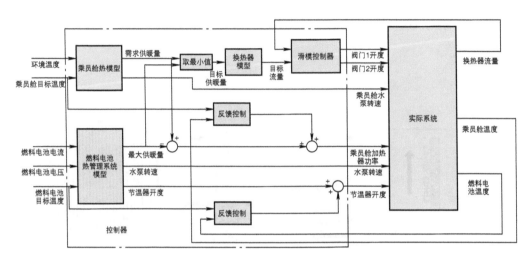

图 5-13　乘客舱和燃料电池温度控制算法框图

2. 燃料电池温度控制

低温启动过程中采用小循环，并且采用电加热器辅助升温，以达到快速升温的目的。启动完成后，控制节温器调节大小循环的流量来调节燃料电池出堆温度在设定值，节温器的调节采用 PID 控制器进行控制。

3. 乘客舱温度控制

研究发现，通过乘客舱温度来调节阀门开度以及流量的控制效果不理想，这是由于估计的换热量往往与实际需求换热量、实际系统换热量有偏差。采用阀门开度控制具有较强的非线性，以及热传递的时间常数较长，因此有时需要通过电加热器对乘客舱温度进行动态反馈调节，使换热器流量和换热量控制在相对稳定的值。

5.1.5　整车综合热管理仿真分析

利用所搭建的整车动力系统 + 热管理系统的仿真平台，结合所设计的控制器，选择了三种不同的工作模式进行仿真以验证系统和控制策略的可行性，并进行性能分析。仿真所设置的环境温度为 -20℃，乘客舱供暖按照最大供暖需求设置，行驶工况选用 C-WTVC 工

况 [以国际上常用的重型商用车辆瞬态循环（World Transient Vehicle Cycle，WTVC）为基础，调整加速度和减速度形成的驾驶循环]，仿真客车采用的燃料电池功率为 60kW。

仿真结果表明，在车辆启动并行驶的初期，由于燃料电池系统的余热不足，仍然需要开启电加热器来供暖。经过一个工况的运行后，燃料电池和整车热管理系统均已经进入稳定工作状态，图 5-14 给出了稳定工作状态下的燃料电池冷却液出口温度和乘客舱温度。从图 5-14 可以看出，此时燃料电池温度维持在 80℃，而乘客舱的温度在 25℃，略有波动，最大波动值不超过 2℃。

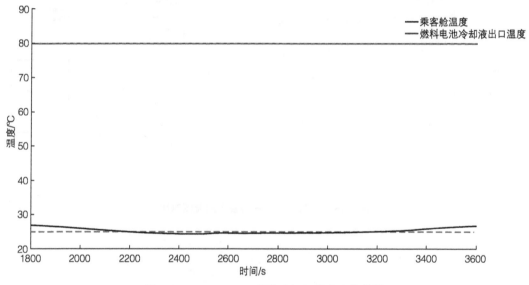

图 5-14　C-WTVC 工况稳定运行温度变化曲线

为了对比整车综合热管理的效果，在相同的运行工况和乘客舱温度设置条件下进行了有余热利用系统和无余热利用系统的整车能耗对比仿真研究，图 5-15 给出了能量流分析结果，无余热利用系统的整车在运行过程中消耗的氢气折算总能量为 302.3MJ，而带余热利用热管理系统的整车在相同工况下消耗的氢气折算总能量为 207.0MJ，相比无余热利用系统可节能 31.5%。

5.1.6　整车综合热管理系统方案实车验证

为了验证所设计的整车综合热管理系统的有效性，将研究提出的整车综合热管理系统方案应用在北汽福田开发的燃料电池公交车上，并进行了低温环境下的实车验证。实车验

证工作在张家口公交的 K2 线路进行，投入两辆燃料电池公交车进行实车验证，验证时间
为 2019 年 12 月 13 日—22 日，在此期间张家口平均温度 −5.8℃（最高 2℃，最低 −14℃）。
根据实测数据，两辆示范运行车辆的单日发电量和余热供暖量分别如图 5-16 和图 5-17 所
示。可以看出，两辆车的余热供暖量占总需求能耗（电量和供暖量）比例的 3.9% ~ 10.5%，
余热采暖使整车能耗平均降低了 7.6%，节能效果显著。

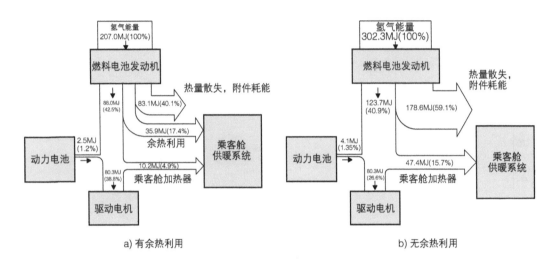

a) 有余热利用   b) 无余热利用

图 5-15   稳态行驶过程的整车能流图对比

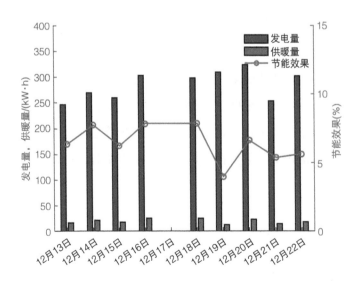

图 5-16   综合热管理系统实车验证节能效果（车号为冀 G 07919F）

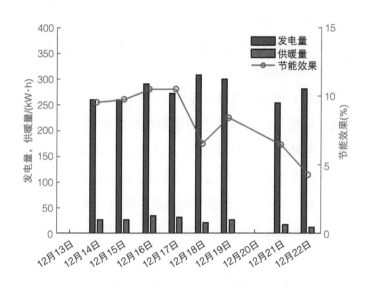

图 5-17　综合热管理系统实车验证节能效果（车号为冀 G 07929F）

5.2　寒区环境下燃料电池系统冷启动方法研究

在北京和张家口开展燃料电池汽车示范运行的前提是必须确保车辆具有低温冷启动能力，低温冷启动是指燃料电池从 0℃以下成功启动并运行到正常的工作温度（约 80℃），其中最关键的阶段是从 0℃以下升温至从 0℃以上的过程。项目从影响低温冷启动的因素、低温冷启动策略、电堆材料遴选、低温吹扫技术和低温冷启动对性能影响分析等方面开展了研究工作。

5.2.1　影响低温冷启动的因素

当燃料电池内部温度低于冰点时，电堆内的水可能会结冰，进而影响燃料电池性能；在燃料电池内部温度上升至冰点之前，如果阴极催化层的空隙体积不足以容纳之前所积累的水，则冰会阻塞催化层（CL），并使其电化学活性面积（ECA）减少，从而使反应速率降低甚至终止。

燃料电池低温启动过程可分为四个阶段：

1）燃料电池开始启动，随着反应气体的通入，电池阴极催化层有水生成，使气体中的水蒸气密度上升，直至饱和。此时，催化层中没有冰沉淀。

2）在阴极气体水蒸气达到饱和后，反应继续产生的水会在催化层中结冰沉淀，同时反应放出的热量会对电池进行加热。在催化层完全被冰覆盖之前，若电池温度仍低于冰点，则燃料电池停止工作；若电池温度上升到了冰点，则燃料电池继续工作。

3）若燃料电池温度在催化层被完全覆盖之前上升到了冰点，则冰逐渐融化，电池温度一直保持在冰点直到冰全部融化。

4）当冰全部融化以后，燃料电池温度逐渐上升到正常工作温度，稳定运行。

燃料电池内部的水包括反应气体携带的增湿水和反应生成的水，多余的水会扩散到阴极扩散层，由尾气带走排出。在 0℃ 环境下，燃料电池中的水会结冰，对其性能及组件造成损害。冰冻损害一般发生在下列位置：①膜的表面会出现小孔，甚至鼓胀、破裂等；②催化层会出现局部破裂，与膜、扩散层之间会发生界面分离，且活化面积会减少；③由于多微孔层的破裂以及与催化层之间交界处发生分离，扩散层介质的疏水性会减弱。

冰冻损害会导致膜电极（MEA）的性能退化，抑制这些退化的策略包括：①在冷启动之前进行气体吹扫；② MEA 优化设计；③低启动电流密度和较低的电流热容。因此燃料电池低温冷启动性能的影响因素包括燃料电池材料、燃料电池系统结构设计、燃料电池工作参数等。

5.2.2 低温冷启动策略

燃料电池正常运行温度约为 80℃，当燃料电池关闭后采用隔热材料对其进行保温，可以使燃料电池温度降低速度更慢，改善下次启动条件，使燃料电池低温启动更容易。燃料电池电堆端板的材质若是热容高、容易散热，则对电堆低温启动不利，而且低温下启动容易反板，造成永久性损伤，因此多采用高强度、低热容端板，以降低燃料电池的散热量。其次在燃料电池电堆的端电池和端板之间加上多孔绝缘板也可以提高燃料电池冷启动能力。

从燃料电池系统控制考虑，低温冷启动一般包含两个阶段：电堆停机后的吹扫（启动前）、电堆开机时的快速升温（启动时）。

1. 启动前

在电堆停机后，一般利用气体吹扫的方式，使燃料电池膜电极的含水量保持在一定的范围内，从而既可以保证电堆在寒冷环境中没有或仅有少量的固态冰形成，又可以满足电堆在启动初始阶段质子交换膜有较高的质子电导率。

燃料电池单体一般由质子交换膜、催化层（CL）、气体扩散层（GDL）和双极板（BP）组成。吹扫时，气体按照一定的顺序对各部分进行吹扫并带出相应的内部水分，但每一部分的吹扫机理各不相同。在实验室和实际工程中，研究人员提出了多种吹扫策略来增强吹扫有效性，包括压差吹扫、温差吹扫、平衡吹扫和其他吹扫等。

吹扫效果除受吹扫方式的影响，还与电堆内部结构、吹扫气体的参数设置等有一定的关系。吹扫的评价指标有吹扫时间、吹扫后内部湿度及吹扫后单片一致性等。

吹扫过程中水含量的测量也很有必要，现阶段有高频阻抗法（HFR）、露点温度法、可视化方法和汽化测压法等。停机吹扫过程中水的传递受到对流、蒸发、毛细力等各个作用的影响，吹扫方法多针对这些因素展开，如压差吹扫、温差吹扫、二次吹扫等；电堆内流场结构、电堆温度等对于吹扫效率的影响较大，流场结构的优化和电堆温度的提升（不能过高）可提升吹扫效率；停机吹扫的时间一般控制在 120～240s 以内，一方面是时间成本可接受，另一方面是不会使膜产生降解；如吹扫过程中存在不均匀性，则会导致电堆内部不一致性，容易造成其性能下降。

2. 启动时（分辅助类和非辅助类）

冷启动时电堆快速升温有外部加热（辅助类）和内部加热（非辅助类）两种技术路径。

（1）外部加热

外部加热有电加热和催化燃烧加热等。电加热是使用加热装置对电堆进行局部加热或对冷却液、进气进行预热；催化燃烧加热是通过氢氧混合催化燃烧产热，升温效率较高，但需要额外加装燃烧器。

（2）内部加热

内部加热有控制电堆输出特性升温、饥饿自升温和催化加热等。

1）控制电堆输出特性升温包括恒电流法、恒电压法、恒功率法，其中，恒电流法易于控制，较高的电流密度可产生更多的水和热；恒电压法要求膜相对干燥，较低的电压有助快速冷启动，但启动过程较难控制，常用电流密度斜坡方法实现近似恒压；恒功率法可更好地平衡产热和结冰，通过动态调整使电池一直工作在高功率，可减少消耗能量及冷启动时间。

2）饥饿自升温是通过降低反应物供应速率或提高电流密度使反应物"饥饿"，电池内部出现较高的过电势，产生较大热量对电池组件进行加热。因容易出现缺气反极的情况，对控制策略及膜电极材料要求较高。

3）催化加热是向电堆阴极或阳极通入一定比例的氢氧混合气体，通过催化反应加热电堆，但增加了电堆系统的复杂程度，且若在膜电极中反应产生的热量如果不能及时被冷却液带走，还可能烧穿膜电极。

综合来看，外部加热会增加系统的复杂度，可作为辅助加热措施；内部加热消耗少、产热快，对控制策略要求较高，是未来研究及应用重点。

5.2.3　电堆低温冷启动关键技术研究

燃料电池在0℃以下启动困难、启动失败以及多次冷启动循环后会造成电堆内部损伤、性能不可逆衰减等，是因为低温下膜电极内部水结冰所致。水和冰在0℃时的密度分别是$0.9998g/cm^3$和$0.9168g/cm^3$。当水结冰后会产生9%的体积膨胀，这必然会在燃料电池内部产生不均衡的应力。而当燃料电池启动之后产生的废热将冰融化成水，体积将会减小，应力又会消失，如此反复的相变转化所引起的循环变化的应力将会对已处于紧压状态的各电池各组件结构和性能造成一定程度上的损伤。为确保电堆具有足够的低温冷启动能力，本书从材料遴选、吹扫、自启动等方面开展了相关的测试和分析工作。

1. 电堆材料遴选

为了支持和保证燃料电池低温启动的完成，同时满足低温启动最低损伤要求，燃料电池电堆所使用的材料至关重要。这里重点选择双极板和膜电极作为关键材料，分别开展了关键参量的试验和分析。

首先从材料基础性质上筛选需要的双极板材料，包括从透气率、电阻率、强度等关键指标上进行筛选，如图5-18所示，不同厂家的不同双极板材料差异较大，尤其体现在透气率方面。双极板透气率不仅影响电堆气密性，而且透过的氢气会进入水箱，影响系统安全，因此双极板的选择需要平衡各种关键参数指标。

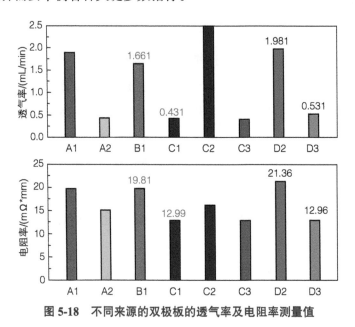

图5-18　不同来源的双极板的透气率及电阻率测量值

其次考察了高低温循环下双极板的各项参数变化，筛选出适合低温启动的双极板材料。考虑到以后的低温储存温度会低至-40℃，因此高低温循环设置温度范围为-40℃ ～

90℃，涵盖双极板所有的工作温度范围。具体操作：

1）将双极板置于环境舱内，对环境舱除湿。

2）将环境舱温度降低至 -40℃，稳定 4h。

3）升温至 90℃，稳定 4h。

4）反复温度循环，每 100 个循环为一轮。

采用双极板气密性作为评价温度循环测试的指标，考察不同冷冻 / 解冻循环后双极板气密性变化，如图 5-19 所示。经过冷冻 - 解冻循环后，双极板气密性变差，透气率增加，显然这样的双极板材料不符合电堆要求。经过筛选后，选择气密性变化最小的 C1 材料作为电堆双极板基础材料。同时，材料 C1 也是电阻率最低的几种材料之一，符合电堆的需求。

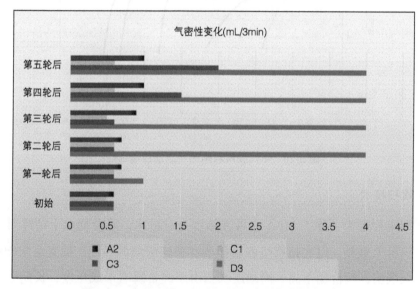

图 5-19　不同冷冻 - 解冻循环后双极板气密性变化

膜电极是燃料电池电堆最核心的部件之一，其性能和低温启动能力直接决定了燃料电池电堆的低温启动能力。为了考察膜电极的低温启动能力，采用绝热冷启动方法（Temporally isothermal cold start）对其测试，以放电时间作为考核指标，同样的条件下，放电时间越长，低温启动能力越强。具体操作：

1）单片电堆组装及性能测试。

2）单片电堆吹扫，除去电堆内部残余水分。

3）将单片电堆置于环境舱内，降温至 -20℃，维持 24h，确保电堆内外温度达到环境温度。

4）低温启动，采用全干氢气和空气，并且将气体预冷至 -20℃，给单片电堆施加一个电流，电流密度 0.04A/cm²，记录电堆放电电压和时间，截止电压为 0.2V。

5）放电时间最长的膜电极低温启动能力最强。

图 5-20 为不同膜电极的绝热冷启动放电曲线，由图可知，MEA-1 和 MEA-3 的放电时间最短，说明其低温启动能力最差；其次为 MEA-4；MEA-2 和 MEA-5 接近，低温启动能力较强。再结合电堆实际的运行性能，筛选既能满足电堆输出功率又具有较好低温启动能力的膜电极。

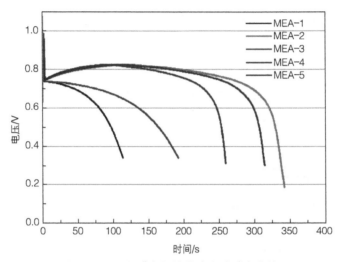

图 5-20 不同膜电极绝热冷启动放电曲线

2. 低温吹扫技术

低温吹扫主要是为了除去 MEA 内可冻结水与自由水，降低低温下结冰对 MEA 的损伤，因此吹扫至关重要，但吹扫策略的选择涉及系统层面的匹配，抽真空吹扫结构复杂，对于车用不太现实，性价比不高，而减压吹扫由于经常瞬时形成压差，长期会对 MEA 造成机械损伤，影响寿命。为了更贴合实际车用并且减少对 MEA 的影响，选择二次低温吹扫策略。

依据吹扫机理模型，首先使用实验方法确定现有电堆在吹扫过程中进入"平台期"的位置，即完成膜内水运输的点。越过该点，即使吹扫更多，对阻值和含水量的影响也很小。在"二次吹扫"策略中，第一次吹扫的目的在于最快最多地除去电堆中的"游离的水"，第二次吹扫的目的是进一步除去质子交换膜内的水。

实际电堆运行是在 80℃左右，而设定室温为 25℃，因此首先分别验证在上述温度条件下进行吹扫测试。为了与实际车用场景运行一致，区别于实验室方法，测试过程中不使用氮气，而是阳极采用氢气，阴极采用空气。电堆 60℃吹扫曲线如图 5-21 所示，由结果可以看出，吹扫气体流量越大，电堆内阻达到平衡点的时间越短。根据客户对停机后吹扫时间的接受能力，确定大气量吹扫的策略。

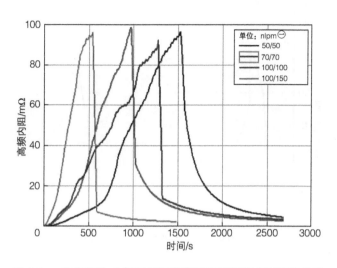

图 5-21　吹扫气体 60℃时不同流量下电堆高频内阻变化曲线

根据整车条件，很难在燃料电池停机后持续保持电堆温度较高，以及进气温度很高。同时，高温吹扫带来的问题还有冷凝问题。因此，在第二次吹扫中，一定要使用温度较低的空气，以及维持较低的电堆温度。本书研究了电堆温度 25℃时不同流量吹扫下的内阻变化，此时氢气和空气均采用干气体，和环境相符合。其内阻变化曲线如图 5-22 所示，和 60℃的吹扫规律一致。大气量吹扫情况下电堆内阻增加较快，表明电堆内部水分去除较快。

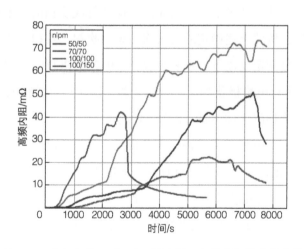

图 5-22　吹扫气体 25℃时不同流量下高频内阻的变化曲线

在上述吹扫实验的基础上，进行二次吹扫策略优化。同时和系统运行条件匹配，综合系统能耗、吹扫时间需求，确定适合燃料电池电堆的二次吹扫策略。确定二次吹扫策略后的电堆内阻变化曲线如图 5-23 所示，总吹扫时间少于 5min。

⊖　nlpm 表示指标 L/min，如 100/150nlpm 表示阴极流量为 100nlpm，阳极流量为 150nlpm。

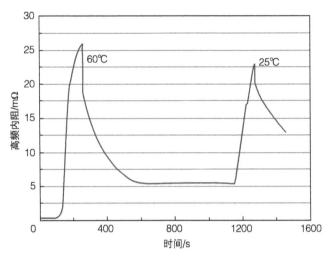

图 5-23　确定二次吹扫策略后的电堆内阻变化曲线

吹扫是去除电堆内部残余水分的必要手段，是低温启动的必要步骤。然而过度吹扫时，由于质子交换膜和催化层失水后收缩率不一致，可能造成膜与催化层剥离，导致电阻增大，降低燃料电池电堆性能，加快寿命衰减。因此，目前确认的低温吹扫策略必须进行验证，考察其对电堆性能的影响。

项目研究设计了吹扫耐久性测试方案，具体操作如下：

1）5kW 电堆在额定电流下正常运行 30min，保证每次吹扫前电堆内部情况一致。

2）低温二次吹扫，按照上述确定的二次吹扫策略吹扫，吹扫完成后降低至室温。

3）室温正常加载至额定电流下，重复步骤 1）和 2），进行吹扫耐久性测试。

4）100 次吹扫后进行电堆极化测试，考察低温二次吹扫对燃料电池电堆的性能影响。

5）共进行 500 次吹扫耐久性测试，6 次极化测试。

整个测试周期内 5kW 电堆性能及内阻变化曲线如图 5-24 所示。由图 5-24 可知，整个测试周期内电堆性能变化很小，基本没有衰减，而电堆内阻曲线也基本重合，小电流情况下稍微有差别，是因为小电流时电堆较干，受操作条件影响大。吹扫耐久性的测试结果表明，实验采用的低温二次吹扫策略对电堆性能和结构造成损伤较小。

3. 低温冷启动对性能影响分析

研究还开展了电堆低温冷启动耐久性及衰减情况分析。

燃料电池电堆低温自启动成功的关键是，在启动过程中产生的冰将催化层堵死之前将电堆的温度提高至冰点以上。研究表明，电堆 MEA 中水含量是影响低温启动成功的关键因素。通过合适的吹扫策略，将 MEA 中水含量降低至合适水平，既为低温启动保留足够的结冰空间，又不会因为欧姆阻抗过大导致电流加载不足。此外，在加载过程中，结合加载速率和运行电流保持电堆最低单片电压在 0.1V 左右，利用加载过电势和最大电流提高产热功率，尽快将电堆温度提高至冰点以上，达到快速低温启动的目的。

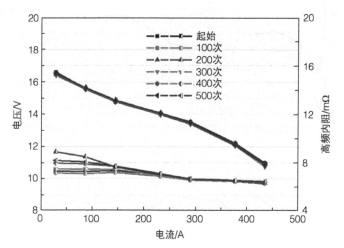

图 5-24　不同吹扫次数后电堆性能及内阻变化曲线

图 5-25 为 5kW 电堆 −20℃低温启动各参数变化图。由图 5-25 可知，5kW 电堆输出功率达到 50% 额定功率需要的时间约为 70s。启动过程中空气出口温度逐渐升高，当空气出口到达 20℃时开启小循环水泵。由于外界 −20℃冷却液进入电堆，电堆输出电压降低；当冷却液完全进入电堆后，电堆输出电压开始回升，电堆进入暖机阶段。

图 5-26 为 −20℃低温启动不同次数（最多 200 次）后电堆性能变化图。由图 5-26 可知，经过 200 次低温启动后，额定电流下平均单片输出性能衰减了 7mV，衰减了 1.2%。电堆在 200 次低温启动中的性能变化整体呈火山形曲线，性能先上升后降低。在 0 ～ 60次之间平均单片性能提高了 17mV，主要由于活化及催化层结构变化等原因；在 60 ～ 200次之间平均单片性能降低了 24mV。因此，将数据分段处理，重点分析燃料电池电堆性能降低的过程，即 60 ～ 200 次低温启动的性能衰减数据。由图 5-27 可知，当电堆工作电流为 380A 时，60 ～ 200 次低温启动后，平均单片衰减了 24mV，即平均电压衰减速率为17.1mV/100 次。

低温启动电堆性能衰减的原因主要有三种：

1）燃料电池电堆内阻增大，导致欧姆损失增大。

2）燃料电池电堆催化层由于催化剂铂流失、团聚等造成活性面积降低，活化损失增大。

3）燃料电池电堆催化层结构变化，孔隙率降低或者亲水性增强，导致传质受阻，浓差极化增大。

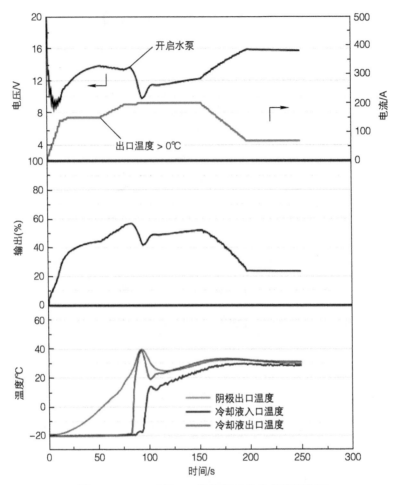

图 5-25 5kW 电堆 −20℃低温启动各参数变化图

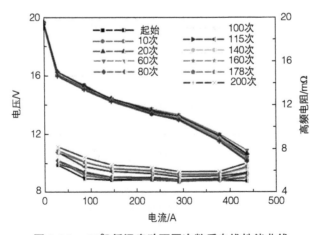

图 5-26 −20℃低温启动不同次数后电堆性能曲线

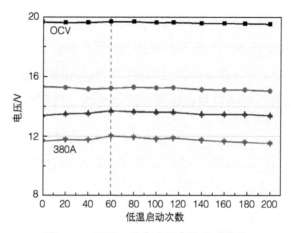

图 5-27 不同工作电流下电堆衰减曲线

图 5-28 为不同次数低温启动后电堆高频电阻（HFR）和各单片催化层活性面积变化曲线。由图 5-28a 可知，60 ~ 200 次 -20℃低温启动后额定电流点电堆 HFR 增加速率为 0.59mΩ/100 次，对应单片电压衰减为 9.2mV/100 次，占单片电压衰减的 54.0%。该结果表明，低温启动确实会引起电堆内阻增大，且是电堆性能的衰减的主要原因之一。

图 5-28b 则为采用恒流充电测试得到的各单片阴极催化层活性面积变化曲线。因为氧还原反应是燃料电池性能的主要控制步骤，因此本书主要考察阴极催化层活性面积变化情况。由图 5-28b 可知，60 ~ 200 次 -20℃低温启动后各单片平均电化学活性面积（ECSA）减少了约 30%。根据 Tafel 方程计算，该活性面积降低引起的电压衰减约 8.8mV/100 次，占电堆电压衰减的 51.4%，是电堆性能衰减的另一个主要原因。

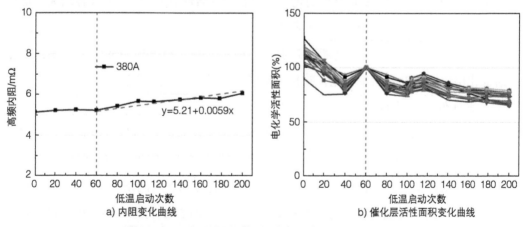

图 5-28 -20℃低温启动不同次数后电堆参数变化曲线

综上所述，引起电堆性能衰减的主要原因为：

1）电堆内阻增大。

2）电堆电化学活性面积（Electrochemical Surface Area，ECSA）降低。

在完成 200 次 −20℃ 低温启动电堆性能测试后，对该电堆进行了性能修复，性能修复后电堆性能变化如图 5-29 所示。由图 5-29 可知，性能修复后 380A 下平均单片电压提高了 15mV，说明 24mV 中 15mV 的性能衰减是可逆的。然而根据之前的计算，由电堆内阻及 ECSA 的降低引起的衰减已经占电堆电压衰减的 105.4%，说明电堆其他方面得到了改善，如传质阻抗降低。

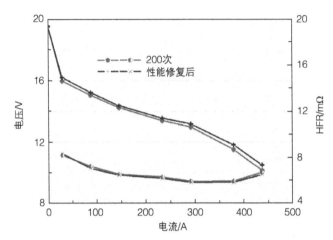

图 5-29　200 次 −20℃ 低温启动后电堆性能修复前后极化曲线图

为了进一步确定低温启动对膜电极结构的影响，对低温启动前后的膜电极进行了扫描电镜、接触角等测试。

首先，对于催化剂涂层（CCM）表面进行了电镜分析，如图 5-30 所示。对比不同放大倍数下冷启动前后 CCM 表面形貌变化，可以看到冷启动后 CCM 表面孔径增大，催化层结构相对疏松，这可能是其传质增强的原因。

图 5-31 为冷启动前后膜电极断面微观结构照片。对比膜电极断面照片可知，冷启动前、后催化层厚度并没有明显变化，并且阴阳极催化层结构均比较完整。

为了表征低温启动对催化层亲疏水性的影响，对气体扩散层（GDL）进行了接触角测试，如图 5-32 所示。图 5-33 为冷启动后膜电极不同位置阴阳极的接触角统计数据。选取 7 个不同位置的 GDL 表面，分别为阴极入口、阴极出口、阳极入口、阳极出口、冷却液入口、冷却液出口及膜电极中心区域。7 个不同位置分别选取阴阳极 GDL 表面，每个表面取三个样品，图中接触角数值为三个样品平均值。由图 5-33 可知，除阴极入口处阴极侧 GDL 表面接触角为 136.4° 外，其余位置平均接触角均在 145° 左右。结果表明，除阴极入口处阴极侧 GDL 亲水性变化外，其余均变化不大。而阴极入口处阴极侧 GDL 接触角变小，说明该处亲水性增强，传质阻抗会增大，影响电堆输出性能。在低温启动过程中，阴极入口处由于空气充足，相对反应较快，电流密度大，产生的冰也多，因此该处催化层结构影响较大，衰减较快。该结果说明：流场设计时应尽量提高气体分配均匀性，减弱由于气体分配不均造成的膜电极局部损伤。

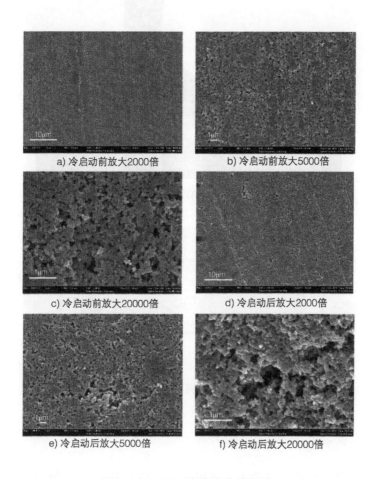

a) 冷启动前放大2000倍

b) 冷启动前放大5000倍

c) 冷启动前放大20000倍

d) 冷启动后放大2000倍

e) 冷启动后放大5000倍

f) 冷启动后放大20000倍

图 5-30　CCM 表面放大对比图

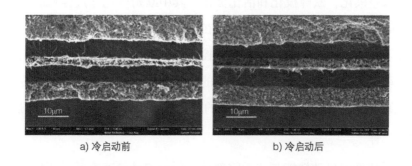

a) 冷启动前

b) 冷启动后

图 5-31　冷启动前后膜电极断面微观结构

图 5-32　GDL 接触角照片

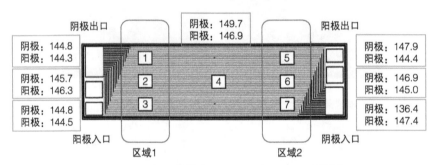

图 5-33　冷启动后膜电极不同位置处 GDL 接触角

5.2.4　燃料电池发动机系统冷启动方案

本书中燃料电池系统的冷启动主要采用辅助预热＋电堆自启动结合的方案。燃料电池系统自启动的策略设计关键在于调控电堆的极化曲线，提升其发热效率。电压损失分为三部分，分别是浓差极化、欧姆极化和活化极化。其中欧姆极化通过停机时控制水含量实现了精确控制，而启动过程中的策略设计关键在于控制浓差极化。在电堆以及零部件满足低温运行的前提下，通过频繁变载控制、启停控制、供气、加载和冷却液控制等策略，着重解决大电流启动快速产热与液态水大量聚集的矛盾、温度场均匀性控制与冷却液热容降温的矛盾，以及除水策略与双极板流道水残留的矛盾，实现燃料电池的低温冷启动控制。

1. 关键零部件

燃料电池系统低温启动性能与关键零部件和低温启动策略有关，不同的启动策略所用的关键零部件也有所不同。当燃料电池温度小于 −20℃时，燃料电池系统执行外加热程序，需要加热器对燃料电池系统进行升温。当加热后温度大于等于 −20℃时，燃料电池发动机执行自启程序，此时电堆靠自身 -20℃ 低温启动能力执行自启程序。空气侧，由空压机从环境中的吸取空气，经过空气过滤器、增湿器后，进入燃料电池电堆；氢气侧，氢气从储氢瓶经由减压装置、氢气循环泵进入电堆，氢气和空气在电堆内反应后生成水和电、热。

基于燃料电池启动过程和团队开发经验，与低温启动关联度比较大的关键零部件包括加热器、电堆、增湿器、氢气循环泵和氢气喷嘴等。

2. 低温吹扫

低温启动、低温存储的关键技术之一是关机前的低温吹扫技术。

燃料电池系统中的液态水存储于如流道、扩散层、MPL 层以及催化层内，需要在较短的时间内，用较少的能量完成吹扫系统内的液态水。停机吹扫基于充排水传质模型的三阶段残留水控制技术，包括：流道中液态水吹扫、气体扩散层（GDL）残余水分吹扫和质子交换膜中残余水分吹扫（图 5-34），分别对应高频阻抗缓慢上升、快速上升、接近平衡。

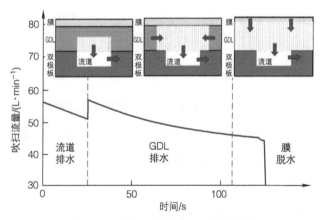

图 5-34　电堆吹扫排水三阶段示意图

但是在吹扫过程中膜内结合水量会降低，含水量过低会导致膜电极内阻过高，无法实现启动。含水量偏高则容易出现启动过程中所产生的水结冰，阻碍气体扩散和进一步反应，导致最终启动失败。因而，含水量在线估计一直以来都是困扰吹扫策略优化的技术难题。研究采用在线单片交流阻抗测量膜内含水量的方法，控制策略如图 5-35 所示。依据膜电极脱水机理，即气体扩散层内自由液态水和膜内结合水的失水随吹扫时间变化的关系，通过在燃料电池直流输出上增加一个反向交流扰动测量其膜内阻，综合判断气体扩散层排水和膜内失水状态，精确控制残余水含量。当水量没有达到目标值时，执行吹扫策略；当水量达到目标值时，吹扫结束，阴阳极出口关闭，保证 -40℃ 低温储存，并为下一次的低温启动提供条件。该技术成为燃料电池低温启动的一双"眼睛"，实时反馈当前状态。

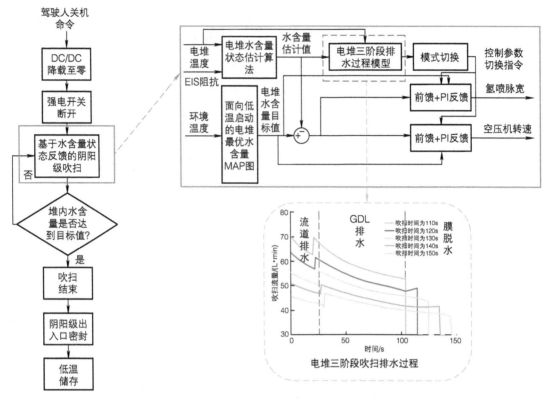

图 5-35　基于交流阻抗和脱水机理模型的吹扫控制技术控制策略

深入研究发现，低温吹扫过程中单片间存在吹扫差异性现象，这表明电堆单片间的气体流动特性有一定差异性，导致单体间残留水状态不一致，这是导致低温启动失败的重要原因。在此基础上，需要进一步开发基于单体一致性监测的多段式自适应吹扫，采用全因子实验并寻优的思路，基于不同流量、温度等因子进行实验标定，据此优选吹扫过程中的工况参数，提升单片间的一致性（各单片阻抗最大差异可控制在 0.2mΩ 以内）。

3. 辅助外加热

在电堆和辅助系统的基础上，设计集成了包含冷启动系统、预热系统、加湿系统等的综合热管理系统，优化低温冷启动时电堆内部的加热及快速暖机的设计，包括控制电堆在小循环条件的总热容量。

图 5-36 是综合热管理系统示意图[⊖]，实线对应的管路为冷却液管路，虚线对应的管路为排气管路。排气管路的功能是将冷却液中的气体排出至膨胀水箱 42。该排气管路一般用于系统第一次加水排气，以及后期点检维护用。正常工况下，该排气管路是关闭的。热管理系统主要利用了冷却循环回路，随着小循环回路 20 内部的小循环加热装置 21 的加热作用，

　　⊖　图 5-36 及相关描述内容均来自亿华通专利部分内容原文。

小循环回路中的冷却液逐步升温。当小循环冷却液温度达到 0℃以上，燃料电池控制系统判断冷启动完成，开启燃料电池电堆。随着燃料电池输出功率的升高，小循环回路中的冷却液温度逐步攀升。当经过节温器 23 感温结构的冷却液温度到达节温器的开启温度后，冷却回路由"小循环状态"切换至"大循环状态"30，冷却回路的温度进一步升高。当散热单元的出水口温度到达目标值 60℃时，散热单元中的冷却风扇开启，大量引入周围环境的冷态空气，通过散热单元 33 的"管带－翅片"结构与散热单元中的冷却液迅速换热，维持散热单元的出水口温度低于目标值 60℃，保证燃料电池电堆的正常工作状态。

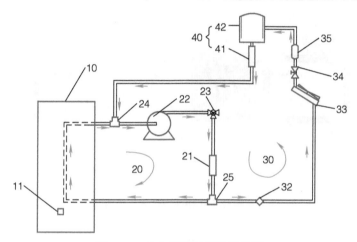

图 5-36　综合热管理系统示意图

（注：本图来自亿华通专利部分内容，故序号未做变动）

在冷启动阶段的小循环状态下，冷却回路中存在两个分支回路：

1）小循环回路 20，即冷却液由抽吸泵 22 吸入后，被压缩成高压液流后，进入节温器 23 中。由于冷却液温度低，节温器 23 处于小循环回路导通的状态，冷却液经过节温器 23 的小循环出口进入小循环加热装置 21。冷却液经过小循环加热装置 21 的加热，进入燃料电池电堆 10 对其进行加热，之后流出燃料电池电堆 10，与来自膨胀水箱 42 的补充冷却液汇集后，又被抽吸泵 22 吸入，形成内部加热的小循环过程。

2）从小循环加热装置 21 出来的冷却液，除了进入小循环回路的一部分，另一部分逆向分流，经过 Y 型过滤器 32，反向经过散热单元 33，后经维护开关阀 34 与去离子罐 35（以便维持冷却循环系统中电导率足够低，保证燃料电池系统以及整车高压系统的整体绝缘阻值特性维持在高水平），进入膨胀水箱 42。后经补水路与燃料电池电堆出水汇集后，进入抽吸泵 22 前端，形成了小循环状态下的外部循环回路。

4. 电堆自启动

由于燃料电池电堆采用石墨双极板，项目执行期间能达到的自启温度是 -20℃左右，因此，采用外加热和自启动结合的方式进行冷启动。图 5-37 是分段式快速产热零下低温冷启动示意，以 −30℃冷启动为例，辅助预热将电堆由 −30℃加热到 −20℃，然后电堆自启动，由 −20℃升至 5℃以上。自启动采用阴极废气再循环阀（EGR 阀）快速冷启动技术，利用阴极 EGR 阀门回流，解耦氧气浓度和流量关系，获得在大回流流量下增强排水的同时得到低浓度氧气，使得燃料电池电堆热效率远高于常态，加快低温启动过程；配合膜电极抗反极功能，有效提升低温启动效率，减弱低温启动导致的衰减问题，最终实现电堆在 −30℃低温自启动。

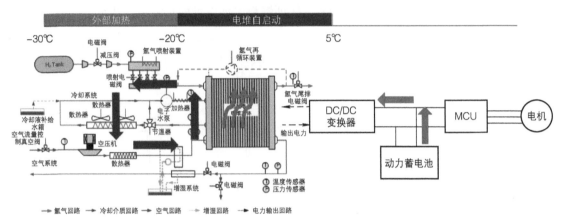

图 5-37　动力系统分段式快速产热零下低温冷启动示意图

5. 冷启动过程分析

燃料电池系统 −30℃环境下启动的性能如图 5-38 所示。−30℃低温冷启动采用外加热及吹扫策略，启动时间为 447s，启动后在电流 145A 工况点运行状态下，电压为 242.1V，电堆功率达到 35.1kW，净输出功率为 32.2kW，燃料电池系统除电堆外的燃料电池附件（BOP）消耗功率为 2.9kW。

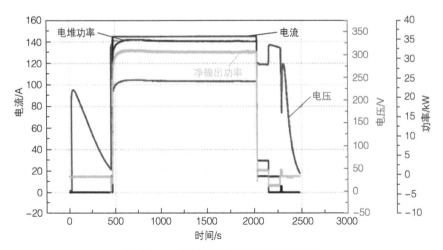

图 5-38　−30℃发动机低温启动性能图

5.3 小结

在整车热管理系统优化设计方面，本书开展了整车一体化热管理系统设计和建模，并对常温环境启动模式、常温环境运行模式、低温环境启动模式、低温环境运行模式等整车热管理控制策略进行优化，统筹热量的有效利用。通过对燃料电池系统和乘客舱温度控制算法设计、整车综合热管理仿真分析和实车认证，结果表明：应用了优化后整车综合热管理系统方案的2辆燃料电池公交车，在张家口平均温度 −5.8℃（最高2℃，最低 −14℃）的测试期间内，余热供暖量占总需求能耗（电量和供暖量）的比例3.9%～10.5%，余热采暖使整车能耗平均降低了7.6%，节能效果显著。

在燃料电池系统冷启动方法研究方面，项目通过对燃料电池低温冷启动过程、低温冷启动策略及低温冷启动关键技术等研究，制定了燃料电池系统低温冷启动采用辅助预热＋电堆自启动结合的方案。燃料电池的低温冷启动性能受关键零部件、低温吹扫技术、辅助外加热系统等因素综合影响，在项目执行期间，燃料电池汽车搭载的电堆能达到的自启温度是 −20℃左右，在采用外加热和自启动结合的方式进行冷启动后，最终可实现电堆在 −30℃低温自启动。

基于项目执行过程中积累的低温运行经验及数据，电堆自启动控制策略持续迭代更新，目前已实现 −40℃自启动能力，为燃料电池汽车在寒区环境推广应用打下了良好基础。

通过实际应用情况，燃料电池电堆和系统还需在以下方向进行改进：

1）除了确保冷启动成功之外，另一个挑战是冷启动时间和耐久性之间的平衡。一般情况下，快速冷启动需要在膜干条件下快速拉载来实现，这个过程容易造成膜电极的衰退，影响耐久性，因此需要进一步深入研究如何在不降低燃料电池耐久性的前提下改善冷启动能力。

2）应将停机吹扫和冷启动策略结合，探究不同场景下不同的吹扫策略和冷启动策略，以使燃料电池实现更快速的冷启动。

3）吹扫过程中易发生水分布不平衡的现象，应针对该现象展开研究，进一步提高吹扫效率。

4）当前燃料电池汽车在寒冷环境中，仍存在锂离子电池在低温下无法接纳燃料电池输出功率的问题。为进一步改善燃料电池汽车在寒冷环境的冷启动及应用，还需要改进锂离子动力蓄电池系统、燃料电池系统以及整车高压电附件的协同控制水平，让燃料电池进一步发挥低温优势，以保证在极寒场景下能够及时让燃料电池系统发电，为整车提供电能。

第6章

快速安全加氢技术研究与实证

项目主要开展了大、中、小规模及快速加氢的安全加注技术研究。针对 35MPa 及 70MPa 等不同工作压力下的Ⅲ型瓶，通过控制加注速率及初始氢气温度（由氢气预冷系统实现），结合站－车通信系统，形成合理的车载储氢瓶温升控制方法，确保快速安全的氢气加注，并在北京大兴氢能示范区加氢站和河钢集团加氢站示范站进行了 35MPa 氢气瓶的快速加氢试验验证。开展 35MPa 和 70MPa 加氢机开发及验证，加氢机具有 TK25 及 TK17 加氢枪，可实现 35MPa 及 70MPa 高压气态储氢燃料电池汽车的同时加注。

6.1 研究背景

6.1.1 快速安全加氢控制要点

在大规模商业化燃料电池汽车运行推广中，加氢站需要对车辆进行快速安全加注，一般要求乘用车 3min 加注 5kg，商用车 8～15min 加注 15～35kg（储氢量不同），物流车 5min 加注 7～9kg。在快速加氢的情况下，需要控制加注气瓶不超温、不超压。其中，不超压由站内储氢罐、加氢机控制，相对容易实现；不超温是指车载储氢瓶最高加注温度不超 85℃上限，由于加注过程中储氢瓶内部升温较快，因此控制储氢瓶温升是加注控制的重点和难点。对于车载气态储氢来说，不管是Ⅲ型瓶还是Ⅳ型瓶，储氢瓶外部均采用碳纤维和树脂黏合剂复合材料缠绕，其对温度的敏感性较高，当气瓶温度大于 85℃时，易导致复合材料层出现剥离、劣化等现象，影响容器承载能力，进而影响使用安全。因此，储氢瓶充装过程中要求温度控制在 85℃以下，保险起见一般控制在 70℃以下。

6.1.2 储氢瓶加注温升原因

储氢瓶内部加注温升的原因是当高压氢气快速进入储氢瓶时，由于：

1）氢气的焦耳－汤姆逊效应，即绝热节流的温度效应，氢气不同于一般的气体，节流后会导致氢气温度上升。

2）氢气压缩做功，储氢瓶的内部温度将快速升高。

3）由于氢气快速进入储氢瓶，动能转化为内能，导致温度升高。

约2%热量经过壁面传导到周围环境中，约98%储存在壁面各层内，因此，储氢瓶壁面的导热特性对加氢温升有直接影响。

国内外多个研究机构、院校对快充储氢瓶温升做了相关研究、试验，如国外法液空公司、美国气体技术研究院（GTI）、日本自动车研究所，国内浙江大学、同济大学、北京低碳清洁能源研究院、航天101所等机构。

自2008年至今，国内已有多个氢能研究团队对35MPa和70MPa储氢瓶进行快速充装试验，研究储氢瓶内部温度分布。如2008年和2011年浙江大学郑津洋院士团队对35MPa-150L-Ⅲ型瓶和70MPa-74L-Ⅲ型瓶在北京飞驰绿能公司进行了氢气快速充装试验研究，并取得重要研究成果。2012年同济大学潘相敏教授团队对70MPa-28L-Ⅲ型瓶在加氢站进行三级加注的储氢瓶温度分布试验，取得大量试验数据。

6.1.3 快速安全加氢控制策略

快速加注一般采取两种方法来保证储氢瓶充装安全，包括控制加注速率和控制氢气加注前温度。通常采用站－车通信系统进行实时监控。

目前，国内外35MPa及70MPa车载储氢系统的气态氢加注协议标准普遍采用美国SAE J2601（轻型汽车）、SAE J2601-2（重型汽车）及SAE J2601-3（工业用车辆）标准，这些标准规定了车辆加注协议和过程限制，过程限制包括氢气温度、最大氢气速率、最终压力，并考虑诸如环境温度、氢气温度及车载储氢瓶初始压力等因素的影响。

SAE J2601-2关于35MPa大客车快速加注的推荐参数见表6-1，SAE J2601-2是针对35MPa储氢压力的大客车加注的，推荐正常加注流量≤60g/s，对于70MPa大客车或重卡没有涉及。另外，在SAE J2601标准中，针对70MPa储氢压力的轻型车辆，在氢气预冷-40℃、采用站－车通信的条件下，推荐最大加注速率为60g/s。类似地，日本JPEC-S0003标准给出了车载储氢瓶超过10kg储氢、带站－车通信协议的70MPa加注建议。

表 6-1　35MPa 大客车快速加注推荐参数（摘自 SAE J2601-2）

类别	类别描述	加注速率
快速加注选项 A	该选项适用于大型公共汽车或载货车的快速加注，加注速率可变。该选项使用的连接形式满足 ISO 17268:2012 中的要求	≤ 120g/s（7.2kg/min）
普通加注选项 B	该选项适用于大型公共汽车或载货车的普通加注，加注速率可变。该选项使用的连接形式满足 ISO 17268:2012 或 SAE J2600 中的要求	≤ 60g/s（3.6kg/min）
慢速加注选项 C	该选项适用于大型公共汽车或载货车的慢速加注（时间加注），加注速率可变	≤ 30g/s（1.8kg/min）

对于今后燃料电池汽车商业化运行而言，在大规模车辆加注需求下，安全快速加注是基本要求。加氢站一般采用三级加注策略，分级依次平衡加注车辆，可以提高加注效率，降低加氢站加氢能耗，其原理如图 6-1 所示。

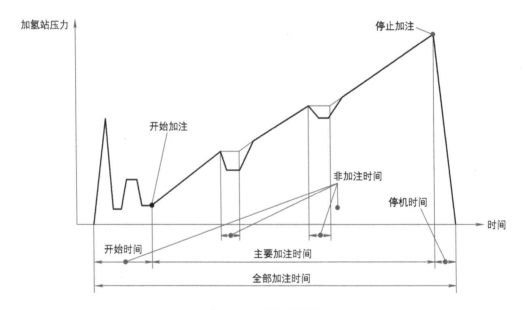

图 6-1　三级加注策略

在 35MPa 加氢站中，初级加注时先由 20MPa 长管拖车加注，等车辆储氢瓶压力平衡后，站控系统打开自动阀门由 45MPa 压力等级储气瓶组按 29MPa 中压、45MPa 高压依次加注车辆，直至车辆压力平衡。

70MPa 的加氢站一般是依托 35MPa 加氢机加氢到 35MPa 后，再通过 87.5MPa 压力等级的储气瓶组为车辆加注，直至车辆压力升高至 70MPa。

6.2　35MPa 加氢试验研究与实证

6.2.1　北京大兴氢能示范区加氢站实证分析

1. 试验准备

加氢机额定加注压力：35MPa；试验车辆：2 辆燃料电池物流车。车载储氢瓶：工作压力 35MPa，Ⅲ型瓶，水容积 165L；储氢瓶初始压力：4.5～5MPa，终止加注压力 35MPa（目前国内加氢机设定充装压力到 35MPa 停机）。当天环境温度 23～24℃。加注方式：采用加氢站三级加注策略，即先采用低压储罐平衡加注车辆，由站控系统自动判断压力平衡切换到中压储罐加注，系统判断压力平衡再切换到高压储罐加注。加氢站内储氢最高压力：40MPa，中级储氢压力 29MPa，低级储氢压力 20MPa。充装速率由加氢机、储罐配合站控系统自动设定，低压段最大充装速率 1548g/min，最小 740g/min；中压段最大充装速率 1665g/min，最小 750g/min；高压段最大充装速率 2395g/min，最小 1360g/min。每辆车充装时间基本一致，均为 6min（360s）左右。

国内加氢机及站内输氢管路管径普遍采用的是 9/16in，在站内最高储氢压力 45MPa 下，最大充装速率一般在 3200g/min 以内。大兴加氢站配备氢气预冷装置，冷却范围为 −10～20℃，考虑到加氢站能耗，一般将氢气预冷到 0～10℃。

本次试验采取了两种方案进行对比

试验一：在环境温度下正常加注。

试验二：启动站内氢气预冷装置，在设定预冷温度 10℃时加注。

试验方法：在物流车储氢瓶外表面从瓶尾至瓶口布置 6 个温度测量点，如图 6-2 所示，接入智能数据采集仪，实时记录温度变化值。瓶口组合阀内温度传感器、压力传感器测量瓶口内温度、压力信号，由车载控制器传输至计算机内储存。试验流程如图 6-3 所示。

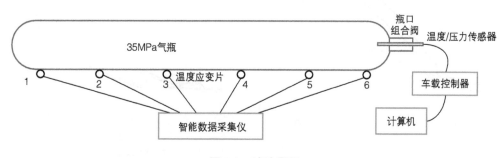

图 6-2　试验原理

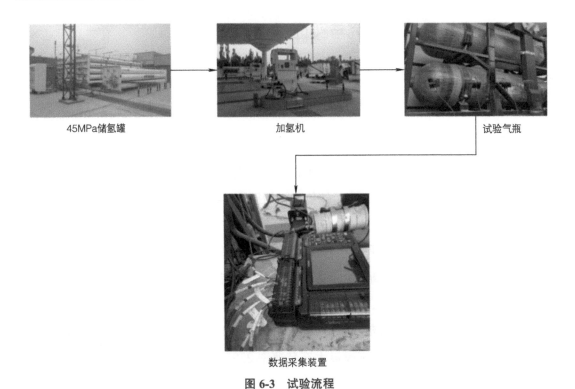

45MPa储氢罐   加氢机   试验气瓶

数据采集装置

图 6-3　试验流程

2. 试验结果

（1）气瓶外部温升

试验的环境温度是 23～24℃。从无预冷充装条件下储氢瓶瓶身温度变化图（图 6-4a）可知，储氢瓶外部瓶口点 6 和瓶尾点 1 是温升最高点，分别为 43.7℃和 42.5℃。从预冷充装条件下气瓶瓶身温度变化图（图 6-4b）可知，气瓶外部瓶口点 6 和瓶尾点 1 是温升最高点，分别为 37℃和 35℃。对比后发现，经过预冷处理后气瓶外部温度比不预冷要降低 5～6℃。

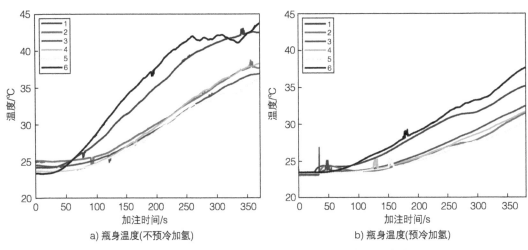

a) 瓶身温度(不预冷加氢)　　　　　　　　b) 瓶身温度(预冷加氢)

图 6-4　无预冷充装和有预冷充装时储氢瓶外部温升曲线

（2）气瓶瓶口内部温升

从无预冷充装条件下瓶口阀内部温度变化图（图 6-5a）可知，加注过程中瓶口温度最高达到 68℃，加注结束时瓶口温度为 60℃。从预冷充装条件下瓶口阀内部温度变化图（图 6-5b）可知，加注过程中温度最高达到 64℃，加注结束瓶口温度 59℃。

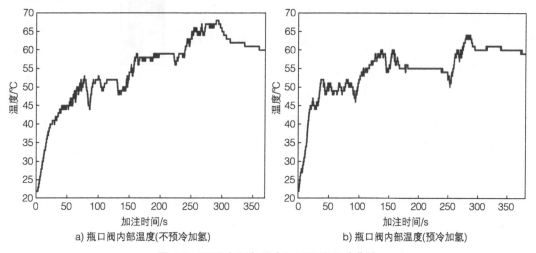

a) 瓶口阀内部温度(不预冷加氢)　　　　　　　b) 瓶口阀内部温度(预冷加氢)

图 6-5　无预冷和有预冷瓶口温度温升曲线

3. 小结

通过实证分析表明，氢气预冷到 10℃加注对比常温（23~24℃）无预冷加注，气瓶内部温升略有下降，但幅度不大，两者均能保证安全加注。在目前国内众多加氢站中，大多采用降压平衡加注作为快速加氢方法。针对 35MPa 加氢站，采用高压储氢罐降压平衡加注车载储氢瓶时，只要采取合理的加注流量，氢气不用预冷，快速加注时也可以保证加注安全；一般建议环境温度大于 20℃以上需要对氢气进行预冷，例如在国内气候炎热的南方地区，配置氢气预冷装置的加注系统安全系数更高。另外，根据加氢设备供应商建议，环境温度大于 35℃时，预冷温度需要降到 0℃左右。没有预冷装置的加氢站在环境温度大于35℃时，目前主要采用给储氢罐强制喷水降温的方式，以保证加注安全。

6.2.2　邯郸河钢集团加氢站示范站实证分析

1. 研究方案

本研究针对车载氢系统快速安全加氢需求，采用光纤传感器及热电偶实时测出车载氢系统在高压氢气快充下的温度场分布变化规律，然后基于计算流体动力学（CFD）仿真软件，建立与实验吻合的高压氢气快速充装的产热和换热机理模型，进行多物理场数值模拟，研究加氢过程中的温升机理及不同参数对温升的影响；最后结合实验数据建立多参数系统仿真模型，综合考虑氢气加注时间、储氢瓶 SOC 值及加氢站能耗，建立多因素优化模型，进行最优控制参数（压力切换点和氢气预冷温度）计算，根据最优控制参数进行预冷系统实时控制，实现快速加氢。快速加氢开发技术路线如图 6-6 所示。

2. CFD 仿真研究

以科泰克 140L- Ⅲ 型瓶为研究对象，应用 Comsol 软件平台建立计算流体力学模型，模拟车载储氢瓶在快速加注过程中的温升情况。分析加注过程中可变参数（储氢瓶的初始压力、填充速率及环境温度）对氢气瓶温升的影响规律，为快速加注过程中温度控制策略的制定提供依据。

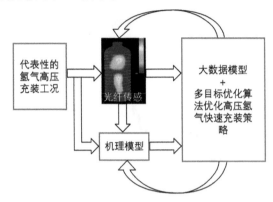

图 6-6　快速加氢开发技术路线

模型建立主要包括物理场的选择、几何模型简化、网格划分、材料属性、湍流模型、边界条件和初始条件的设置等过程。在对模型进行网格独立性验证后，基于实际快速加氢实验的数据基础对模型进行准确性验证，结果显示仿真温度与实验曲线拟合较好，模型具有一定的可靠性。基于仿真结果，分析快速加氢过程中储氢瓶内温度分布情况。仿真结果如图 6-7 所示，在进气管出口附近观察到最低温度，注入的气体由于预填充氢气的传热而迅速升温，高温出现在储氢瓶底部。在加氢过程中储氢瓶内温度随着时间逐渐升高，表现出先呈指数增长、后升温速度逐渐放缓的趋势。加氢过程中储氢瓶内温度随着初始压力的增加而增加，随环境温度的升高而升高，增大加压速率会明显提高储氢瓶内的温度。通过对快速加氢过程中储氢瓶内温度分布的 CFD 仿真研究，可以为快速安全充装策略的开发提供思路。

3. 快速加氢控制策略

通过 MATLAB 软件建立基于三级加注系统的集总参数热力学加氢模型，根据模型 [W, t，P，T，SOC] = f（P1，T1，P2，T2，V，Tamb）可计算出加氢站预冷及压缩能耗，以及加注时间和车载储氢瓶加注完成后的氢气状态（压力、温度及 SOC）。

（1）储氢瓶氢气填充率（SOC）

储氢瓶氢气填充率（SOC）定义为充装结束时的氢气质量与 288K/35MPa 氢气状态下车载储氢瓶所能储存氢气质量的比值。储氢瓶的 SOC 直接决定了车辆的续驶里程：

$$SOC = \frac{m_c}{\rho_g V_c}$$

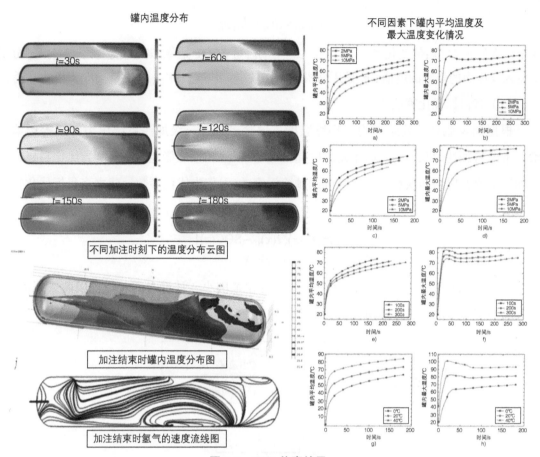

图 6-7　CFD 仿真结果

式中，m_c，V_c，ρ_g 是加注完成后储氢瓶内部氢气质量、储氢瓶容积及 288K/35MPa 条件下的氢气密度。

（2）可变压力切换点（PSC）

传统三级氢气加注是每一级加注到等量压力再切换或者以固定的压力切换点运行，加注方式单一且效率低。本研究考虑不等量及可变压力切换，这里的切换点系数定义如下：

$$PSC = P_{swit} / P_{sto}$$

式中，P_{swit} 是预设的切换压力；P_{sto} 是当前用于加注的储氢瓶组的氢气压力。

（3）氢气预冷温度

目前预冷系统最低能输出 −40℃。在相同条件下，由仿真结果可知，每当预冷温度降低 2℃，加注结束时温升会降低约 1℃。

（4）加氢站能耗计算

加氢站的预冷能耗及压缩能耗如下：

$$W_{预冷} = \Delta h \dot{m} / COP$$

$$W_{\text{压缩}} = (h_{\text{out}} - h_{\text{in}})\eta_{\text{c}}$$

式中，Δh 是氢气焓值变化量；$\dot{m}$ 是氢气的质量流量；COP 是冷冻机的能效比；h_{in}、h_{out} 分别是流入及流出的氢气的焓值；η_{c} 是压缩机的工作效率；$W_{\text{预冷}}$ 和 $W_{\text{压缩}}$ 分别是预冷和压缩能耗。

（5）多目标优化算法

根据储氢瓶初始残余压力、环境温度、预冷等级及三级加注系统压力等级等影响因素，考虑将加注时长（t）、加注完成后储氢瓶 SOC 值和预冷能耗（W）作为优化目标，三级加注系统的压力切换点和入口氢气的预冷温度（x）作为优化参数，建立多目标优化模型如下所示：

$$\min [W(x), t(x), -\text{SOC}(x)]$$
$$\text{s.t. } x \in X$$

由于加氢模型为一维模型且优化的参数变化范围小，计算时间较短，因此采用离线 / 在线顺序搜索算法进行参数对比寻优。算法流程如图 6-8 所示。

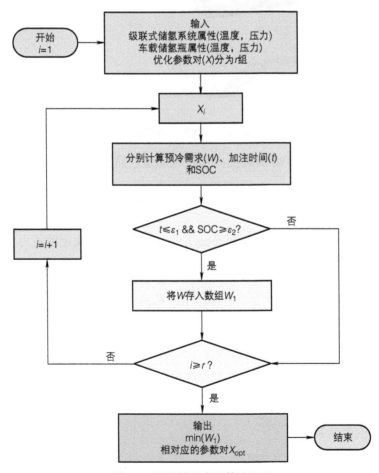

图 6-8　优化模型求解算法流程

以额定工作压力为 35MPa 的 140L 车载储氢瓶为研究对象,考虑环境温度在 0 ~ 40℃变化,气瓶内部初始压力从 2MPa 到 20MPa,研究不同初始状态下的参数优化,结果如图 6-9 所示。结果表明,该策略可以在 3min 内实现 SOC 大于 85% 的氢气快速填充。

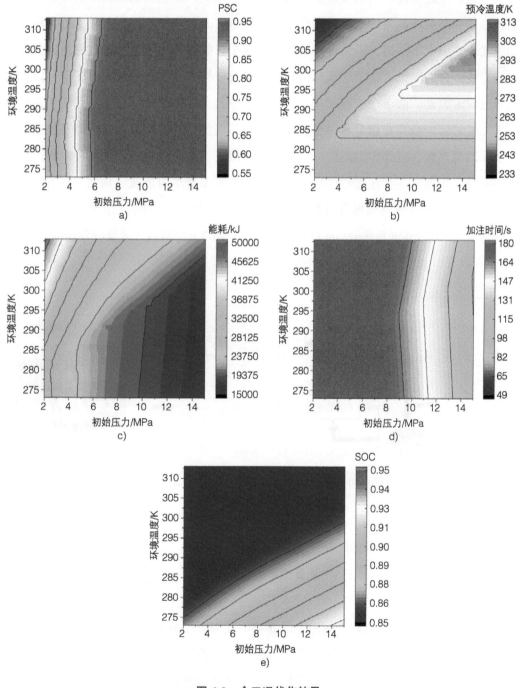

图 6-9 全工况优化结果

通过上述提出的优化算法，类似于SAE-J2601，针对不同加氢站，考虑不同工况和车载储氢瓶参数，提前将控制参数可变压力切换点（PSC）和预冷温度计算出来储存于系统中，在需要工作时进行查表控制，也可以在燃料电池汽车需要加氢时，通过红外通信技术，将车载储氢系统的物性和状态参数发送给加氢控制系统，加氢控制系统根据加氢站高压储氢系统参数和车载储氢瓶的参数及当前状态，通过实时计算得到控制参数（可变压力切换点和氢气预冷温度）的值。模型可以根据上述两个参数计算出氢气加注过程的温升曲线作为目标曲线。总的来说，在上述计算得到的最佳可变压力切换点和预冷温度下可以控制快速加氢过程。但是，由于在快速加氢建模过程中进行了模型简化，存在计算误差，且在实际氢气加注过程中会存在信号噪声干扰、控制的迟滞性、环境因素的变化以及模型的近似性，实际的氢气加注过程中的温升可能与模型预测的不完全一致。因此，可以通过反馈控制预冷系统，确保氢气加注过程中储氢瓶内部的实际温升尽可能接近预测的温升曲线，使得氢气加注过程中气瓶内部温升可控。考虑到工程控制的简便性和稳定性，可采用比例-积分-微分（Proportion Integration Differentiation，PID）控制器完成预冷系统的实时控制。图 6-10 所示为加氢站-车辆通信及快速加氢控制流程。

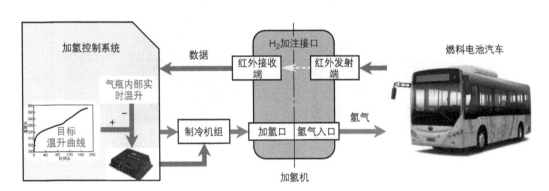

图 6-10　加氢站-车辆通信及快速加氢控制流程

4. 快速加氢实验验证

实验地点：河钢集团加氢站示范站（邯郸）。

实验对象：科泰克 140L-35MPa-Ⅲ型车载储氢瓶。

环境温度：7.8℃。

实验设备主要包括高压储氢瓶组（图 6-11）及加氢控制系统、LUNA 分布式光纤采集装置及上位机软件、热电偶内置测温装置、热电偶多路温升测试仪及上位机软件。

其中，光纤传感器粘贴于储氢瓶外壁，用保温条包裹，传感器布置主要包括光纤温度及热电偶传感器的布置，其布置方式分别如图 6-12、图 6-13 所示。

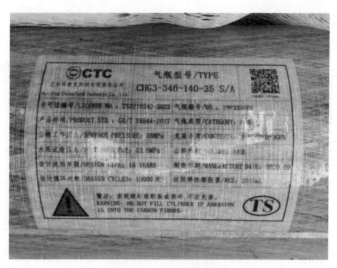

图 6-11 高压储氢瓶

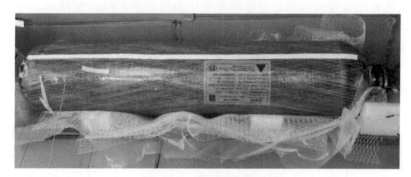

图 6-12 光纤传感器布置

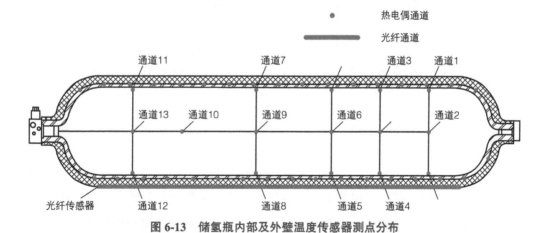

图 6-13 储氢瓶内部及外壁温度传感器测点分布

高压气瓶内置热电偶温度传感器：一共有 16 个热电偶传感器布点，实验过程中共采集了 13 个热电偶的温度数据，分别为图 6-13 中的通道 1 ～ 13，用来采集加氢过程中储氢瓶内部氢气温度数据。

瓶壁分布式光纤温度传感器：光纤沿着气瓶外壁分布，主要测量加氢过程中气瓶直筒壁面上的温度数据。

快速加氢实证主要完成了线性升压式氢气加注实验及恒压加注式氮气加注实验，其方案见表 6-2。

表 6-2　实验方案

序号	实验名称	简介
1	线性升压式氢气加注实验	加氢机自检及氢气线性加压 （17～24.8MPa）
2	14MPa 恒压源氮气加注	1～5MP 恒压加注
		1～8MPa 恒压加注

加氢机连接车载储氢瓶后，首先进行加氢系统自检，加氢机释放高压氢气压力脉冲，随后采用线性升压方式进行氢气加注，氢气入口压力从 3.3MPa 线性升压到 24.8MPa，氢气入口压力曲线及储氢瓶内部部分温度测点变化曲线如图 6-14a、b 所示。由图 6-14 可知，在快速加氢控制策略下，能够有效保证储氢瓶在加氢过程中温度不超过 60℃，同时储氢瓶压力没有发生超压现象，实现了安全加氢。

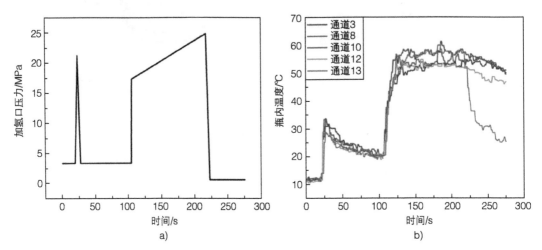

图 6-14　储氢瓶入口处氢气压力曲线及系统自检和加氢过程中储氢瓶内部温度变化曲线

5. 小结

针对车载氢系统快速安全加氢需求，以科泰克 140L-Ⅲ型瓶为研究对象，通过对快速加氢过程中储氢瓶内温度分布的 CFD 仿真研究，进行快速加氢控制策略设计。依据研究和设计结果，在河钢集团加氢站示范站（邯郸）针对科泰克 140L-35MPa-Ⅲ型车载储氢瓶开展快速加氢实验验证，验证结果表明，快速加氢控制策略能够有效保证加氢过程中温度不超过 60℃，没有发生超压现象，能够实现安全加氢。

6.3　70MPa 加氢试验研究

6.3.1　研究策略

国外乘用车用 70MPa 储氢瓶主要采用Ⅳ型瓶，加注时一般采用氢气预冷加站 – 车通信系统实时监控的方案。以 SAE J2601 标准为例，即使 35MPa 加注也推荐氢气预冷。针对快充加注 70MPa 车辆，站内 90MPa 加注压力下，配备站内氢气预冷，配合站 – 车通信系统，实现对氢气加注温度的实时监测与控制，避免在实施快速加氢的过程中，车载储氢系统出现超温状况，确保氢气加注安全。在氢气进入加氢机之前，使用氢气预冷技术，预先降低氢气温度，选择预冷目标温度范围为 –40 ~ –20℃（美国 SAE 标准建议的氢气温度预冷方案）。

美国 SAE J2601 标准给出的 70MPa 加注参数见表 6-3，例如，在环境温度 10℃、储氢瓶初始压力 5MPa、配置站 – 车通信的条件下，推荐加注速率 19.9MPa/min，储氢瓶目标压力不超过 86.6MPa，可以保证不超温、不超压。

6.3.2　加氢试验方案

由于示范期间国内 70MPa 车辆基本是试验车辆，且车载气瓶是铝内胆的Ⅲ型瓶，这与国外塑料内胆Ⅳ型气瓶快速充装特性不同，需要重新开展试验研究。这里以 70MPa 额定储氢压力、134L 铝内胆Ⅲ型瓶为例，在预冷 –40 ~ –35℃条件下开展快速充装试验，即储氢瓶在 2MPa 初始压力下，3min 充装氢气到设定压力。

试验在国内某研究机构进行，由于 70MPa 压力条件对储氢瓶的密封要求较高，气瓶内部无法安装多个温度测点，只能通过瓶口组合阀上的传感器采集瓶内温度。图 6-15 所示为快充系统设计原理，由 2 个 1m³ 容积的 95MPa 氢气储罐供气，气体经过氢气预冷系统，再进入放置在环境仓内的试验储氢瓶（图 6-16）。其中，测量系统主要包括各区域的温度、压力测点以及数据采集储存装置，能够记录保存试验期间的数据。测点主要有：储氢瓶进气温度 T12（即氢气预冷温度）、储氢瓶内压力 P16、储氢瓶内温度 T22（瓶口阀自带温度传感器）以及储氢瓶表面温度 T25。

试验工况分三组：

第 1 组：氢气预冷温度 –35℃，环境温度 50℃，平均充装速率 25g/s，最大充装压力为 1.25p（即 87.5MPa），气瓶初始压力 2MPa，充放试验循环次数 5 次。

表 6-3 70MPa 加注推荐参数（配置站－车通信）（摘自美国 SAE J2601）

H70-T40 7-10kg（有通信） 环境温度 T_{amb}/℃	压升率/(MPa/min)	0.5~5（无插值）			气罐初始压力 P_0/MPa											
		目标压力 P_{target}/MPa	目标 top-off/MPa	top-off压升率/(MPa/min)	0.5	2	5	10	15	20	30	40	50	60	70	>70
>50	不加注	不加注	不加注	不加注	不加注	不加注	不加注	不加注	不加注	不加注	不加注	不加注	不加注	不加注	不加注	不加注
50	7.6	77.9	87.5	2.8	见top-off	见top-off	81.1	86.2	86.9	86.6	85.8	84.9	83.8	82.6	81.0	不加注
45	11.0	75.8	87.5	3.8	见top-off	见top-off	81.4	87.0	86.7	86.2	85.2	84.1	82.8	81.4	79.6	不加注
40	14.5	72.8	87.4	4.5	见top-off	见top-off	81.2	87.0	86.4	85.9	84.6	83.3	81.8	80.2	78.2	不加注
35	15.3	72.2	87.4	4.6	见top-off	见top-off	81.1	87.0	86.4	85.9	84.6	83.2	81.7	80.1	78.2	不加注
30	17.9	70.5	87.4	5.0	见top-off	见top-off	81.1	86.9	86.3	85.6	84.2	82.6	81.0	79.2	77.2	不加注
25	19.9	72.1	87.3	5.4	见top-off	见top-off	83.2	86.8	86.0	85.3	83.7	82.0	80.2	78.3	76.1	不加注
20	19.9	77.4	87.3	5.6	见top-off	见top-off	87.1	86.4	85.5	84.7	83.0	81.2	79.3	77.4	75.0	不加注
10	19.9	无top-off	无top-off	无top-off	87.3	87.1	86.6	85.7	84.8	83.9	82.0	80.0	78.0	75.9	73.4	不加注
0	19.9	无top-off	无top-off	无top-off	86.6	86.3	85.7	84.6	83.4	82.3	80.0	77.7	75.4	72.9	不加注	不加注
-10	19.9	无top-off	无top-off	无top-off	86.4	86.1	85.5	84.4	83.2	82.1	79.8	77.5	75.2	72.8	不加注	不加注
-20	19.9	无top-off	无top-off	无top-off	86.2	85.9	85.3	84.2	83.0	81.9	79.6	77.3	75.0	72.6	不加注	不加注
-30	19.9	无top-off	无top-off	无top-off	86.0	85.7	85.0	83.9	82.8	81.7	79.4	77.1	74.8	72.4	不加注	不加注
-40	19.9	无top-off	无top-off	无top-off	85.8	85.5	84.8	83.7	82.6	81.4	79.2	76.9	74.6	72.3	不加注	不加注
<-40	不加注	不加注	不加注	不加注	不加注	不加注	不加注	不加注	不加注	不加注	不加注	不加注	不加注	不加注	不加注	不加注

注：top-off 指氢气加注到一定压力后降低压升率以提高加注率的加注策略。

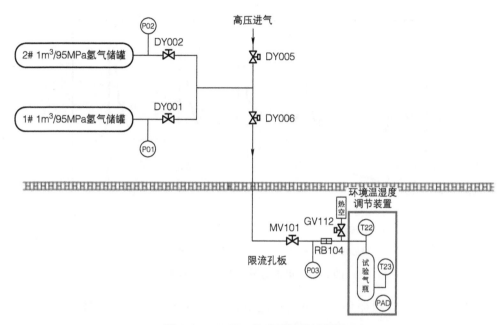

图 6-15　70MPa 快充系统设计原理

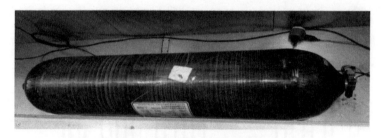

图 6-16　70MPa 试验储氢瓶

第 2 组：氢气预冷温度 -40℃，环境温度 20℃，平均充装速率 25g/s，最大充装压力为 1.25p（即 87.5MPa），气瓶初始压力 2MPa，充放试验循环次数 200 次。

第 3 组：氢气温度 20℃（无预冷），环境温度 -40℃，平均充装速率 25g/s，最大充装压力为 56MPa，气瓶初始压力 2MPa，充放试验循环次数 5 次。

6.3.3　试验结果

图 6-17 所示为第 1 组循环工况下的试验数据，图中显示了 5 次循环，其中，蓝线是氢气预冷温度，红线是储氢瓶充装压力，黑线是储氢瓶表面温度，黄线是储氢瓶内部温度。在第 1 次充装过程中，储氢瓶压力由 2MPa 逐渐增加至 87.5MPa，储氢瓶内部温度维持在 0℃以下，充装完毕后快速升温至 50℃附近，储氢瓶表面温度基本维持在 50℃附近不变；第 2 次至第 5 次循环充装的情况与第 1 次类似。综合来看，整个充装过程未出现储氢瓶内外温度超过 60℃的情况。

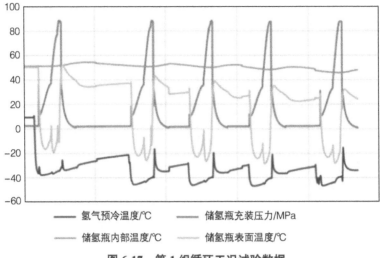

图 6-17　第 1 组循环工况试验数据

图 6-18 所示为第 2 组循环工况下的试验数据，图中显示了 24 次循环，其中，蓝线是氢气预冷温度，红线是储氢瓶充装压力，黑线是储氢瓶外部温度，黄线是储氢瓶内部温度。在第 1 次充装过程中，储氢瓶压力由 2MPa 逐渐增加至 87.5MPa，储氢瓶内部温度维持在 −10℃以下，气瓶表面温度基本维持在 0～25℃附近不变；后续循环充装的情况与第 1 次类似。综合来看，整个充装过程未出现气瓶内外温度超过 30℃的情况。

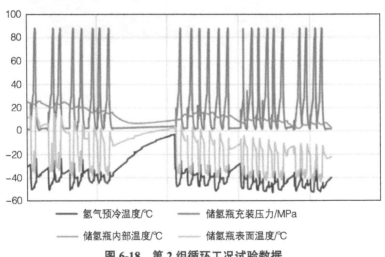

图 6-18　第 2 组循环工况试验数据

图 6-19 所示为第 3 组循环工况下的试验数据，图中显示了 5 次循环，其中，蓝线是氢气温度（无预冷），红线是储氢瓶充装压力，黑线是储氢瓶外部温度，黄线是储氢瓶内部温度。在第 1 次充装过程中，储氢瓶压力由 2MPa 逐渐增加至 60MPa，储氢瓶内部温度维持在 20℃以下，储氢瓶表面温度基本维持在 −40～−20℃之间；后续循环充装的情况与第 1 次类似。综合来看，整个充装过程未出现储氢瓶内外温度超过 20℃的情况。

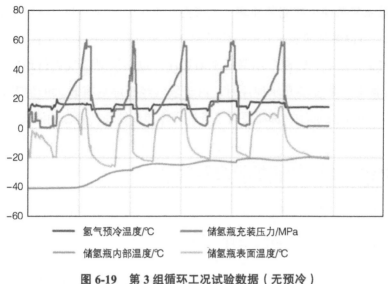

图6-19 第3组循环工况试验数据（无预冷）

6.3.4 站-车通信系统

70MPa车辆加注必须配备站-车通信系统，通过燃料电池汽车和加氢站之间的无线红外（IrDA）交互通信技术，在车辆加注期间，实现加氢站以加氢机为载体，与燃料电池汽车之间的实时通信，确保加氢站实时监测车载储氢系统的温度和压力，通过安全控制策略，在线自动控制氢气加注的实时流量、目标压力等参数；同时，实现在故障状态下，自动切断氢气加注，避免在实施快速加氢的过程中，车载储氢系统出现超温、超压等状况，提高加氢过程的可靠性和安全性。

35MPa车辆加注在适合的充装速率和预冷装置下，可以在不配备站-车通信系统的情况下正常进行氢气加注。

6.3.5 小结

根据上述试验结果可知，在充装速率25g/s、氢气预冷-40～-35℃的条件下，在不同环境温度下，储氢瓶内外不超温、不超压，可以实现安全充装；在环境温度很低（如-40℃）时，氢气即使不经过预冷也可以直接进行加注。

结合已有文献，可知：

1）铝内胆容器导热好，散热快，且内胆越厚，氢气总散热量越多，温升越小，因此快充条件下铝内胆温升低于塑料内胆。国内基本采用Ⅲ型瓶，利于快速加注，降低温升。

2）氢气充装时储氢瓶内部温度分布不均匀与气瓶几何参数及加注参数有关。

3）通过对充装条件（如充装速率、氢气温度等）的合理控制，商用车辆在加氢时间内（3～15min）可以做到储氢瓶升温不超过 85℃，最好控制在 70℃以下。

针对 70MPa 加氢站，即使采用降压平衡加注，也必须对氢气进行预冷。另外，当采用压缩机或液驱增压泵直接升压加注时，由于氢气经压缩后有较大的温升，因此不管是 35MPa 加注还是 70MPa 加注，都需要对氢气进行冷却预处理，确保加注安全。

6.4　35MPa/70MPa 加氢机开发及验证

6.4.1　35/70MPa 氢气加注系统设计方案

35/70MPa 氢气加注系统配置 TK25 及 TK17 加氢枪，可实现 35MPa 及 70MPa 高压气态储氢燃料电池汽车的同时加注，系统由 35/70MPa 加氢机和顺序控制装置分体组成，按其功能构成分为顺序控制模块、流量控制模块、氢气预冷却系统、主加注单元、加注控制系统、站－车通信系统。各系统模块关系如图 6-20 所示。

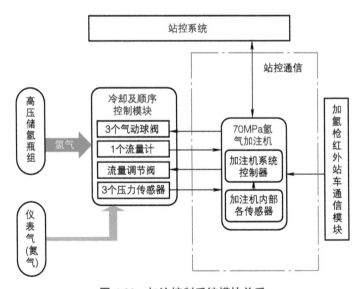

图 6-20　加注控制系统模块关系

加注系统顺序控制装置原理如图 6-21 所示。高压储氢瓶组分为高、中、低三级压力，通过顺序控制模块的 3 个气动球阀后汇聚连接加注主管路。其后，经过过滤器后进入氢气质量流量计和流量控制阀组成的流量控制模块。流量计对氢气质量流量实时监测，流量控制阀控制氢气的流量，两者形成闭环反馈控制。从流量控制模块出来的高压氢气进入氢气预冷却装置中，将氢气预冷后进入 35/70MPa 氢气主加注单元。

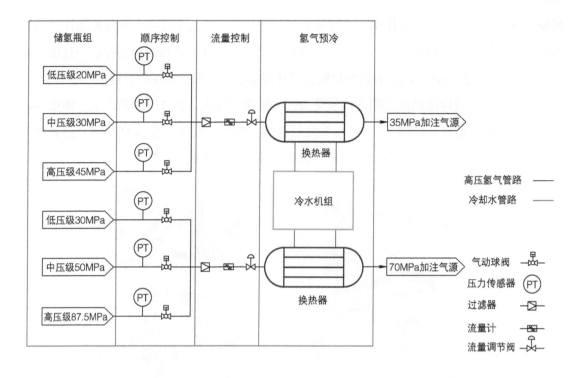

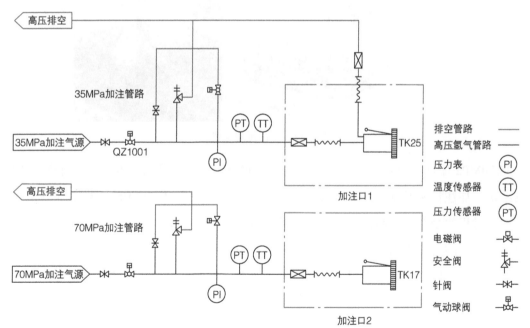

图 6-21　加注系统顺序控制装置原理

加氢机内部管路系统包括两路独立工作的加注系统。主管路末端连接有压力传感器、温度传感器，可以在加注过程中实时测得氢气出口端的压力和温度，并将此数据返回到加氢机控制器中。控制器以此数据及流量计测得的实时流量数据为依据来调整加注控制策略，控制两流量调节模块的节流作用。经过流量调节的氢气经加注主管路由加氢枪加注到燃料电池汽车。加注主管路有压力、温度传感器对氢气状态进行检测和安全监控，一旦出现超压、超温情况，则立即切断主管路控制阀并打开自动泄压，排空加注主管路。

顺序控制装置内部集成有顺序控制模块、流量控制模块、氢气预冷却系统，如图 6-22 所示。其主要功能是：控制 35/70MPa 加注过程的三级压力取气，在 70MPa 加注过程中对氢气进行预冷换热，对 70MPa 加注过程中的氢气流量进行无级调节控制。

图 6-22   顺序控制装置

35/70MPa 加氢机为直接对氢气进行加注的设备，其包括主加注单元、氢泄漏及安全监测系统、加注控制系统及站 - 车通信系统。可实现 35MPa 及 70MPa 燃料电池汽车高压氢气加注过程的全自动控制，并进行必要的氢泄漏、氢气超温、超压及流量安全监测。在进行 70MPa 高压氢气加注时，加氢机可通过红外站车通信功能，实现车载储氢瓶组实时温度、压力信息，以及储氢瓶容积、车辆编号等固有车辆信息的读取，选取合适的加注控制策略，实现安全快速加注。

6.4.2   35/70MPa 氢气加注系统的特点和创新点

35/70MPa 加注系统由加氢机和顺序控制装置分体组成（图 6-23）。两者间仅通过氢气管路及控制信号电缆连接。加氢机安置于加氢岛，顺序控制装置可就近灵活布置，使得此 35/70MPa 加注系统适用于不同安装使用环境。其中，研发的 70MPa 加注系统参照 SAE

J2601 和 SAE J2799，采用了创新的加注流量控制策略和红外站 - 车通信系统，以实现对 70MPa 氢气的安全快速加注。

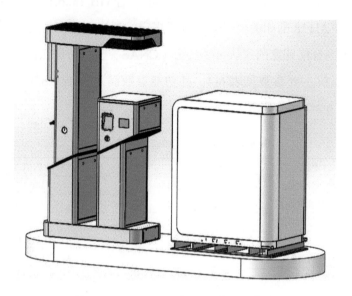

图 6-23　35/70MPa 加注系统三维模型
注：左为 35/70MPa 加氢机，右为顺序控制装置。

35/70MPa 加注系统具有氢气预冷却系统，其主要由内置在顺序控制装置中的 70MPa 预冷换热器（图 6-24）构成。该换热器为国际上先进的印刷板式换热器（PCHE），具有较高的体积换热密度和高压氢气耐受性，换热功率为 70kW，以满足 70MPa 氢气加注时高压、低温、大流量的预冷换热要求。

图 6-24　70MPa 预冷换热器

6.4.3　35/70MPa 氢气加注系统法规符合性和第三方检测

35/70MPa 加氢机的设计、生产、检验均符合 GB 3836.1～4、GB 3836.9、GB/T 3836.15 以及 GB /T 31138 的相关要求，并按照规定的程序到国家指定的检验单位审批图样和文件，已取得中国合格评定国家认可委员会（CNAS）整机防爆认证，可批量生产。

35/70MPa 加氢机主要参数见表 6-4，其功能参数满足标准 GB/T 31138—2014 中"功能要求"第 6.2.1～6.2.7 项的要求。

表 6-4　35/70MPa 加氢机主要参数表

项目	参数值
最小分度值	10g
计量准确性误差	≤ ±0.2%
重复计量性误差	≤ 1%
计量范围	0.00～999.99kg
额定电源电压	AC220V，50Hz
相对湿度	20%～95%
环境气压	80～110kPa
环境温度	−25～55℃
额定工作压力	35MPa/70MPa
最大工作压力	43.8MPa/87.5MPa
设计压力	48.2MPa/96.3MPa
入口过滤器精度	5μm

35/70MPa 加氢机通过耐压强度和气密性检测，加氢机最大加注流量 3.6kg/min，设置有安全阀（开启压力分别为 45.5MPa 和 92.5MPa），内置有氢气泄漏传感器，配备 TK25/TK17（有红外通信）加氢枪及拉断阀等，满足相应国标的"安全性要求"，加氢机已取得产品合格证。

为了对开发的 35/70MPa 氢气加注系统进行验证，开展并通过了如下第三方检测，检测内容见表 6-5。

表 6-5　35/70MPa 氢气加注系统检测内容

检测内容	检测单位
70MPa 换热器性能检测	合肥通用机电产品检测院有限公司
加氢机流量计标定	中国测试技术研究院
加氢机电气安全性试验	南京容测检测技术有限公司
35/70MPa 双枪加氢机防爆认证	煤炭科学技术研究院有限公司检测中心
加氢机环境试验	中国船舶重工集团第七一八研究所
加氢机性能试验	中国船舶重工集团第七一八研究所

6.4.4 加氢机 35MPa 系统加注性能测试

加注性能的测试采用 35MPa 加注系统对 6 辆 140 标升燃料电池汽车的加注过程参数进行了记录,如表 6-6 和表 6-7,以及图 6-25 ~ 图 6-27 所示。

表 6-6 低温快速加注性能测试记录表

检验项目	试验次数	气瓶初始压力 / MPa	气瓶最终压力 / MPa	加注气量 / kg	加注时间 / min	气瓶容积 / NL	加注速率 / (kg/ min)
加注性能测试	第 1 次试验	13.7	35	6.682	7.5	140 × 3	0.89
	第 2 次试验	17.2	30	4.412	9.4	140 × 3	0.47
	第 3 次试验	7.5	35	9.130	19	140 × 3	0.48
	第 4 次试验	19	35	4	4.1	140 × 3	0.96
	第 5 次试验	5	35	10.248	15	140 × 3	0.68
	第 6 次试验	4.9	35	7.850	9	140 × 3	0.87
平均值							0.73

注:加注速率 $q=m/t$。

表 6-7 换热器加注温度性能测试记录 (单位:℃)

检验项目	试验次数	环境温度	载冷剂温度	换热器进口		换热器出口		氢气进口		氢气出口	
				初始温度	过程温度	初始温度	过程温度	初始温度	过程温度	初始温度	过程温度
氢气加注预冷性能测试	第 1 次	4.5	−15	−12	−12	2	−3	3.3	2.7	3.1	−1.5
	第 2 次	4.5	−14	−11	−11	3	−3	3.4	2.3	3.8	−0.6
	第 3 次	4.5	−13	−12	−12	2	−2.5	2.6	1.7	3.0	−1.2
	第 4 次	8.7	−13	−9	−9	1	−1	4.7	3.9	3.3	−0.2
	第 5 次	8.7	−14	−10	−10	1	−3	4.5	4.4	4.5	−1.5
	第 6 次	8.7	−15	−11	−11	2	−3.5	5.1	3.6	3.1	−1.7

注:1. "初始温度"是指加注过程开始时刻的温度。
　　2. "过程温度"是指加注过程开始后 30s 时刻的温度。

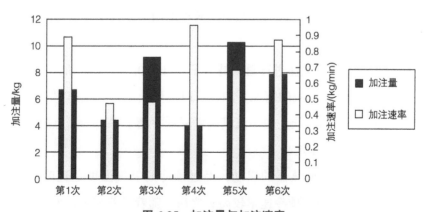

图 6-25 加注量与加注速率

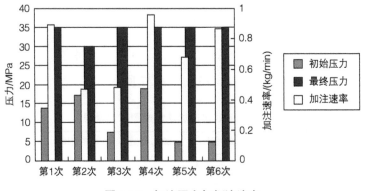

图 6-26　加注压力与加注速率

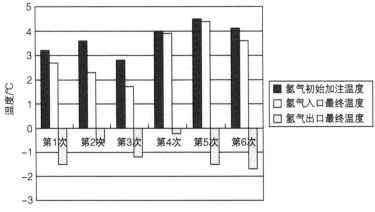

图 6-27　氢气加注最终温度

从表 6-8 可以看出，开始加注氢气的 30s 内，换热器可以保证将氢气预冷降温至少 4℃。环境温度较高时，由于换热温差更大，在载冷剂温度相同时，氢气降温幅度普遍更明显，但 30s 后最终降温达到的温度区间接近。氢气的最初温度也对预冷效果有较大影响。在加注开始 30s 后，由于换热器整体温度的降低，换热器氢气进口处的温度也较未开始加注预冷时有所降低，且在环境温度更低的情况下，效果更明显。其主要参数随时间变化的曲线如图 6-28 所示。

从图 6-28 中可以看出，加注过程总共持续了 6min 20s 左右，总加注量 6.682kg。在加注开始 10s 左右，由于存在换瓶的情况，加注瞬时流量及压力变化速率有较大变化。其后的加注过程中，随着压差的降低，加注流量缓慢降低并趋于平缓，储氢瓶压力随着充氢瞬时流量的缓慢降低，保持稳步增长。

在最开始的 15s，随着换热器的启动，经过预冷的氢气温度迅速降低。在最开始的 2min 内，氢气温度降低较快，预冷速率较高；之后，随着温差减小，温度变化趋于平缓并稳定降低，最终在约 4min30s 后稳定在 −1.5℃左右。可见整个加注过程中，加注温度的降低是一直持续的，加注过程至少持续 4min 时，才能将氢气温度降到最低。由于加注过程后期，氢气瞬时流量是以较低的速率稳定降低的，没有较大波动的下降。结合图中在 180s 时加氢温度降低速率有所改变，因此初步推断，在 3min 后换热器温度才降到最低，与环境温度达到平衡，但此推断的验证需进一步实验支撑。

表 6-8　单次加注过程参数变化

加注时间 /s	气瓶内压力 /MPa	加氢机出口氢气温度 /℃	氢气瞬时流量 / (kg/min)
0	13.82	4.5	1
15	16.77	1	2.16
30	17.4	0.5	1.68
45	18.35	0.3	1.39
60	18.98	0.2	1.26
75	19.8	0	1.18
90	20.73	−0.1	1.13
105	21.33	−0.6	1.1
120	22.27	−0.7	1.07
135	23.08	−0.9	1.05
150	23.75	−1	1.03
165	24.42	−1.1	1.01
180	25.38	−1.2	1
195	26.02	−1.2	0.98
210	26.58	−1.3	0.96
225	27.5	−1.3	0.94
240	28.23	−1.3	0.93
255	28.83	−1.4	0.92
270	29.7	−1.4	0.9
285	30.2	−1.5	0.87
300	31.02	−1.5	0.87
315	31.65	−1.6	0.85
330	32.45	−1.5	0.84
345	33.2	−1.5	0.83
360	33.88	−1.5	0.82
375	34.5	−1.5	0.81
382	35.05	−1.5	0.8

注：单次加注其他环境条件为加氢枪 TK25，环境温度 1.8℃，载冷剂温度 −15℃。

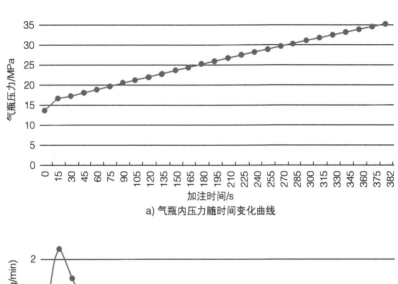

a) 气瓶内压力随时间变化曲线

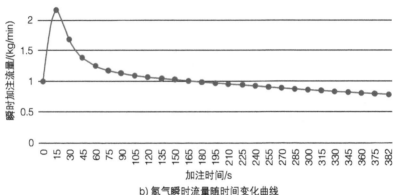

b) 氢气瞬时流量随时间变化曲线

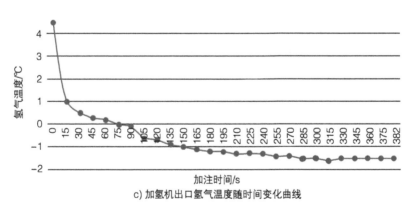

c) 加氢机出口氢气温度随时间变化曲线

图 6-28　35MPa 加注主要参数随时间变化曲线

通过 35MPa 加氢过程的实验，可以得出如下结论：

1）该加注系统可以有效实现 35MPa 车载氢系统加注，且日加注量不小于 525kg（12h 工作）。

2）该印刷板式换热器在加注过程中可以有效对氢气进行预冷。

3）加注过程中，预冷换热器需要开启一定时间后才能发挥最大预冷效果，此时间长度与环境温度及制冷量有较大关系。

6.4.5　加氢机 70MPa 系统加注性能测试

测试采用 70MPa 加注系统对 1 个 52L 的燃料电池汽车储氢瓶进行加注，该储氢瓶工作压力为 70MPa。加注过程采用分级压力取气控制，经过加氢机的氢气经过印刷板式换热器进行冷却，同时加注主管路通过流量调节阀对瞬时流量进行调节，将流量控制在设定值。由于试验条件限制，本试验中没有采用冷冻机用低温载冷剂对换热器进行冷却，而是采用装在杜瓦瓶中的液氮气化后的低温氮气进入换热器进行冷却。

对于 70MPa 加注过程，当用氮气进行加注试验时，加注到 70MPa 左右时，储氢瓶内温度大概为 75℃。当采用氢气试验时，考虑到氢气密度较小，且被加注气瓶容积较小（52L），如采用较大设定流量进行加注，氢气被压缩速率将较大，因此从安全角度考虑，为了尽可能减少充装气瓶内的温升，将氢气充装流量设定在 0.5kg/min。

加注过程参数记录如表 6-9 和表 6-10，以及图 6-29～图 6-31 所示。

表 6-9　70MPa 系统低温快速加注性能测试记录

试验次数	气瓶初始压力 / MPa	气瓶最终压力 / MPa	加注气量 / kg	加注时间 / min	气瓶容积 / NL	平均加注速率 / （kg/min）
第 1 次试验	9.5	70	1.897	5.82	52	0.33
第 2 次试验	9.4	70	1.833	6	52	0.31
第 3 次试验	10	70	1.862	6.13	52	0.30
第 4 次试验	9.7	70	1.936	6	52	0.32
第 5 次试验	9.3	70	1.896	5.87	52	0.32
第 6 次试验	9.2	70	1.921	6.22	52	0.31
平均值 /（kg/min）	0.32					

注：加注速率 $q=m/t$。

表 6-10　换热器加注温度性能测试记录　　　　　　　　　　（单位：℃）

检验项目	试验次数	环境温度	氢气进口		氢气出口		气瓶内温度	
			初始温度	过程温度	初始温度	过程温度	初始温度	过程温度
氢气加注 预冷性能 测试	第 1 次	16.8	26.6	22.3	18.3	14.6	17.1	38.1
	第 2 次	16.5	27.5	22.8	17.9	13.5	16.8	36.5
	第 3 次	17.2	26.1	24.2	15.4	12.3	18.9	32.7
	第 4 次	16.1	25.2	23.3	14.8	12.2	19.2	38.9
	第 5 次	17.3	26.2	24.1	15.8	11.2	17.6	39.1
	第 6 次	16.1	27.2	22.8	14.2	11.3	17.9	36.6
备注								

注：1. "初始温度"是指加注过程开始时刻的温度。
　　2. "过程温度"是指加注过程开始后 30s 的温度。

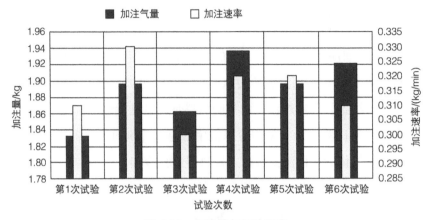

图 6-29　加注量与加注速率

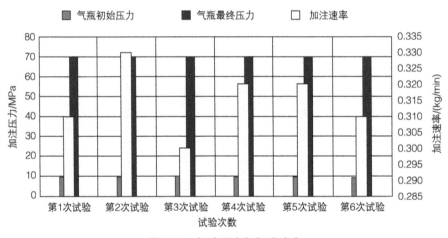

图 6-30　加注压力与加注速率

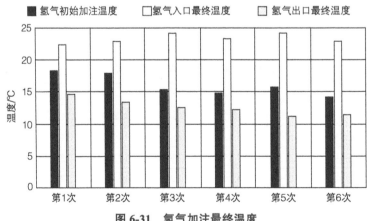

图 6-31　氢气加注最终温度

由试验数据可以看出，由于储氢瓶经日照后导致其内部气体温度升高，氢气初始温度略高于环境温度。采用低温氮气对氢气冷却的效果并不理想，工作介质冷却温度只比环境温度低几度，还未达 0℃以下理想的氢气冷却温度范围。

从图 6-32 可以看出，开始加注氢气的 30s 内，换热器可以保证将氢气预冷降温至少 4℃。环境温度较高时，由于换热温差更大，在载冷剂温度相同时，氢气降温幅度普遍更明显，但 30s 后最终降温达到的温度区间接近。氢气的最初温度也对预冷效果有较大影响。在加注开始 30s 后，由于换热器整体温度的降低，换热器氢气进口处的温度也较未开始加注预冷时有所降低，且在环境温度更低的情况下，效果更明显。

70MPa 加注系统单次氢气加注中其状态参数随时间变化的过程见表 6-11，加注开始后，前 15s 内每 3s 记录一次氢气状态，之后每 15s 记录一次氢气状态。氢气状态参数包括气瓶内压力、气瓶内温度、加氢机出口温度及氢气瞬时流量。各主要参数随时间变化的曲线如图 6-32 所示。

表 6-11 单次加注过程参数变化

加注时间 /s	气瓶压力 /MPa	氢气温度 /℃	瞬时流量 / (kg/min)	气瓶温度 /℃
0	9.4	17.2	0.019	17.1
3	13	17.2	0.863	20.3
6	17.4	16.5	0.548	30.1
9	18.9	16.4	0.528	31.8
12	20.6	15.7	0.505	33.1
15	21.8	16.3	0.499	35.0
30	23.1	16.3	0.495	36.2
45	25.7	16.3	0.489	38.1
60	26.6	16.1	0.47	39.7
75	28.3	16.1	0.42	41.3
90	29.9	16.2	0.30	42.9
105	31.8	16.2	0	44.7
120	33.5	15.7	0.721	45.3
135	35.0	15.7	0.709	47.1
150	36.7	15.7	0.590	52.0
165	38.2	15.7	0.453	51.2
180	39.7	15.5	0.390	53.5
195	41.0	15.5	0.281	54.3
210	42.5	15.5	0.1	55.1
225	44.9	15.6	0.081	56.0
240	49.2	15.5	0.082	56.9
255	53.2	15.6	0.081	58.2
270	56.3	15.7	0.082	60.1
285	58.7	15.5	0.078	61.8
300	61.2	15.7	0.080	63.4
315	63.6	15.6	0.076	65.1
330	65.79	15.6	0.081	67.4
345	67.9	15.6	0.087	69.5
360	69.7	15.6	0.079	70.2

注：单次加注其他环境条件为加氢枪 TK17，环境温度 16.8℃。

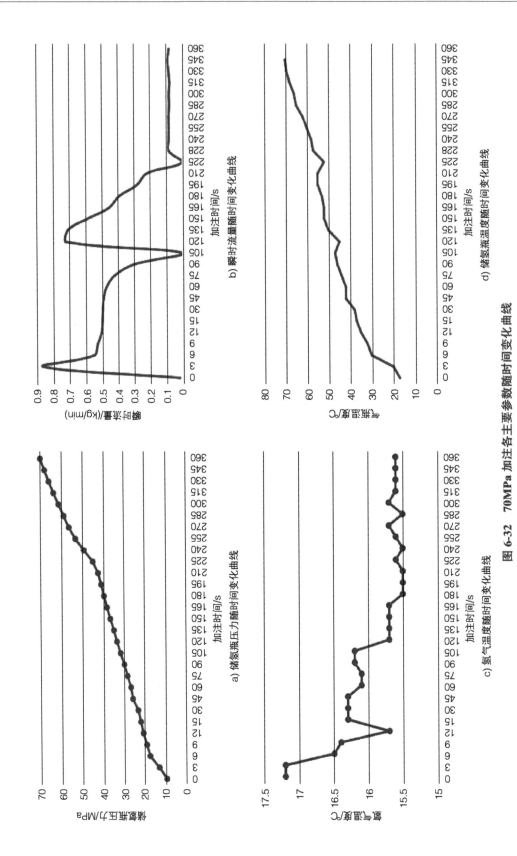

图 6-32　70MPa 加注各主要参数随时间变化曲线

从图 6-32 中可以看出，加注过程总共持续了 6min 左右，总加注量 1.897kg。

三级加注的第一阶段在加注开始 6s 左右，由于存在换瓶的情况，加注瞬时流量及压力变化速率有较大变化。其后的加注过程中，随着压差的降低，加注流量缓慢降低并趋于平缓，气瓶压力随着充氢瞬时流量的缓慢降低，保持稳步增长。气瓶内氢气压力达到 30MPa 后在 15s 内流量迅速下降至 0kg/min，然后在 8s 内迅速升至 0.721kg/min 开始进行二级加注，随着压差的降低，加注流量缓慢降低并趋于平缓，气瓶压力随着充氢瞬时流量的缓慢降低保持稳步增长。气瓶内氢气压力达到 50MPa 后在 10s 内流量迅速下降至 0.310kg/min，然后开始以增压泵直充进行高级压力加注，氢气流量稳定地以 0.08kg/min 左右向气瓶内直充，储氢瓶压力随着增压泵的直充缓慢增长。气瓶内氢气压力达到 70MPa 后加注过程结束。

在最开始的 12s，随着换热器的启动，经过预冷的氢气温度迅速降低，之后，随着温差减小，温度变化趋于平缓且稳定降低，最终在约 2min 后稳定在 15.7℃左右。可见整个加注过程中，加注温度的降低是一直持续的，加注过程至少持续 2min 后，才能将氢气温度降到最低。

通过 70MPa 加氢过程的实验，可以得出如下结论：

1）该加注系统可以有效实现 70MPa 车载氢系统加注。

2）该印刷板式换热器在加注过程中可以有效对氢气进行预冷。

3）在 70MPa 加注过程中，采用流量调节阀与质量流量计进行闭环的流量调节，可在一定条件下控制加氢流量，使气瓶内压力随时间成正比例增加。

4）在多级压力控制加注过程中，气源为储罐且加氢机采用流量调节阀恒定流量控制时，当切换完成储罐后，由于加氢机进出口压差较大，流量调节阀不能完全限制其流量（前后压差 30MPa，设定流量值 2kg/min）。在加氢机进出口压差减小时（<10MPa），流量调节阀即使完全打开，也不能使流量维持在设定值（2kg/min）。

6.4.6 小结

开发了具有自主知识产权的 35/70MPa 混合加氢机，加氢机带有氢气预冷换热装置，可满足 35MPa 及 70MPa 储存压力等级的燃料电池汽车加注要求。经加注试验，结论如下：

1）该加注系统可以有效实现 35MPa 及 70MPa 车载氢系统的安全快速加注。

2）采用印刷板式换热器（PCHE）作为氢气预冷换热器，可在 35MPa 及 70MPa 加注过程中对氢气进行有效预冷。

3）在 70MPa 加注过程中，且气源采用储罐对加氢机以均压的方式供气的情况下，采用流量调节阀与质量流量计进行闭环的流量调节，可在一定条件下控制加氢流量，使气瓶内压力随时间成正比例增加。

4）在多级压力控制加注过程中，气源为储罐且加氢机采用流量调节阀恒定流量控制时，当切换完成储罐后，由于加氢机进出口压差较大，流量调节阀不能完全限制其流量。在加氢机进出口压差减小时，流量调节阀即使完全打开，也不能使流量维持在设定值。

5）在70MPa加注过程中，气瓶内温度随压力升高较明显，当增压到70MPa时，气瓶内温度约70~80℃。因此，在该过程中对氢气的有效预冷是必不可少的。

6）该印刷板式换热器在加注过程中可以有效对氢气进行预冷。加注过程中，预冷换热器需要开启一定时间后才能发挥最大预冷效果，此时间长度与环境温度及制冷量有较大关系。

7）在最开始的12s，随着换热器的启动，经过预冷的氢气温度迅速降低。之后，随着温差减小，温度变化趋于平缓且稳定降低。可见整个加注过程开始2min后，才能将氢气温度降到最低。由此可以预见，对换热器进行提前预冷却可在加注开始后将氢气快速预冷。

8）受限于国内87.5MPa氢气储罐及大流量增压泵的空缺，该实验还不能完美实现具有流量调节功能的70MPa氢系统多级压力加注过程。因此，国产化、高可靠性且低价的87.5MPa氢气储罐及87.5MPa大流量氢气增压设备对70MPa加氢站在我国的广泛推广具有重要意义。

第7章

商业化加氢站供氢体系规划和建设研究

燃料电池汽车大规模商业化推广的必要条件之一在于我国加氢站供氢体系和建设网络的完善。因此，项目在设计和执行过程中，重点进行商业化加氢站供氢体系规划和建设研究，并探讨在典型地区先行先试，为其他城市提供可行的参考方案。

华南地区经济基础雄厚，氢气产量不低，在沿海地区和珠三角地区内部分布着多个石化基地，需要使用大量氢气，但这些氢源主要供应于炼化环节，且大多远离车辆推广核心区，造成华南地区燃料电池汽车氢气供应不足的局面。因此，项目以华南地区为典型样本，从氢源供给、氢气储运、加氢站建设及成本控制等方面入手，研究并形成供氢体系方案；研究了佛山市南海区燃料电池汽车容量与加氢站的容量、供给需求，根据服务对象需求、土地资源条件等基础条件，完成了加氢站点布局规划；依据加氢站安全建设等规范，提出了加氢站建设工作方案和加氢站审批程序指引方案；另外，设计了移动式加氢站的工艺流程，选择了合适的加氢站配套设备和技术参数等，分析了移动式加氢站设备成本构成，完成了低成本加氢站方案的构建和开发，为后续加氢站的进一步商业化发展奠定基础。

7.1 华南地区供氢体系规划

在华南地区加氢基础设施和燃料电池汽车示范运行过程中，佛山市南海区是华南地区燃料电池汽车推广应用规模最大的地区，车用氢气需求最大，但产业发展率先受到现行氢气管理制度的制约。为解决氢气稳定供应的难点痛点，满足南海区用氢需求，加快氢能供给保障体系的构建，项目分析本地区氢气供应结构和供应量，从氢源供给、氢气储运、加氢站建设及成本控制等途径研究并形成供氢体系方案，有序推进规模化加氢网络建设及多元化建站模式试点，逐步构建完善且与终端需求高度匹配的氢能供应体系，带动产业、技术和市场协同发展。

7.1.1　规划背景

1. 氢能成为能源消费结构的重要组成部分

当前，我国"富煤贫油少气"的现实情况仍未改变，核能、可再生能源等仍处于发展阶段，天然气、水电、核电、风电等清洁能源消费量尚且不足以支撑我国经济发展的能源需求。佛山市能源消耗以电力和煤炭为主，其中煤炭消耗有下降趋势，电力呈上涨趋势。南海区能源消耗同样以煤炭和电力为主，南海区 2018 年消费原煤 3869994t，消费电力862423 万 kW·h。2012—2018 年，我国氢气产量呈逐年递增趋势，其中 2018 年氢气产量约 2100 万 t，占全球总产量的比例超过 30%，为我国开发利用新能源、加快迈入氢能经济时代创造了有利条件。氢能作为能源体系的重要组成部分与未来发展方向，已经被纳入我国能源发展战略，成为优化能源消费结构、保障能源供应安全的战略选择。

2. 佛山市氢能产业的先发优势已经初步建立

佛山市南海区氢能产业起源于 2009 年，经过十多年的发展，尤其是 2017 年以来，在南海区政府的大力推动下，已发展到近 120 家企业和机构，计划投资额超 500 多亿元，涵盖了氢气生产储运及设备研制、加氢站设计与建设运营、燃料电池及核心部件、整车制造、产品检测及设备研制、人才培养等 8 大环节，形成了较完整的、具有国内自主知识产权的氢能产业链，是国内少有的集齐 8 大燃料电池关键核心零部件生产环节的地区之一。经过近几年的努力，佛山市南海区已经初步确立氢能产业的先发优势。

（1）率先布局氢能产业，产业集聚效应显著

南海区是佛山氢能产业发展的集聚区，拥有广东海德利森—氢科技有限公司、广东华特气体股份有限公司、广东联悦工业气体有限公司、康明斯恩泽公司、广东卡沃罗健康科技有限公司、昇辉新能源有限公司等制氢及加氢设备企业；北京蓝图工程设计有限公司佛山分公司、佛山市瑞晖能源有限公司、瀚蓝（佛山）新能源运营有限公司、中国石化销售股份有限公司广东佛山石油分公司等加氢站设计与建设运营企业；广东爱德曼氢能源装备有限公司、佛山市攀业氢能源科技有限公司、广东清能新能源技术有限公司、韵量电池（广东）有限公司、佛山市清极能源科技有限公司、广东济平新能源科技有限公司、鸿基创能科技（佛山）有限公司、广东优社动力科技有限公司、佛山市南海宝碳石墨制品有限公司、佛山绿动氢能科技有限公司、中科嘉鸿（佛山市）新能源科技有限公司等氢燃料电池及核心部件企业；广东福迪汽车有限公司、广东汉合汽车有限公司、美锦能源（飞驰）等整车制造企业；除此以外，南海区引入广东省特种设备检测研究院、佛山绿色发展创新研究院、瀚蓝（佛山）检测技术服务有限公司等氢能产品检测与设备研制企业，涵盖了从制

氢、加氢设备、加氢站设计和建设、氢燃料电池及核心部件、汽车整车生产等产业链各环节，带动南海区氢能产业集聚发展。

（2）大胆探索创新，基础设施稳步建设

2017 年 9 月，佛山市南海区率先启动科技部 / 全球环境基金（GEF）/ 联合国开发计划署（UNDP）"促进中国燃料电池汽车商业化发展项目"，广泛开展燃料电池汽车推广应用，投入运营 32 条燃料电池公交线路，推动建设 1 条燃料电池有轨交通线路。加氢站建设稳步推进，率先探索建立了国内首个加氢站的审批、建设、验收流程，推进高密度商用标准化加氢站规模化建设，建成了国内首个商业化加氢站——瑞晖加氢站、首个油氢合建站——中石化樟坑加油加氢合建站、国内首批高密度商用标准化加氢站——松岗禅碳路加氢站和狮山桃园加氢站等 6 座加氢站，在建及扩建 7 座加氢站，为燃料电池公交车、物流车提供加氢服务。其中，松岗禅碳路加氢站具有 3 个"国内第一"：国内最大容量的 45MPa 高压储氢加氢站、国内最大排量的活塞式氢气压缩机加氢站和国内首个参照 SAE J2601《轻型气态氢表面车辆用燃料加注协议》及 J2601-2《重型气态氢车辆用燃料加注协议》开发建设的加氢站，符合国际加氢站技术发展趋势，将成为国内加氢站的标杆。

（3）培育发展创新平台，不断提升创新能力

佛山市南海区加强与浙江大学、北京理工大学、武汉理工大学、西安交通大学、清华大学、中科院大连化学物理研究所、中国标准化研究院等高等院校、研究机构的合作，推动建立北理工华南新能源汽车大数据服务与管理中心、仙湖实验室、先进能源科学与技术广东省实验室佛山分中心、浙江大学高压过程装备与安全教育部工程研究中心佛山分中心、华南氢安全促进中心、广东省武理工氢能产业技术研究院、佛山市南海区鑫锦伟华洁净能源研究院、燃料电池及氢源技术国家工程中心华南中心、自润滑流动动力机械技术国家地方联合工程研究中心等产学研平台，紧密围绕氢能核心关键技术，推动技术研发和科研成果转化，不断提升技术创新能力；依托国际氢能协会标准和规范专业委员会（IAHE-CSD）秘书处、国际标准化组织氢能技术委员会（ISO/TC 197）联络处、中国标准化研究院佛山绿色发展创新研究院和广东省特种设备检测研究院，推进氢能领域标准的制定，创建国家技术标准创新基地（氢能）；发挥广东环境保护工程职业学院等高等院校和职业院校优势，设立 UNDP—粤港澳大湾区氢能经济职业技术学院项目示范基地，加强氢能技术人才培养，增强南海区氢能产业的核心竞争力。

（4）打造国际交流平台，不断提升氢能产业地位

自 2011 年起，佛山市南海区先后联合中国燃料电池技术创新战略联盟和燃料电池及氢源技术国家工程研究中心，举办两届燃料电池及氢能技术发展国际峰会；联合中国标准化

研究院和全国氢能技术标准化委员会，举办两届氢能周活动；依托国际氢能协会标准和规范专业委员会（IAHE-CSD）和国际标准化组织氢能技术委员会（ISO/TC 197），举办国际氢能标准和安全（南海）高端论坛；联合 UNDP 和中国汽车工业协会，举办 UNDP 氢能产业大会和氢能燃料电池展，在此基础上，2022 年联合中国国际经济交流中心，举办中国氢能产业大会，同期举办氢能燃料电池展，目前氢能产业大会成为国内规模最大和最具影响力的氢能产业盛会和展会之一，使南海氢能成为国内外响亮的品牌，有效地促进南海氢能产业地位的不断提升，氢能产业人气持续旺盛。

3. 氢源是制约佛山市氢能产业持续健康发展的重要因素

氢源包括制氢、储输氢以及加氢等环节。燃料电池汽车推广力度的加大，将推动车用氢气需求快速递增。从目前的情况看，氢源问题有可能成为制约南海区氢能产业持续健康发展的重要因素。燃料电池对氢气品质要求较高，对硫化氢、二氧化硫、一氧化碳及颗粒物等杂质非常敏感。目前，南海区氢气以外供氢气为主，运输成本偏高，成本下降困难。可再生能源电解水制氢也是制取燃料电池汽车用高纯氢的有效途径之一，但是目前电解水成本偏高，制约了弃风弃水等可再生能源电解水制氢的规模化发展。其次，氢气价格偏高，推动车辆运营成本偏高，制约了燃料电池汽车的推广应用。当前，由于车用氢气用量少、氢气运输方式以长管拖车为主、加氢站固定投资高等多重因素，尽管政府有补贴，但加氢站氢气售价仍然偏高，超过了 40 元/kg。经测算，氢气售价高于 40 元/kg 时，燃料电池汽车运行过程的能源费用将高于传统燃油汽车。因此，挖掘廉价且可持续稳定供给的氢源、降低氢气储运等成本从而大幅降低氢气售价是南海区解决氢源制约问题、推动氢能产业可持续健康发展的有力保障。

7.1.2 供氢基础分析

1. 广东省制氢能力分析

广东省现有制氢能力达 30 万 t/年，主要以化石能源制氢及工业副产气为主，可满足 5 万辆燃料电池汽车日常行驶。此外，广东省具备制氢潜力 71 万 t/年，其中炼焦制氢潜力约 3.5 万 t/年、火电谷电制氢潜力约 53 万 t/年、风电制氢潜力约 1.7 万 t/年、水电谷电制氢潜力约 8.9 万 t/年、可再生能源（弃风和弃水）制氢潜力 4.4 万 t/年，可保障超 10 万辆燃料电池汽车日常行驶。目前广东省车用氢气供给主要依托化石能源制氢及工业副产气提纯，正在探索利用低成本蓄冷电价开展电解水制氢，积极开展可再生能源电解水制氢。同时广东省支持电网企业结合可再生能源消纳和调峰需求发展高效电解水制氢技术，通过延长蓄冷电价来支持企业开展电解水制氢。

2. 佛山市南海区氢气来源

截至 2020 年 12 月，南海区加氢站的氢气主要来源于华特气体、广州林德气体（广钢林德和普莱克斯）、江门联悦气体、东莞法液空和东莞巨正源。具体见表 7-1，可供南海区加氢站的氢气总量共计约 4.9t/ 天，其中南海区氢气内供占比为 8.0%，为本土企业华特气体供应；其余 92.0% 的氢气来源为市外外购。

表 7-1　佛山市南海区氢气供应量统计（截至 2020 年 12 月）

地点	气体公司名称	制氢方式	氢气总产能 /（m³/h）	能供给南海的产能与产量	
				产能 /（m³/h）	产量 /（kg/ 天）
佛山	华特气体	甲醇裂解	500	250	535
广州	广钢林德气体	甲醇裂解	500	400	857
	原普莱克斯（被林德收购）	甲醇裂解	1500	130	278
江门	联悦气体	氯碱副产气	1300	455	975
东莞	法液空	甲醇裂解	1000	250	535
	巨正源	丙烷脱氢	4000	833	1785
总计	—	—	8800	2318	4965

3. 制氢潜力分析

（1）佛山市内制氢潜力分析

在珠三角周边地区，目前已建好的制氢厂现产能达 18t/ 天，其中瀚蓝 6t/ 天，巨正源 3t/ 天，云浮天然气制氢厂 3t/ 天，高要 4t/ 天，可满足 2000 ~ 3000 辆车正常运行。未来，瀚蓝垃圾制氢厂预计 2024 年年底建成，产能 17t/ 天，南海电厂超临界水蒸煤制氢技术产能 18t/ 天，云浮天然气制氢厂扩建后产能可达 6t/ 天。佛山市内潜力氢源如图 7-1 所示。

（2）佛山市外制氢潜力分析

粤西北地区的石化行业制氢量虽大，但目前已基本实现供需平衡，加之受限于单一的储运方式，考虑到氢气供应的经济性，可为南海供应氢气的市外地区须在半径 150km 的范围内。因此，佛山市外可选择供氢的主要地区为广州、云浮、珠海、深圳、惠州及江门。具体氢气潜力项目见表 7-2。

根据表 7-2 资料及相关进展情况，当前最有望给予南海区氢气保障的是广州华润热电耦合制加氢一体化项目及云浮联悦制氢厂两个制氢项目。在佛山市内制氢项目投产前，周边地区的制氢项目都将是南海区氢气的主要来源。

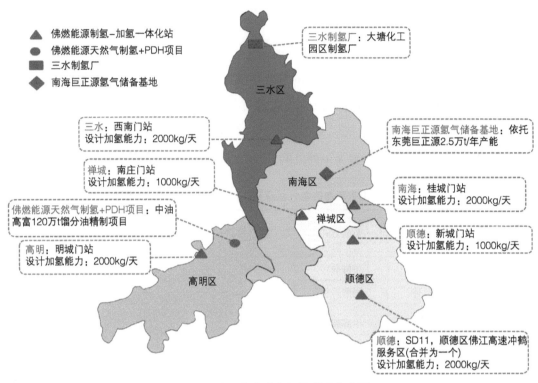

图 7-1 佛山市内潜力氢源项目分布图

表 7-2 佛山市周边城市氢气资源及潜力分布

地区	公司/项目名称	制氢能力/(m³/h)	发展情况
广州	广州石化氢燃料电池供氢中心	—	正在推进项目的实施进度
	林德南沙项目	—	计划投资1.5亿元在南沙建设华南氢气中心、氢能源扩产项目、示范加氢站、氢基混合气项目、气体应用技术研发中心、全国运营中心等
	华润热电耦合制加氢一体化项目	500	拟建于广州华润热电厂北侧外购地,采用自主设计的甲醇耦合制氢系统
云浮	江门联悦云浮制氢厂	总规模:3000一期:1500二期:1500	制氢方式为天然气制氢;一期2020年6月投产;二期正在建设中
珠海	长炼石化	≥ 10000	氢气方式为重整副产气提纯,当前存量可以供4000辆燃料电池汽车使用
	AP公司	1000	制氢方式为天然气裂解制氢,氢气供给珠海BP公司
深圳	凯豪达氢能源有限公司	≥ 500	1t/天示范运行加氢站建设运营后,单座加氢站预计可以实现年加氢量360t以上。制氢总站建设完成后,预计可以实现氢气年产量逾6000t
惠州	大亚湾核电站	—	制氢方式为核能制氢
	中海油惠州炼化一体化项目	190000	制氢方式为煤气化制氢
江门	广悦	4000	广悦搬迁,其产能扩大从而推动江门联悦产能扩大,制氢方式为氯碱副产氢提纯

为进一步提高氢源供应自给率，南海区正推动落实南海悦隆氢能源综合利用及大宗气体配套项目，氢气产能为 32t/ 天；瀚蓝可再生能源（沼气）制氢加氢母站建设，氢气产能 6.4t/ 天，加快构建氢能供应体系。

4. 储运情况

20MPa 长管拖车是南海区目前唯一氢气运输方式。氢气储运方式除了压缩气体运输外，还有管道、液氢、固态、有机液体等多种方式。根据 2019 年《中国氢能源及燃料电池产业白皮书》数据显示，我国仅有 100km 的输氢管道。截至 2020 年 12 月，南海区使用的长管拖车共 104 辆（表 7-3），单车容积为 23 ~ 37m³，多数归属于江门联悦工业气体有限公司和久策气体销售福建有限公司等公司，属于南海区华特气体所有的仅 2 辆。长管拖车多为瀚蓝新能源租赁使用。

表 7-3　南海区长管拖车情况表

归属公司	长管拖车数量	单车容积	租赁企业
大余普特气体科技有限公司	22 辆	25 ~ 37m³	瀚蓝新能源、狮山桃园加氢站
广东华特气体股份有限公司	2 辆	23 ~ 26m³	瀚蓝新能源
江门联悦工业气体有限公司	28 辆	23 ~ 26m³	瀚蓝新能源
久策气体销售福建有限公司	23 辆	23 ~ 27m³	瀚蓝新能源
浦江气体工业气体有限公司	2 辆	25 ~ 26m³	瀚蓝新能源
液化空气广东工业气体有限公司	5 辆	23 ~ 26m³	瀚蓝新能源
英德市西洲气体有限公司	2 辆	26m³	瀚蓝新能源
珠海金石能源有限公司	6 辆	26 ~ 27m³	瀚蓝新能源
合计	104 辆	—	—

5. 基础设施稳步建设，积极推动氢能应用

（1）南海区建成加氢站 12 座

截至 2020 年 12 月，南海区已建成加氢站 6 座（表 7-4）。南海区是全国最早探索建立商业化加氢站的地区，2015 年建立了国内首个加氢站审批、建设、验收流程，2017 年建成了国内首座商业化加氢合建站——瑞晖加氢站，2018 年建成全国首个油氢合建站——中石化樟坑加油加氢站，2019 年建成国内首批高密度商用标准化加氢站——松岗禅炭路加氢站和狮山桃园加氢站。截至 2022 年 11 月，建成加氢站 12 座，加氢网点覆盖全部 7 个镇街。

表 7-4　南海区已建成加氢站一览表（截至 2022 年 12 月）

名称	占地面积 /m²	站级	储氢能力 /kg	加注能力 /（kg/ 天）
瑞晖加氢站	4476	三级站	—	350
中石化樟坑加油加氢合建站	—	一级油氢合建站	870	≥ 500
松岗禅炭路加氢站	3993.7	二级站	一期 990	一期 ≥ 500
狮山桃园加氢站	3440	二级站	一期 990； 二期 1010	一期 ≥ 1000； 二期 ≥ 2000
九江大道撬装站	1700	三级撬装站	390	500
东信北路撬装站	1500	三级撬装站	390	500

（2）南海区在建加氢站 3 座

截至 2022 年 11 月，南海区正在建设加氢站有 3 座，分别是里水新材料基地加油加氢合建站、狮山润辉加油加氢合建站、途达加油加氢合建站，总设计日加注能力达 3000kg。

6. 运营情况

已运营的加氢站建站成本较高（表 7-5），约 1200 ~ 2000 万元 / 站；同时氢气主要从市外供应，氢气到站成本较高，约 35 ~ 45 元 /kg。若把建站成本分摊到 4 ~ 5 年的回收周期，并考虑加氢站氢气采购成本及日常运行成本（约 100 万 ~ 160 万元 / 年），当氢气售价以 70 元 /kg 售卖时，加氢站基本可实现收支平衡。但 70 元 /kg 的氢气售价会严重增加氢能终端应用运行成本，导致氢能终端应用市场经济性降低，减少运行平台积极性，极大阻碍推广应用。

表 7-5　加氢站成本表

项目	成本
建站成本	1200 ~ 2000 万元
氢气到站成本	约 35 ~ 45 元 /kg
日常运行成本	约 100 万 ~ 160 万元 / 年

7. 问题与不足

（1）本地氢源配套不足，氢气价格高昂

截至 2020 年 12 月，南海区建成运行的加氢站气源以江门、东莞和广州等外购氢气为主，华特气体氢气供应量仅 535kg/ 天，无法满足超过 45 辆燃料电池公交车单日运行，本地氢源配套严重不足。相关研究表明，已有和计划实施的制氢项目产能总量仍不能满足南海区氢气需求。此外，根据外供氢源分布，氢气运输距离在 70 ~ 100km 范围，氢气运输成本约 8 ~ 10 元 /kg，约占氢气到站总成本的 20% ~ 30%，使得氢气终端售价偏高（70 ~ 80 元 /kg）。

（2）加氢站数量不足，限制氢源及氢能应用规模

截至 2020 年 12 月，南海区全部燃料电池汽车投入运行需 7317kg（表 7-6），供需不平

衡，加氢站的总加氢能力无法满足车辆的加氢需求。加氢站建设滞后、加氢能力不足的短板问题将极大限制氢源规模扩展，阻碍氢能终端应用规模的扩大。

表 7-6　南海区车辆投放日加氢需求一览表（截至 2020 年 12 月）

车辆类型	单车加氢需求代表值 /（kg/ 日）	车辆规模/辆	不同类型车辆加氢需求 /（kg/ 日）	总加氢需求 /（kg/ 日）
物流车	4～5（取 4.5）	426	1917	
公交车	12～15（取 13.5）	397	5359.5	7317
宽体客车	12～15（取 13.5）	3	40.5	

7.1.3　供氢体系规划

1. 主要目标

（1）氢气制取

根据《佛山市南海区氢能产业发展规划（2020—2035 年）》规划，到 2025 年，佛山市燃料电池汽车保有量达到 6000 辆，公交线路 50 条，有轨电车线路 2 条；到 2030 年，燃料电池汽车保有量达到 12000 辆，公交线路 100 条，有轨电车线路 5 条；到 2035 年，燃料电池汽车保有量达到 18000 辆，公交线路 100 条以上，建成有轨电车线路 5 条以上。

南海区氢气供应近期主要采购江门、广州和东莞等地的工业副产氢，中期将在区内规划建设可再生能源、谷电制氢和天然气蒸汽重整制氢，长期必须依靠整合区外尤其是珠三角富氢地区的氢气，构建区外供氢和区内制氢相结合的供氢方式，保障氢源稳定供给。到 2025 年形成超过 30t/ 天的车用氢气供给能力，测试用氢约 1t/ 天，到 2030 年形成超过 80t/ 天的车用氢气供给能力，具体见表 7-7 ～表 7-9。

表 7-7　佛山市南海区氢气需求预测

年度	2025 年	2030 年
车用氢能需求	28800kg/ 天	78700kg/ 天
测试用氢	1t/ 天	80t/ 天

表 7-8　佛山市南海区 2025 年燃料电池汽车用氢气需求预测

类型	单车加氢需求代表值 /（kg/ 日）	数量 / 辆	加氢需求 /（kg/ 日）
公交车	12～15（取 13.5）	600	8100
物流车	4～5（取 4.5）	4600	20700
乘用车	1	—	—
叉车	—	800	—
合计	—	6000	28800

表 7-9　佛山市南海区 2030 年燃料电池汽车用氢气需求预测

类型	单车加氢需求代表值/（kg/日）	数量/辆	加氢需求/（kg/日）
公交车	12～15（取 13.5）	1200	16200
普通物流车	4～5（取 4.5）	8700	36000
重卡物流车	24～27（取 25）	1000	25000
乘用车	1	1500	1500
叉车	—	1300	—
合计	—	13700	78700

（2）加氢站建设

以市场需求为导向，以合理配套、适度超前为原则，重点在南海区主要公共交通枢纽、物流集散中心、高速沿线服务区以及重化工港口布局加氢站；积极开展制氢－加氢一体化站、油电气氢综合能源补给站等多元化建站模式；制定统一加氢站建设和管理规范，完善扶持补贴政策，规模化推进加氢网络建设。到 2025 年，建成加氢站 30 座，到 2030 年，建成加氢站不少于 60 座（表 7-10）。

表 7-10　南海区加氢站建设年度目标

目标	2025 年	2030 年
累计数量/座	30	不少于 60

（3）氢能成本

挖掘制氢、储存、运输、加注各环节降成本潜力，通过技术创新、规模化生产、装备自主化、商业模式创新、政策支持等多种措施降低车用氢能供给成本。到 2025 年末，制氢、储运、加注各环节成本显著下降，站端车用氢气销售价格降至 35 元 /kg 以下，推动燃料电池汽车示范应用经济性提升。

2. 主要任务

佛山市南海区超前布局氢能供给体系，积极扩展氢气来源和渠道，因地制宜、灵活选择制氢方式，加快推进制氢基地和加氢站建设，提升氢气储运装备和技术水平，创新商业运营模式，依托重点企业、重点项目，提高制、储、运、加一体化综合服务能力，形成区外供氢和区内制氢相结合的低碳低成本氢源供给体系，全力建设稳定供应、清洁生产、价格低廉的车用氢能供给体系。

（1）建立高效氢源供给体系，形成多源氢气供给保障

佛山市南海区氢气供应主要来自江门、广州和东莞等地的工业副产氢，随着南海区氢能产业的不断发展和氢能车辆不断增加，氢源的稳定供应成为一个重要任务。充分利用周边地区工业副产氢资源，满足近期氢能产业发展需求。加快规划区内涉氢专区和制氢项目，结合区内天然气、电力、光伏发电等资源，积极落实建设可再生能源制氢、谷电制氢、天然气制

氢协同组合的制氢供氢厂。积极同周边地区协调规划清洁能源（光伏发电、海上风电、水电、核电等）制氢示范项目，逐步构建区外供氢和区内制氢相结合的低碳低成本氢源供给体系。

整合省内化石能源制氢产能：工业副产氢提纯和化石能源制氢将作为南海区前期主要供氢方式。整合现有化石能源制氢产能，加快珠海市化石能源制氢基地建设。依托广东联悦、华特气体等重点企业，利用石脑油重整、天然气重整、甲醇裂解等制氢方式，形成大规模车用氢气的稳定供应能力。

充分利用工业副产氢提纯制氢产能：南海区周边氢气供应范围内的工业副产氢主要集中在东莞、广州、江门、肇庆等地区。综合考虑价格、运输半径等因素，近期以上述地区工业副产氢为主要氢气来源是可行的选择。

积极开展蓄冷电价电解水制氢：在满足安全的前提下，结合变电站调峰需求，发展分布式制氢。探索结合电网调峰需求建设包含电解水制氢、氢储能调峰等功能的氢电综合调峰站，利用发电厂低谷时段富余发电能力，在发电厂建设可中断电力电解水制氢项目。根据广东省发展改革委发布的《关于我省新能源汽车用电价格有关问题的通知》（粤发改价格〔2018〕313 号），燃料电池汽车专用制氢站用电价格执行《关于蓄冷电价政策有关问题的通知》（粤发改价格〔2017〕507 号）规定的蓄冷电价政策，即利用谷电制氢，可享受 0.26 元 /kW·h 左右的优惠价格。因此，可探索推进利用南海区自有光伏发电协同谷电制氢示范项目，同步规划建设涉氢专区，引入光触媒等新型制氢技术，增加绿氢供应比例，补充南海区氢能产业中远期的氢气需求。

大力发展可再生能源制氢：拓展氢能供给渠道，重点鼓励发展清洁氢制取。开展沼气制氢，预计可实现氢气产能 4～7t/ 天；积极协调周边的光伏发电、风电、水电企业合作进行电解水制氢；加快可再生能源制氢项目商业化落地，形成清洁化、规模化、低成本的可再生能源制氢能力。到 2025 年末，可再生能源制氢占终端车用氢能比例达到 10%。佛山市南海区及周边相关制氢企业预计可供给氢气量见表 7-11，制氢基地及重点项目见表 7-12。

表 7-11　佛山市南海区及周边相关制氢企业预计可供给氢气量

城市	制氢企业	制氢方式	2025 年高纯氢年产能 /（t/ 年）
佛山	广东华特	甲醇裂解	100
佛山	瀚蓝新能源	沼气制氢	1320
东莞	巨正源	副产氢提纯	25000
云浮	广东联悦	天然气重整制氢	23500
阳江	阳江国氢	可再生能源电解水	≥ 4000
珠海	珠海长炼	工业副产氢	20000
广州	粤华发电	电解水	2400
合计			≥ 76320

表 7-12　佛山市南海区及周边城市制氢基地和重点项目

产业基地	项目介绍
东莞市工业副产气提纯制氢基地	依托东莞巨正源科技有限公司120万 t/年丙烷脱氢制聚丙烯项目，在一期3000t/年提纯能力基础上，积极推进二期项目2023年建成投产，形成40700t/年的车用氢气供应规模
阳江市可再生能源制氢基地	依托阳江国氢有限公司，发挥阳江市富裕核电和风电资源优势，积极推进"绿氢"工厂一期工程建成投产，2021年底，可再生能源制氢能力达到2000t/年以上，2023年二期工程建成投产，累计供氢能力达到4000t/年以上，可消纳弃风电力2.2亿 kW·h
珠海市化石能源制氢基地	依托珠海长炼石化设备有限公司120万 t 石脑油重整项目，推进20000N$^{\ominus}$ m³/h的 PSA 氢气提纯装置产能快速提升，形成1.6万 t/年的车用氢气供应规模

（2）完善高效氢储运体系

提升氢气储运效率：建立专业化、规模化氢气储运体系，加快建设广东省质量监督氢能储运装备检验站，完善氢能高效储运体系，推进氢气长管拖车运氢的监管，以运输组织创新提升氢气储运效率；开展30MPa和50MPa氢气高压长管拖车和液氢运输技术研究与示范，规划布局涉氢专区输氢管道示范工程，适时开展区域性氢气管道运输试点，逐步扩大管道运输范围和距离，提高氢气储运效率。

提高储运装备技术水平：支持压力容器制造企业研发制造高压储运设备，鼓励改装车企业开发氢气运输长管拖车产品，满足高压气态运氢需求。支持企业开展低温液氢储运新工艺、新技术的开发与应用，突破氢脆技术制约难题，开展新型氢气管道运输材料技术创新与应用。

根据《佛山市南海区氢能产业发展规划（2020—2035年）》规划，到2025年建成加氢站30座；到2030年建成加氢站60座；到2035年，建成加氢站80座以上。按照1000kg/12h的加氢能力，加氢站需要长管拖车平均7台/站，预计到2025年长管拖车不低于210台，到2030年不低于420台（表7-13）。

表 7-13　佛山市南海区储运装备数量规划

目标	2025 年	2030 年
长管车累计台数	210	420

（3）加快推进加氢站建设

制定加氢站建设和管理规范：加快完善加氢站管理政策措施和工作机制，制定统一的加氢站建设和运营管理办法，推广先进城市经验做法，规范加氢站审批流程，落实加氢站设计，建设标准规范，破除加氢站建设体制机制障碍，为加氢站建设和运营提供资金支持。

开展加氢站布局规划：以市场需求为导向，根据实际情况对站点选址进行调整，调整

　⊖　N 表示标准大气压下。

加氢站选址思路，加快加氢站建设步伐。具体选点应考虑以下因素：①结合铁路货场、港口布局，具有较大的物流需求；②结合各镇街物流产业和专业市场发展情况，相对均衡布局；③需协调佛山市和南海区物流业发展规划，尽量落实已规划的物流加氢站点。

创新加氢站商业模式：引导社会资本参与加氢站建设和运营，发挥企业市场主体作用，支持运营商企业开展商业模式创新，促进燃料电池汽车落地示范应用。鼓励运营商开展加氢、购车、用车一体化的运作模式，推行"车站联动"建站模式。鼓励氢能等专业第三方加氢站建设企业与车辆运营商、制氢企业开展合作。

发挥联合建站集约运营优势：鼓励能源销售企业利用现有加油、加气站点网络，改扩建加氢基础设施，开展加氢/加油、加氢/加气、加氢/充电等合建站模式，提供综合能源补给服务。支持企业探索制氢－加氢一体化站、多功能加氢母站、液氢加氢站等新兴建站模式，验证各类新型加氢站的技术可靠性和经济可行性。

构建标准加氢站建设模式：加快氢气压缩机、高压储氢容器、加氢机、加氢站控制系统等关键技术研究与产业化，提高产能、降低成本、缩短交货期，推进大规模高密度商用标准化加氢站和油氢合建站建设，建设加氢站监管平台，加强加氢站监管，构建加氢站质量和安全监管体系，形成可全国推广应用的标准加氢站和油氢合建站模式。佛山市南海区2025年规划新建及至2025年各镇街加氢站规模见表7-14。佛山市南海区至2025年规划加氢站分布如图7-2所示。

表7-14 佛山市南海区2025年规划新建及至2025年各镇街加氢站规模

镇街	桂城	大沥	里水	狮山	丹灶	西樵	九江
（2021—2025）新建	2	1	4	6	2	2	2
预计到2025年加氢站总数量	2	3	5	9	4	4	3

注：桂城瀚蓝平洲东信北路加氢站为临时站，不纳入2025年数据，因此桂城2025年加氢站总数量为2。

（4）多措并举降成本

通过技术创新、规模生产、效率提升、模式创新、政策支持等多种措施协同并举，在氢气供给端全链条、各环节促进上下游企业协同联动，大力开展氢能供给降成本行动，提升燃料电池汽车应用经济性，激发示范应用市场活力和企业积极性。

降低制取成本：通过规模化生产、回收利用率提升、生产能耗降低等措施，降低石化能源制氢、工业副产氢提纯制氢成本，形成大规模、稳定、经济的供给基础保障能力。促进采购国产化电解水设备，提高电解槽效率，对谷电电解水项目给予电价优惠，燃料电池

图 7-2　佛山市南海区至 2025 年规划加氢站分布

汽车专用制氢站谷期用电价格执行蓄冷谷期电价，适当延长电价优惠时间段，降低电解水制氢成本。扩大可再生能源制氢生产规模，对清洁氢制取给予财政资金补贴支持。预计到2025 年，实现化石能源制氢成本 13 元 /kg，工业副产氢提纯制氢 11 元 /kg，蓄冷电价电解水制氢 12 元 /kg，可再生能源制氢 16 元 /kg。

降低储运成本：加快氢气储运技术创新和模式创新，降低储运环节成本。提高氢气长管拖车的运输压力和管束水容积，开展 30MPa 等级高压气态管束车运输试点，加大单车氢气运输量，提升运氢效率和经济性。探索低温液氢运输、管道运输等新兴运输方式。在 200km 经济运输距离以内，开展制氢厂、加氢母站、加氢站节点间车辆路径优化，建立区域氢气储备库（母站），由储备库向区域范围内加氢站短距离供氢，提高运氢效率和经济性。对车用氢气运输专用车辆给予高速通行费优惠政策。预计到 2025 年，实现运输成本 6 元 /kg。

降低加注成本：强化政策支持和保障，对南海区加氢站建设和运营给予资金补贴，降低加氢站土地、设备采购、建设和运营成本。鼓励加氢站运营企业通过联合集约建站、运营模式创新、提供附加服务等方式，降低加注环节成本，正常情况车用氢能各环节年度降成本方案见表 7-15。预计到 2025 年，实现加注成本 9 元 /kg。

表 7-15　正常情况车用氢能各环节年度降成本方案　　　（单位：元/kg）

各环节成本		2021 年	2022 年	2023 年	2024 年
制氢	化石能源制氢	18	16	14	13
	工业副产气提纯制氢	15	13	12	11
	蓄冷电价电解水制氢	15	14	13	12
	可再生能源制氢	23	22	20	16
运输		10	9	7	6
加注		14	12	10	9

7.1.4　保障体系

保障供氢体系规划的顺利落实，要从机制、政策、资金、人才、安全和宣传保障六个方面做大量工作。

其中，在机制方面，要加强领导组织，强化领导小组统筹作用，强化绩效考核，加强监督和管理；在政策方面，要落实《佛山市南海区氢能产业发展规划 2020—2035》《佛山市南海区促进新能源汽车产业发展扶持办法（修订）》和《佛山市南海区促进加氢站建设运营和氢能车辆运行扶持办法（修订）》等现有政策的执行，补充完善氢能产业扶持政策，鼓励氢能技术在叉车、观光车、自行车、电动车、无人机、船舶，以及分布式发电和备用电源等领域的示范应用，拓展氢能技术的应用范围；在资金方面，加大财政支持力度，推进南海区产业提升基金实施，创新融资担保机制，引导社会资本助力氢能产业发展；在人才方面，优化人才发展环境，建立尖端人才灵活服务机制，设立"一站式"人才服务平台，加强产学研合作，精准定位南海区发展氢能产业的人才需求；在安全方面，建立健全氢能产业安全保障体系，严格涉氢项目尤其是加氢站的审批准入，制定完善的氢安全生产管理考核制度，强化氢安全运营监控，强化对氢能生产、储输和应用中重大安全风险的管控，并应从严做好安全风险化解措施；在宣传方面，加强规划的宣传力度，提高燃料电池和氢能的社会认同度，充分利用氢能馆、氢能科普基地、会展中心、企业展厅、街道及学校宣传栏等平台，多角度开展氢能源科学知识普及及应用活动，加强氢能产业的科普体验，形成全社会关注。

7.1.5　小结

华南地区氢能产业尚处于市场导入阶段，除部分气体公司外，市场化供氢渠道有限，目前可供南海区加氢站的氢气总量共计约 4.9t/ 天。氢源是制约南海区氢能产业持续健康发展的重要因素。本供氢体系规划主要考虑以下几个途径：

1）建立高效氢源供给体系，形成多源氢气供给保障：逐步构建区外供氢和区内制氢相结合的低碳低成本氢源供给体系，预计到 2025 年可供给氢气量约 7.6 万 t/ 年。其中，可再生能源制氢占终端车用氢能比例达到 10%。

2）完善高效氢储运体系：提升氢气储运效率和提高储运装备技术水平，开展 30MPa 和 50MPa 氢气高压长管拖车和液氢运输技术研究与示范，适时开展区域性氢气管道运输试点。根据需求，预计到 2025 年长管拖车不低于 210 台，到 2025 年不低于 420 台。

3）加快推进加氢站建设：通过加氢站布局规划、创新加氢站商业模式和构建标准建站模式等，预计到 2025 年形成 30 座加氢站，2030 年不低于 60 座加氢站。

4）多措并举降成本：通过技术创新、规模生产、效率提升、模式创新、政策支持等多种措施协同并举，在氢气供给端全链条、各环节，促进上下游企业协同联动，大力开展氢能供给降成本行动，提升燃料电池汽车应用经济性，激发示范应用市场活力和企业积极性，最终实现站端车用氢气销售价格降至 35 元 /kg 以下。

5）从机制、政策、资金、人才、安全和宣传保障六个方面提出了规划落实的保障体系，确保规划的可实施性。

7.2 华南地区加氢站建设规划

加氢站作为支撑氢能燃料电池汽车发展必不可少的基础供给设施，连接了氢能产业前端的制氢和后端的氢能应用环节。因此，为了发挥南海区氢能产业优势，推动燃料电池汽车的推广应用，将南海区打造成为中国氢能产业化商业化创新发展引领区，需要加氢站作为基本保障，实现佛山南海区加氢站的集约化、规模化、规范化运营。

本节重点研究了佛山市南海区燃料电池汽车容量与加氢站的容量、饱和关系，根据服务对象需求、土地资源条件等基础条件，完成加氢站点布局规划。依据加氢站安全建设等规范，提出了加氢站建设工作方案和加氢站审批程序指引方案，全面支撑和推动南海区氢能产业发展。

7.2.1 规划范围

佛山市南海区加氢站建设规划覆盖南海全区（一街六镇），总面积约 1073 平方公里。规划将根据相关政策、技术标准及规范，围绕"推进节能减排、优化能源消费结构、改善城市环境质量、加快生态文明建设"的总体目标，按照"科学合理、集约用地、总量控制、保障供应"的规划要求，实现对加氢站 2020 年（基期）、2025 年（近期）、2030 年（中期）、2035 年（远期）的科学规划，引领行业发展。

7.2.2　规划依据

1. 相关政策及上层次规划

1)《广东省培育新能源产业集群行动计划（2021—2025 年）》（粤发改能源〔2020〕340 号）。

2)《广东省加快氢燃料电池汽车产业发展实施方案》（粤发改产业函〔2020〕2055 号）。

3)《佛山市南海区氢能产业发展规划（2020—2035）》（南发改产业〔2020〕6 号）。

4)《佛山市南海区促进加氢站建设运营及氢能源车辆运行扶持办法（修订）》（南府办〔2020〕3 号）。

5)《佛山市南海区固定式加氢站审批验收指引（暂行）》。

6)《佛山市南海区撬装式加氢站审批验收指引（暂行）》。

7)《佛山市南海区丹灶镇仙湖氢谷概念规划》。

2. 城市交通发展相关规划

1)《南海区综合交通规划（修编）》（2016—2030）。

2)《南海区公交线网规划》（2015—2020）。

3)《南海区公交场站配建规划及公共自行车站点建设规划》。

4)《佛山市南海区新能源汽车充电基础设施和加氢站规划》。

3. 相关技术标准及规范

1)《加氢站安全技术规范》（GB/T 34584—2017）。

2)《加氢站技术规范（2021 年版）》（GB 50516—2010）。

3)《汽车加油加气加氢站技术标准》（修订征求意见稿）。

4)《加氢站安全技术规范》（GB/T 34584—2017）。

4. 其他基础资料

《佛山市统计年鉴 2019》等。

7.2.3　加氢站需求预测

1. 佛山市南海区加氢站建设情况

截至 2020 年 12 月，南海区已建成加氢站 6 座，分别为瑞晖加氢站、中石化樟坑加油加氢合建站、松岗禅炭路加氢站、狮山桃园加氢站、九江大道撬装站和东信北路撬装站。截至 2022 年 11 月，建成加氢站 12 座，在建加氢站 3 座。

2. 燃料电池汽车保有量预测

根据《佛山市南海区氢能产业发展规划（2020—2035年）》：①到2025年，燃料电池汽车保有量达到6000辆；②到2030年，燃料电池汽车保有量达到12000辆；③到2035年，燃料电池汽车保有量达到18000辆。

3. 加氢站加注能力预测

结合车辆运行特征、日均加氢需求、现有技术条件下储氢能力等，各类车型每日加氢需求估算为：

1）公交车：12～15kg/天，取13.5kg/天。

2）物流车：分为普通物流车和重卡物流车。其中普通物流车日均加氢量4～5kg/天，取4.5kg/天；重卡物流车日均加氢量取24～27kg/天，则取25kg/天。

3）乘用车：1kg/天。

考虑到近远期建设推广、技术进步预留弹性等因素，预测：①近期加氢站平均日加注能力900～1100kg/天；②中期日加注能力1200～1500kg/天；③远期日加注能力1500～2000kg/天。

4. 加氢站规模预测

燃料电池汽车保有量和加氢站加注能力预测（表7-16）：

表7-16　佛山市南海区远期加氢站规模预测计算表

年份	类型	单车加氢需求代表值/（kg/天）	数量/辆	加氢需求/（kg/天）	加注能力/（kg/天）	加氢站数量
2025年	公交车	12～15（取13.5）	600	8100	900～1100	7.4～9
	物流车	4～5（取4.5）	4600	20700		18.8～23
	乘用车	1	—	—		—
	叉车	—	800	—		—
	合计	—	6000	28800		26.2～32
2030年	公交车	12～15（取13.5）	1200	16200	1200～1500	10.8～13.5
	普通物流车	4～5（取4.5）	8700	36000		23.4～29.3
	重卡物流车	24～27（取25）	1000	25000		16.7～20.8
	乘用车	1	1500	1500		1.1～1.3
	叉车	—	1300	—		—
	合计	—	13700	78700		52～64.9
2035年	公交车	12～15（取13.5）	1800	24300	1500～2000	12.2～16.2
	普通物流车	4～5（取4.5）	11900	53550		26.8～35.7
	重卡物流车	24～27（取25）	2400	60000		30～40
	乘用车	1	2500	2500		1.25～1.7
	叉车	—	1800	—		—
	合计	—	20400	140350		70.2～93.6

1）考虑到技术条件的限制，近期（至 2025 年）仅考虑物流车和公交车的加氢需求。因此近期加氢站规模为 27 ~ 32 座，考虑区内加氢站与周边地区加氢站的互动服务，近期建议加氢站规模取 30 座。

2）考虑物流车、公交车和乘用车的加氢需求，中期（至 2030 年）加氢站预测规模为 52 ~ 65 个，考虑到未来氢能产业的发展要求以及规划方案的可操作性，按照加氢站数量需求的 1.5 倍进行预留，建议 2030 年规划加氢站数量 60 ~ 90 座。

3）远期（至 2035 年）加氢站预测规模为 71 ~ 94 个，按照加氢站数量需求的 1.5 倍进行预留，建议 2035 年规划加氢站数量 90 ~ 135 座。

7.2.4 加氢站建设规划方案

1. 规划策略

（1）规划引领、强化控地，预留发展空间

基于佛山市南海区加氢站发展具有巨大潜力和可能性，在土地资源日益短缺的条件下，需要加强与城市公共交通规划、物流业发展规划等相关规划充分衔接，规划预留足够的加氢站用地，充分挖掘用地潜力，提前布局合理的加氢站网络，并加强对全区加氢站规划审批、有序发展建设的统一指导，合理控制加氢站的总体发展规模，稳步推进。

（2）提前公示、近远结合，满足用户需求

加氢站由于环境、安全等问题，会对周边居民产生一定的影响，因此在建设过程中常常受到市民的阻挠。因此，加氢站选址应充分考虑到加氢站安全要求，尽量远离人口密集和安全要求较高的地区和建筑，对于待改造、待开发片区，应尽早规划落实加氢站用地，并提前向公众公示。根据土地资源情况和消防安全规范要求，结合不同用户需求，尽可能合理布局加氢站，兼顾近远期发展，适度超前，以满足燃料电池汽车规模化发展的需要。

（3）均衡分布、协调发展，城乡统筹发展

在城市建成区主要是对加氢站进行拾遗补阙、增加覆盖、缓解不足。社会经济发展、物流园区完善等均要求加氢站设施尽快建设，填补服务空白。同时，本着服务片区、满足用户需求、就近加氢原则，进一步实现优化布局、均衡分布，促进各片区城乡统筹发展。

（4）油氢合建、推动落地，节约土地利用

当前城市建成区用地比较紧张，获取独立用地非常困难且成本较高，同时还需要较大的安全防护距离，对土地面积要求更高。建议在设施用地安排上，尽量以合建站形式规划空间，如加氢站与加油站合建、与公交场站合建等，减轻建成区土地供应压力，以满足加氢车辆发展的需求；鼓励中石油、中石化等大型国有企业建设合建站，推动加氢站可持续性发展，保证加氢站的运行管理安全性，方便主管部门统一监管，维护市场稳定。

（5）完善体制、政策保障，促进稳定健康发展

加氢站作为重要的基础设施，需通过技术创新、政策完善、简化审批流程等举措降低建设成本，促进其健康有序发展。同时进一步加强政策保障，健全规划、立项、审批、运行监管等方面的制度，提高投资主体积极性和社会认可度。

2. 布局原则

结合加氢站选址中需要考虑的规范标准要求、服务对象需求、土地资源条件、规划项目要求四个方面的影响因素，通过叠合及修正，形成加氢站布局方案（图7-3）。

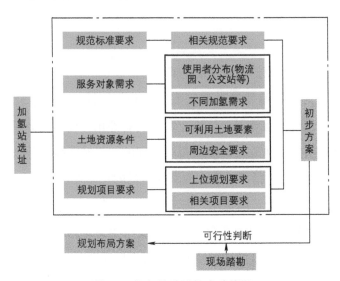

图 7-3　加氢站选址技术路线图

（1）规范标准要求

规划布局需满足国家出台的相关规范标准要求，如 GB 50516—2010《加氢站技术规范（2021 年版）》、GB/T 31139—2014《移动式加氢设施安全技术规范》，同时需关注《加氢站技术规范》局部修订、GB 50156—2021《汽车加油加气加氢站技术标准》等对现行规范的优化调整化建议。

选址要求：①在城市建成区（修订版中为中心区）不应建设一级加氢站；②城市建成区（修订版中为中心区）的加氢站，宜靠近城市道路，但不应设在城市主干道的交叉路口附近。

总平面布置：

1）加氢站的工艺设施与站外建筑物、构建物之间的距离不大于规范的防火间距的 1.5 倍，且不大于 25m 时，相邻一侧应设置高度不低于 2.5m 的不燃烧实体围墙。

2）加氢站的工艺设施与站外建筑物、构建物之间的距离大于规范的防火间距的 1.5 倍且大于 25m 时，相邻一侧可设置非实体围墙。

3）面向进、出口道的一侧宜开放或部分设置非实体墙。

4）加氢站站区内单车道宽度不应小于 3.5m，双车道宽度不应小于 6m；站内的道路转弯半径应按行驶车型确定，且不宜小于 9m，道路坡度不应大于 6%。汽车停车位处可不设坡度。

5）站内各个区域之间应有完整、贯通的人员通道，通道宽度不宜小于 1.5m。

6）加氢站内的氢气长管拖车、氢气管束式集装箱的布置应符合规定，如：氢气长管拖车、氢气管束式集装箱停放车位的设置，其数量应根据加氢站规模、站内制氢装置生产氢气能力和氢气长管拖车、氢气管束式集装箱的规格以及周转时间等因素确定；氢气长管拖车、氢气管束式集装箱当作储氢容器使用时，固定停放车位与站内设施之间的防火间距应按规范中储氢容器的防火间距确定。

7）氢气长管拖车、氢气管束式集装箱的卸气端应设耐火极限不低于 4.00h 的防火墙，防火墙高度不得低于氢气长管拖车、氢气管束式集装箱的高度，长度不应小于 0.5 与 1.5 倍氢气长管拖车、氢气管束式集装箱车位数之和与单个长管拖车、氢气管束式集装箱车位宽度的乘积。

8）氢气长管拖车、氢气管束式集装箱的卸气端的防火墙可作为站区围墙的一部分。

9）液氢罐车、液氢罐式集装箱作为固定式储氢压力容器使用时，液氢罐车、液氢罐式集装箱车位的布置应符合规定，如液氢罐车、液氢罐式集装箱应露天布置；液氢罐车、液氢罐式集装箱固定停放车位与站内设施之间的防火间距应按本规范中储氢容器的防火间距确定。

10）液氢增压泵与液氢储存压力容器之间的布局宜按工艺要求确定。

11）氢气长管管车、氢气束式集装箱车位与压缩机之间不应设置道路。氢气长管拖车、氢气管束式集装箱车位与相邻道路之间应设有安全防火措施。

（2）服务对象需求

近期和中期加氢站规划主要是满足物流车和公交车的加氢需求，因此应构建与物流园区、公交枢纽场站协调一体的加氢站布局体系；远期还需满足乘用车的加氢需求，构建满足物流车、公交车及乘用车等车辆加氢需求的布局体系，如图 7-4 所示。

（3）土地资源条件

加氢站功能区主要分为设备区、行车作业区。设备区包含制冷剂、压缩氢气区、储氢压力容器、长管拖车泊位、变配电站和站房；行车作业区主要为加氢区。各设施需满足标准规范要求。

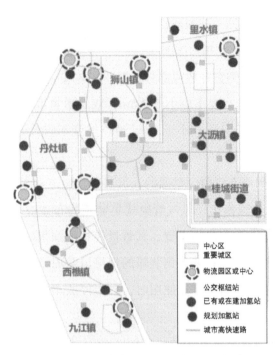

图 7-4　佛山市南海区加氢站选址布局概念图

加氢站按等级可分为一级站、二级站和三级站，按建设形式又分为独立加氢站和合建加氢站。不同等级的加氢站内氢气工艺设备与站外建筑物、构筑物的安全间距有所不同；同时考虑地块预留形状不同，也会对加氢站占地面积有所影响。因此，应根据不同等级加氢站防火间距和安全间距要求，估算加氢站占地规模情况。若考虑某些加氢站周边用地为防护绿地用地、农林用地等，则所需的加氢站建设面积将有一定折减。同时，加氢站用地面积预控还需因地制宜，根据加氢站周边实际用地性质进行调整，见表 7-17 和表 7-18。

表 7-17　考虑明火控制线的加氢站面积　　　　（单位：m^2）

用地形状	三级加氢站	二级加氢站	二级油氢合建站
长方形	2840	4000	3575
正方形	3430	4785	4140
不规则形状	2875	4520	3890

表 7-18　考虑绿化、农田对明火控制线影响的加氢站极限面积　　（单位：m^2）

用地形状	三级加氢站	二级加氢站	二级油氢合建站
长方形	1950	2460	2890
正方形	1940	3215	3464
不规则形状	2120	3510	3030

在可利用的土地资源方面，加氢站用地同加油、加气站一样，均为加油加气站用地。佛山市南海区共有加油加气站用地 85 处，其中面积大于 20000m³ 的有 64 处，已建设加油站或加气站的加油加气站用地有 31 处，因此初步研判可用的加油加气站用地有 33 处，可利用的土地资源较为紧张。

3. 布局方案

规划重点面向佛山市南海区近期和中期的加氢站规模及布局，面向远期强调加氢站总量控制表 7-19 和（图 7-5）。其中，近期（至 2025 年）规划新建 19 个加氢站，其中新建加油加氢合建站 12 个，新建独立占地加氢站 7 个，见表 7-20。中期（至 2030 年）规划 60 个加氢站，其中加油加氢合建站 8 个，独立占地加氢站 52 个，见表 7-21。

表 7-19　至 2025 年和 2030 年各镇街加氢站数量　　　　　　（单位：座）

时间	桂城	大沥	里水	狮山	丹灶	西樵	九江	合计
截至 2020 年 12 月	1	2	1	3	2	2	1	12
近期（2021—2025）新建	2	1	4	6	2	2	2	19
中期（2026—2030）新建	3	3	6	24	9	10	5	60
至 2030 年加氢站总数量	5	6	11	33	13	14	8	90

注：桂城瀚蓝平洲东信北路加氢站为临时站，即将拆除，不纳入 2030 年数据，因此桂城 2030 年加氢站总数量为 5。

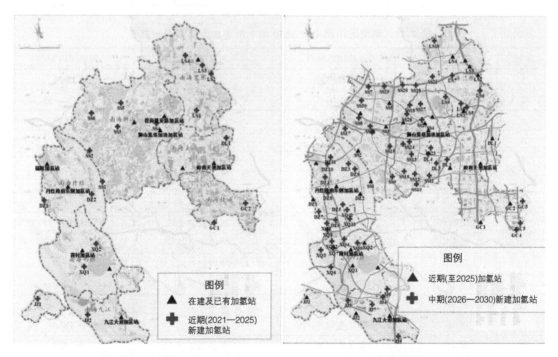

图 7-5　佛山市南海区至 2025 年（左）和至 2030 年（右）加氢站布局规划图

表 7-20　南海区近期（至 2025 年）新建加氢站情况一览表

序号	镇街	规划土地用地性质	加氢站等级	用地面积 /m²
1	桂城	一类工业用地	三级加氢站	≥ 2840
2	桂城	商业设施用地	三级加氢站	≥ 2840
3	大沥	商业用地	二级油氢合建站	合建面积 ≥ 3575
4	里水	加油加气站用地	二级加氢站	4889.1
5	里水	加油加气站用地	二级油氢合建站	合建面积 13333.4
6	里水	商业服务业设施用地	二级油氢合建站	合建面积 13531.7
7	里水	社会福利用地	二级油氢合建站	合建面积 6544.4
8	狮山	加油加气站用地	二级油氢合建站	合建面积 3797.2
9	狮山	预留用地	三级加氢站	≥ 2620
10	狮山	村庄建设用地	二级油氢合建站	合建面积 3908.9
11	狮山	商业服务业设施用地	二级油氢合建站	合建面积 37629.3
12	狮山	商业用地	二级油氢合建站	合建面积 11667
13	狮山	道路	二级油氢合建站	合建面积 6336.3
14	丹灶	二类工业用地	二级油氢合建站	合建面积 ≥ 3575
15	丹灶	二类工业用地	三级加氢站	≥ 2840
16	西樵	商业服务业设施用地	二级油氢合建站	合建面积 ≥ 3575
17	西樵	综合交通枢纽用地	三级加氢站	2476
18	九江	一类工业用地	三级加氢站	≥ 2840
19	九江	加油加气站用地	二级油氢合建站	合建面积 ≥ 4054.6

表 7-21　南海区中期（至 2030 年）新建加氢站情况一览表

序号	镇街	规划土地用地性质	加氢站等级	用地面积 /m²
1	桂城	一类工业用地	三级加氢站	≥ 2620
2	桂城	商业用地	二级油氢合建站	合建面积 ≥ 3575
3	桂城	商业用地	三级加氢站	≥ 2840
4	大沥	商业混合用地	三级加氢站	≥ 2840
5	大沥	一类工业用地	三级加氢站	≥ 2840
6	大沥	一类工业用地	三级加氢站	≥ 2840
7	里水	预留用地	三级加氢站	≥ 2620
8	里水	预留用地	二级油氢合建站	合建面积 ≥ 3575
9	里水	一类工业用地	三级加氢站	≥ 2840
10	里水	商服用地	三级加氢站	≥ 2840
11	里水	工业用地	二级加氢站	≥ 2960
12	里水	一类工业用地	三级加氢站	≥ 2840
13	狮山	一类工业用地	三级加氢站	≥ 2840
14	狮山	一类工业用地	三级加氢站	≥ 2620
15	狮山	商服用地	二级油氢合建站	合建面积 ≥ 3575

（续）

序号	镇街	规划土地用地性质	加氢站等级	用地面积 /m²
16	狮山	加油加气站用地	三级加氢站	3293.6
17	狮山	加油加气站用地	三级加氢站	3411.8
18	狮山	零售商业用地	二级加氢站	≥ 2960
19	狮山	加油加气站用地	三级加氢站	3018.2
20	狮山	加油加气站用地	二级加氢站	4657.9
21	狮山	加油加气站用地	二级油氢合建站	合建面积 4759
22	狮山	商服用地	三级加氢站	≥ 2620
23	狮山	加油加气站用地	三级加氢站	2411
24	狮山	商服用地	三级加氢站	≥ 2620
25	狮山	加油加气站用地	三级加氢站	3341.4
26	狮山	一类仓储用地	二级油氢合建站	≥ 2840
27	狮山	一类工业用地	三级加氢站	合建面积 ≥ 3890
28	狮山	一类工业用地	三级加氢站	≥ 2840
29	狮山	商服用地	二级加氢站	≥ 2620
30	狮山	一类工业用地	三级加氢站	≥ 2960
31	狮山	商服用地	三级加氢站	≥ 2840
32	狮山	一类工业用地	三级加氢站	≥ 2840
33	狮山	预留用地	三级加氢站	≥ 2620
34	狮山	一类工业用地	三级加氢站	≥ 2840
35	狮山	二类工业用地 一类仓储用地	三级加氢站	≥ 2840
36	狮山	一类工业用地	二级加氢站	≥ 4000
37	丹灶	一类工业用地	三级加氢站	≥ 2620
38	丹灶	商业用地	三级加氢站	≥ 2620
39	丹灶	工业用地	三级加氢站	≥ 2620
40	丹灶	工业用地	三级加氢站	≥ 2840
41	丹灶	二类工业用地	三级加氢站	≥ 2840
42	丹灶	一类工业用地	三级加氢站	≥ 2840
43	丹灶	商业用地	三级加氢站	≥ 2840
44	丹灶	二类工业用地	二级加氢站	≥ 2960
45	丹灶	二类工业用地	三级加氢站	≥ 2620
46	西樵	未规划	二级油氢合建站	合建面积 ≥ 3575
47	西樵	加油加气站用地	三级加氢站	3546
48	西樵	加油加气站用地	三级加氢站	2350.6
49	西樵	一类工业用地	二级加氢站	3124
50	西樵	二类工业用地	三级加氢站	≥ 2840
51	西樵	一类工业用地	三级加氢站	≥ 2840

（续）

序号	镇街	规划土地用地性质	加氢站等级	用地面积 /m²
52	西樵	商业用地	三级加氢站	≥ 2620
53	西樵	预留用地	三级加氢站	≥ 2840
54	西樵	二类工业用地	三级加氢站	≥ 2840
55	西樵	二类工业用地	三级加氢站	≥ 2840
56	九江	工业用地	二级油氢合建站	合建面积 ≥ 3575
57	九江	加油加气站用地	二级油氢合建站	合建面积 5225.5
58	九江	一类仓储用地	三级加氢站	≥ 2620
59	九江	商业服务用地	三级加氢站	≥ 2840
60	九江	一类工业用地	二级加氢站	≥ 4000

7.2.5 加氢站审批程序指引方案

为加快推进加氢站建设审批速度，佛山市制定了加氢站审批程序指引方案，对加氢站项目的选址、立项、报建、施工、验收等环节的审批做出了规定。

1. 固定式加氢站审批程序

佛山市南海区固定站项目的新建、改建、扩建须报主管部门申请。申报单位（企业、个人）向当地市的县（区）主管部门申请建设固定站，遵循以下审批程序。

（1）项目选址

1）按商业用地及公共设施用地向自然资源和住建水利部门申请，由建设单位委托第三方出具项目选址可行性报告（含初步设计方案、项目周边明火控制距离的测量分析等，以作为各职能部门选址审批的依据），由住建部门牵头组织各职能部门对选址进行现场勘查，联合评审，出具联合评审会议纪要。

2）对于较敏感（邻居民区、学校、医院、车站等人口密集区）的加氢站选址需要编制选址评估报告，由自然资源部门确认编制选址评估报告所需的相应资质等级单位的范围和条件。

3）涉及公交路线设置或改动的，交通部门应根据实际运行情况对选址提出建议。

（2）用地审批

新建及扩建固定站项目需由申请单位或区土地储备中心向自然资源部门申请，出具项目选址意见或规划设计条件，自然资源部门依照相关法规供应土地。

（3）立项审批

由发改部门对项目立项备案；加油加氢合建站中的加油站规划点选址按相关规定申报。

（4）规划审批

项目立项批准后，申报单位（企业、个人）取得土地后向自然资源部门分别申请用地规划许可、规划条件核实、建设工程规划许可，具体如下。

1）加氢站规划条件相关条款须结合加氢站项目实际建设要求进行调整：加氢站项目用地的绿地率为15%以上；减免加氢站设计中关于海绵城市建设的相关要求；加氢站建设项目用地沿城市道路一侧不应设置围墙，其他区域的围墙可按相关规范要求进行控制，并应当对围墙进行绿化、美化；自行车停车位按照加氢站实际情况配置；不对公共厕所的建筑面积作统一规定，可视各项目具体需要进行配置，控规有做出要求的须按控规执行。

2）新建站和需要扩大用地面积的合建站：由自然资源部门分别核发建设用地规划许可及建设工程规划许可。加氢站内罩棚等建构筑物须申请办理建设工程规划许可证。其建筑方案可采取提前介入方式预审，待资料齐备后正式核发"建设工程规划许可证"。

3）不需要申请用地或新增土地的加氢站项目：有新增建筑物的，核发建设用地规划书面意见及建设工程规划许可；没有新增建筑物的，不需要自然资源部门出具建设工程规划许可，但应出具建设工程规划书面意见，明确说明该项目符合当前规划，无需规划许可证。

（5）报建环节

发改、生态环境、住建水利、气象、市场监管等部门对加氢站设计方案中的节能、环评、人防设施、防雷防电、特种设备资质（包括压力管道和储氢气瓶）进行审查，并出具相应的许可，住建水利部门依据相关法律法规要求核发"建筑工程施工许可证"。为确保加氢站项目设计方案的合规性，可由建设单位委托第三方专业机构或组织专家审查加氢站项目设计文件，审查意见可作为核发《建筑工程施工许可证》的依据之一。加氢站项目实施主体应参照危险化学建设项目自行开展建设项目安全设施"三同时"。

1）根据《广东省固定资产投资项目节能审查实施办法》，年综合能源消费量1000t标准煤以上，或年电力消费量500万kW·h以上（含500万kW·h）的固定资产投资项目，应单独进行节能审查。加氢站项目若未超过上述标准，可不进行节能申报。如项目确有超过上述标准，则按照审查办法实施。若相关政策有修改，则按照新政策执行。

2）对于扩建、合建站中涉及加油站既有设备设施（油罐、管线等）调整的，应报应急管理部门按加油站改建项目审批；涉及加气站部分的既有设备设施（储罐、管线等）的，应报住建水利部门按加气站改建程序审批。

3）加氢站施工图设计文件（含消防）应依规进行审查，有特殊情况的，建设单位应委托相关专业机构或组织专家进行审查。

4）新建、扩建加氢站申报环节流程图如图7-6所示，改建申报环节如图7-7所示。

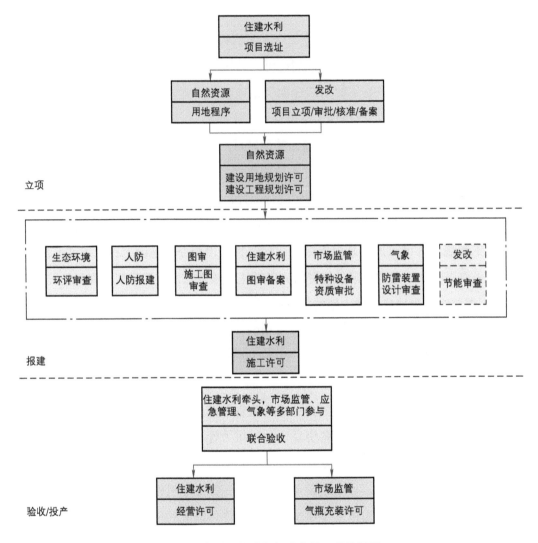

图 7-6　新建、扩建加氢站申报环节流程图

（6）验收环节

1）固定站建设竣工后须进行联合验收。

2）由加氢站业主单位分别向联合验收办及住建水利部门提出验收申请，由联合验收办发起并组织联合验收办成员单位及五方责任主体（勘察、设计、建设、施工、监理）进行验收，由住建水利部门发起并组织应急管理、市场监管等非联合验收办成员单位进行联合验收。

注：增设加氢设施，不涉及新增用地和建筑物的项目不需办理建设工程规划许可证，故无须办理规划条件核验；建设单位需根据《建设项目竣工环境保护验收暂行办法》规定的程序和标准进行环保自主验收。

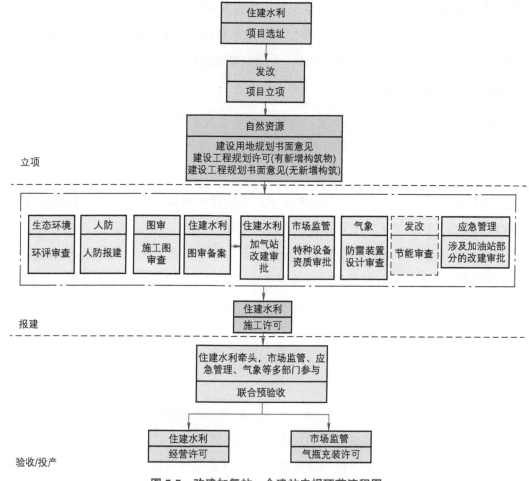

图 7-7 改建加氢站、合建站申报环节流程图

3）施工和建设单位应提交下列资料：立项批准文件；自然资源、住建水利、气象等部门的审批文件；加氢站建设、勘察、设计、施工、监理单位的工程档案资料；工程竣工验收所需的其他文件。以上验收通过后由住建水利部门签发建筑工程合格证。

4）联合验收通过后，由加氢站业主单位向住建部门申请燃气设施竣工备案，已办理"建筑工程施工许可证"的加氢站须按有关要求至区或镇街住建水利部门办理房屋建筑工程和市政基础设施工程竣工验收备案。

注：燃气设施竣工备案因现行办事指南与加氢站审批资料不符，无法经过行政服务中心窗口办理，暂时交由住建水利部门内部流程办理并加盖住建水利局公章，待加氢站审批纳入法定程序后再按照新规定办理。

5）验收备案后企业自行试运行。试运行 31 日内，由建设单位向住建利部门申请"建设项目安全评估报告备案"。

6）联合验收通过后，加氢站业主单位向市场监管部门申请核发"气瓶充装许可证"。

7）联合验收通过后，加氢站业主单位向住建水利部门申请"加氢站经营许可"。住建部门牵头通过专家论证、联合审批等方式，发放加氢站准许运营文件。

2. 撬装式加氢站审批程序

佛山市南海区撬装站项目的新建、改建、扩建须报主管部门申请。申报单位（企业、个人）向当地市的县（区）主管部门申请建设撬装站，遵循以下审批程序。

（1）项目选址

1）由建设单位向住建水利部门提交申请，由住建水利部门牵头组织各职能部门对选址进行现场勘查，联合评审，出具联合评审会议纪要。

2）对于较敏感（邻居民区、学校、医院、车站等人口密集区）的加氢站选址需要编制选址评估报告，由自然资源部门确认编制选址评估报告所需的相应资质等级单位的范围和条件。涉及公交路线设置或改动的，交通部门应根据实际运行情况对选址提出建议。

（2）立项审批

由发改部门对项目立项备案。

（3）规划审批

项目立项批准后，申报单位（企业、个人）取得土地后向自然资源部门分别申请用地规划许可、规划条件核实、建设工程规划许可，具体如下：

1）加氢站规划条件相关条款须结合加氢站项目实际建设要求进行调整：加氢站项目用地的绿地率为15%以上；减免加氢站设计中关于海绵城市建设的相关要求；加氢站建设项目用地沿城市道路一侧不应设置围墙，其他区域的围墙可按相关规范要求进行控制，并应当对围墙进行绿化、美化；自行车停车位按照加氢站实际情况配置；不对公共厕所的建筑面积作统一规定，可视各项目具体需要进行配置，控规有做出要求的须按控规执行。

2）撬装站内罩棚等建构筑物须申请办理建设工程规划许可证。其建筑方案可采取提前介入方式预审，待资料齐备后正式核发"建设工程规划许可证"。

3）未涉及新增建筑物的可免于办理建设工程规划许可，但应由自然资源部门出具建设工程规划书面意见，明确说明该项目符合当前规划无需规划许可证。

4）需要办理规划许可的项目，但由于特殊原因无法办理土地证的，若不涉及征地或新增建设用地的改扩建项目，根据《佛山市南海区人民政府关于交通、市政及公共服务设施建设项目办理建设工程规划许可证所需使用土地证明文件的批复》（南府复[2018]491号）文件精神，撬装站项目参照下述文件内容执行。

对于不涉及征地或新增建设用地的改扩建项目，本着尊重历史、不产生违法用地的原则，对土地手续适当放宽。具体如下：（一）"使用土地的证明文件"的形式，类型一：1.不动产权证书或土地权利证书；2.《国有土地使用权出让合同》及土地出让金全部缴齐的凭证、《国有建设用地划拨决定书》（包括国土资源主管部门出具的供地批准文件）。类型二：国土资源管理部门出具的使用土地证明文件，包括建设用地批文、临时用地批文（仅用于临建项目）、建设工程用地审核意见。在没有用地批文的情况下，才出具建设工程用地审核意见，意见应包含但不限于表述建设工程符合现行土地利用总体规划、不涉及新增建设用地、现状为建设用地、土地权属等内容。以上证明文件均应附上工程用地红线图并盖章确认。使用土地证明文件由属地国土资源管理所出具，涉及跨镇的项目由区国土部门出具。"。"申请办理《建设工程规划许可证》时，原则上应提供类型一文件作为"使用土地的证明文件"，在确实无法提供类型一文件的前提下，部分建设项目可提供类型二文件。

（4）报建环节

1）住建水利、生态环境、气象、市场监管等部门对加氢站设计方案中的环评、防雷防电、特种设备资质（包括压力管道和储氢容器）进行审查，并出具相应的许可。为确保加氢站项目设计方案的合规性，可由建设单位委托第三方专业机构或组织专家审查加氢站项目设计文件。撬装式加氢站项目实施主体应参照危险化学建设项目，可自行开展建设项目安全设施"三同时"。

2）加氢站施工图设计文件（含消防）应依规进行审查，有特殊情况的，建设单位应委托相关专业机构或组织专家进行审查。

3）撬装站申报环节流程图参考新建固定站申报（图7-7和图7-6）。

（5）验收环节

1）在相关专业机构或专家组进行评审通过后，由建设单位向住建水利部门提出验收申请，由住建水利部门组织市场监管、气象等部门进行验收并由各部门出具验收意见。

注：增设加氢设施，不涉及新增用地和建筑物的项目不需要办理建设工程规划许可证，故无须办理规划条件核验；建设单位须根据《建设项目竣工环境保护验收暂行办法》规定的程序和标准进行环保自主验收。

2）施工和建设单位应提交竣工验收资料。

3）验收通过后，加氢站建设单位向住建水利部门申请燃气设施竣工备案，向市场监管部门申请核发"气瓶充装许可证"。以上手续完备后自行试运行，试运行 31 日内，由建设单位向住建水利部门申请"建设项目安全评估报告备案"。

7.2.6　保障措施

为保障氢能产业的稳步发展，佛山市南海区已经从机制保障、政策保障、资金保障、人才保障、安全保障和宣传保障六个方面提出了一系列保障措施。为顺利落实、更好地服务于全区氢能产业发展，针对加氢站建设面临的挑战，规划结合未来氢能发展面临的挑战提出以下保障建议，促进规划的顺利实施。

1）面向政府：加氢站规划需规划、国土、交通、环保、消防等多部门共同协调，需各镇街相互配合、推进实施，需进一步加强各部门间的密切配合，保障加氢站规划布点在城市土地利用规划中真正落地；应强化监督机制，保证规划的落实；要制定氢气应急扶持方案以应对南海区氢源供应不足等问题。

2）面向企业：加氢站的建设及运营企业要严格按照法律规范和标准进行选址、设计、建设和运营活动；进一步健全安全管理制度，强化从业人员安全培训，严格各环节的操作流程，完善事故应急预案；对存在安全隐患、违规建设、不落实安全要求等情况的企业，禁止进入加氢站的建设经营领域。

3）面向用户：健全应急能力建设，保障氢能生产、储运、加注和使用中突发事件的有效应对；积极开展氢能基础设施运行前、运行中、运行后的日常检查；规范加氢站监测评估，定期监测，及时发布。

7.2.7　小结

按照"科学合理、集约用地、总量控制、保障供应"的规划要求，对加氢站进行科学规划。

1）通过现状分析、趋势解读及需求预测等工作，从整体层面结合资源、需求和现状对南海区加氢站进行了科学合理布局规划，满足未来氢能发展需求。

2）加氢站的规划选址以集约用地为目标，特别是在城市用地紧张区域，鼓励油氢合建模式，推进项目落地；同时结合土地利用规划、氢能产业规划、公共交通规划、加油站规划等相关成果，进一步加强与规划、发改等相关部门的协调机制，保障加氢站选址布局在土地利用规划中得以落实。

3）规划对片区内加氢站总体规模及各类用地规模等进行整体预控，提出了分期建设及调整计划，持续推动南海区加氢站的有序健康发展。根据规划，预计到2025年有加氢站30座，到2030年有60~90座。

4）制定了加氢站审批程序指引方案，加快推进加氢站审批流程。

5）提出了规划落实的保障措施建议，确保规划的可实施性。

7.3　撬装可移动式加氢站低成本构建方案

项目探索研发加氢能力为500kg/12h、加注压力为35MPa的撬装可移动式加氢站（简称撬装站）作为固定站的补充，设计撬装可移动式加氢站的工艺流程，选择合适的加氢站配套设备和技术参数等，完成撬装可移动式加氢站的开发，同时分析撬装可移动式加氢站设备成本构成，完成低成本加氢站的构建。

7.3.1　撬装可移动式加氢站开发的必要性

1. 固定式加氢站建设成本过高

目前制约我国加氢站建设发展的主要原因之一是加氢站的建设成本过高，以日加氢能力为1000kg/12h的固定式35MPa加氢站为例，建设成本约为2000万元。其次，加氢站核心设备技术与国际先进水平还存在一定差距，关键性技术还处于攻关期，成熟度较低。另外，土地成本高昂，在申请加氢站建设时，必须申请使用商业用地，如果建设在相对较为便宜的工业用地上，那么建设好的加氢站只能给自己的产品加氢或进行实验，不能公开运营。上述因素都是造成国内固定式加氢站建设费用居高不下的重要原因。

2. 土地资源紧张

佛山市南海区率先建成国内首个商业化运营的瑞晖加氢站。总结经验：加氢站建设仍存在土地性质不明确（用地性质中无加氢站的专门类别）、建设审批流程不清晰等问题。在土地资源越来越紧张的背景下，独立占地的加氢站选址难度将越来越大。由于加氢站为新型基础设施，环境、安全的要求和敏感性较高，选址建设须充分考虑周边居民等社会压力。

3. 车辆加氢不方便

由于佛山市南海区加氢站的建设还处于起步发展阶段，数量较少，特别是东部片区作为燃料电池公交车及物流车应用最频繁密集的区域，其加氢站数量偏少，无法匹配和满足燃料电池汽车投放进度及用氢需求，使得示范车辆加氢不方便。

4. 移动式加氢站优势明显

移动加氢站相比固定加氢站来说，其优势较为明显，如整体成撬、方便移动、建站快速以及可模块化生产等，十分具有推广意义。

近年来，撬装式加氢站逐渐兴起。撬装式加氢站是依据加氢站工艺流程及控制要求，将一些设备控制元件集成安装在集装箱底座上，组成可移动的特定功能的加氢站。设备撬装化使得工程项目工厂化，设备的集成与调试尽可能在工厂完成，从而减少现场工程施工的工作量，同时提高系统的可靠性。其优点是结构紧凑，工厂制造安装，质量容易得到保证，节约大量土地，减少投资成本，且安全可靠，利于操作和维护。

7.3.2 撬装可移动式加氢站技术方案

1. 技术指标

本方案撬装可移动式加氢站具体工艺技术指标如下：

1）氢气压缩：额定工作压力 45MPa。

2）氢气加注：额定工作压力 35MPa，氢气加注流量 0.5～3.6kg/min。

3）日加注车辆：运行 12h 可加满约 20 辆大客车，或约 50 辆物流车。

2. 设计遵循的主要标准、规范（表 7-22）

表 7-22　撬装可移动式加氢站设计遵循的主要标准和规范

序号	标准	规范
1	GB 50516—2010	加氢站技术规范（2021 年版）
2	GB/T 31139—2014	移动式加氢设施安全技术规范
3	GB 50316—2000（2008 版）	工业金属管道设计规范
4	GB 50235—2010	工业金属管道工程施工规范
5	GB 50184—2011	工业金属管道工程施工质量验收规范
6	GB 50236—2011	现场设备、工业管道焊接工程施工规范
7	GB 50058—2014	爆炸危险环境电力装置设计规范
8	GB 50054—2011	低压配电设计规范
9	GB 50034—2013	建筑照明设计标准
10	GB 50217—2018	电力工程电缆设计规范
11	GB/T 3836.1—2021	爆炸性环境　第 1 部分：设备　通用要求
12	GB/T 50062—2008	电力装置的继电保护和自动装置设计规范
13	GB 50116—2013	火灾自动报警系统设计规范
14	GB/T 14976—2012	流体输送用不锈钢无缝钢管
15	GB 5310—2017	高压锅炉用无缝钢管

3. 工艺流程研究

氢气长管拖车通过管道连接至氢气压缩机，将氢气加压储存之后通过加氢机对车辆进行加注。撬装可移动式加氢站工艺流程如图 7-8 所示。

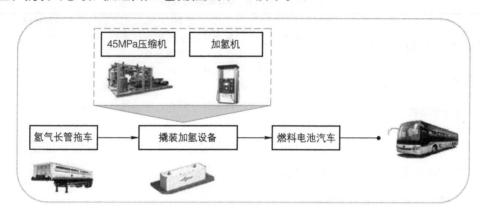

图 7-8　撬装可移动式加氢站工艺流程

4. 主要设备方案研究

500kg/ 天撬装可移动式加氢站主要设备清单详见表 7-23。

表 7-23　撬装可移动式加氢站主要设备清单

序号	名称	型号规格	数量	单位
1	撬体	按需求设计	1	套
2	卸气柱	工作压力 20MPa，含紧急切断	1	套
3	氢气压缩机	进气压力：5-20MPa，最高排气压力：45MPa、排量：500kg/ 天	1	套
4	氢气换热器	水冷方式	1	套
5	冷水机组	采用一拖二的方案，其一提供压缩机冷却和出口气体冷却，其二提供加氢机前端管路气体冷却；两个机组采用独立的换热器	1	套
6	管路附件	阀门管件若干	1	套
7	加氢机	双枪单计量	1	台
8	仪表风系统	自动切换面板	1	套
9	站控系统	—	3	套

（1）压缩机

氢气压缩机作为加氢站的核心装备，由于加氢站对氢气纯度要求特别高，因此要求所用的压缩机均为无油润滑的方式。

加氢站在用的压缩机主要包括金属隔膜压缩机、电动液驱压缩机和离子压缩机，其中以前两者为主。国内外大部分加氢站均采用美国 PDC 公司的金属隔膜压缩机，也有少量加氢站采用国产化金属隔膜压缩机；国内张家口、抚顺等地部分加氢站采用了电动液驱压缩机，国外也有少量应用。离子压缩机仅在个别站应用。从优缺点、成本、应用情况和技术成熟度几方面，对比三类压缩机的特点见表7-24。

表 7-24　不同类型压缩机的对比

序号	类型	优势	劣势	应用情况
1	金属隔膜压缩机	单机排量大，充装效率高，气体无污染	液油压缩结构和冷却系统复杂，不宜频繁启动	国内外大规模使用，已有少量国内产品
2	电动液驱压缩机	造价低，运营成本低，保养方便	单机排放较低，气体轻微污染	日本有使用，其他行业应用成熟，未国产化
3	离子压缩机	润滑效率高，运动部件少	配套设备较多，运营成本高	极少量使用

据加氢站及终端客户对氢气纯度和品质的使用要求，氢气压缩机有如下特点：

1）气体在压缩过程中不受任何污染。

2）气体在压缩过程中无泄漏。

3）压缩比大。

4）排气压力高。

虽然液压活塞式压缩机操作简单、灵活性大，但由于其工作原理是在活塞往复运动中压缩氢气，容易造成氢气的污染和泄漏，且散热性较差。相较而言，依靠金属膜片在气缸中做往复运动的隔膜式压缩机具有散热性能好、压缩比大、密封性能强、不污染压缩介质等优点，在加氢站应用中更为广泛。隔膜式压缩机输出压力极限可超过100MPa，足以满足加氢站70MPa以上的压力要求。结合上述氢气压缩机的要求以及现有压缩机的种类和特点，本方案中加氢站的氢气压缩机选用隔膜式压缩机。

隔膜式压缩机作为一种特殊的往复式压缩机，通过一组膜片将液压油系统和气体压缩系统完全分开。隔膜式压缩机中，气缸的运动只由一个膜腔来完成，膜片由液压油驱动，膜片在液压油推力的作用下来回运动，从而完成吸气、压缩、排气循环往复的过程。膜腔中气体压缩系统没有任何需要润滑的滑动部件，而是通过静密封件与液压油系统做到完全密封，与外界完全隔离。

撬装式加氢站氢气压缩机主要参数见表7-25。

表 7-25　撬装式加氢站氢气压缩机主要参数

参数类型	项目	参数
机组性能参数	进气压力 /MPa	5～25
	入口温度 /℃	30
	额定排气压力 /MPa	45
	平均处理流量 /Nm³/h	468.56
	气体油含量	100 % 无油
	排气温度 /℃	≤ 43

（续）

参数类型	项目	参数
机组结构参数	机组形式	往复隔膜式
	机组布置	水平布置
	氢气冷却方式	水冷
	缸头冷却	水冷
	油冷却	水冷
	缸头腔内润滑	全密封，无油
	传动方式	标准带传动
机组安装及防爆等级	安装位置	集装箱撬内
	压缩机电机防爆等级	Ex d IIC T4
	控制柜防爆等级	Ex d IIC T4
	机组噪声（距机组1m处噪声）/dBA	< 85

（2）加氢机

依据 GB/T 31138—2022《加氢机》的要求，加氢机的加氢速度应不大于 3.6kg/min，其目的是防止加注过程中温升过快导致车载供氢系统损坏，特别是车载储氢瓶。根据燃料电池汽车情况建议采取双阀双枪的模式，一般配备 TK16 和 TK25 两种加氢枪，可同时对两辆汽车实现加注。加氢机实现功能、相关配置、及技术参数见表 7-26 ～ 表 7-28。

表 7-26　加氢机实现功能

序号	实现功能
1	各配置一把 TK16 和 TK25 加氢枪
2	每种类型的加氢枪各配 5m 的加氢软管和 5m 回气软管、拉断阀、枪架
3	加氢机无分级加注功能，只需含单路加氢功能
4	加氢机无刷卡收费功能
5	加氢机需要配置科里奥利质量流量计，配备显示屏实时显示功能，需要能在加氢机上显示瞬时流量和统计累计流量
6	加氢机须有加氢启动按钮，以及急停按钮
7	加氢机内须有限流措施，加氢流量应 ≤ 3.6kg/min
8	加氢机须设置自动加注程序，加注到设定压力 35MPa 时，自动停止加注
9	加氢机中的气动阀需要有开关量反馈至 PLC，可以在 PLC 柜的液晶面板上显示该阀开关状态

注：PLC 是 Programmable Logic Controller 的缩写，表示可编程逻辑控制器

表 7-27　加氢机相关配置

序号	分类	规格型号	数量
1	防爆电源	—	1
2	显示屏	液晶	1
3	加氢枪及其组件	TK25，配置 5m 软管	1

（续）

序号	分类	规格型号	数量
4	加氢枪及其组件	TK16，配置 5m 软管	1
5	电磁阀	DN06，PN16[①]	1
6	压力表	WIKA（德国威卡公司）	1
7	流量计	1/2NPT 连接，4～20mA 输出，485 通信接口	1
8	主板	加氢机核心	—
9	冷却器	—	—
10	机壳	材质：Q235	1

① DN 表示平均内径，PN 表示公称压力。

表 7-28　加氢机技术参数

序号	项目	参数
1	形式	双枪（TK16 和 TK25）
2	工作压力	35MPa
3	氢气加注流量	0.5～3.6kg/min
4	最大允许误差	±2.5%
5	工作电源	AC 185～245V；50Hz±1Hz
6	环境温度	−40～55℃

（3）站控系统

1）PLC 控制及拖动模块。该模块是设备运行的基本控制和供电模块，实现仪表以及加气机信号经 PLC 采集计算，按预设的控制逻辑控制整橇各电磁阀、电机的启停，控制氢气隔膜压缩机对氢气增压，达到卸气、增压、加注等工艺功能；配置触摸屏作为基本人机界面，可显示系统运行状态，并可用于操作运行设备；预留智能网关通信接口与中心服务器通信，可组网实现数据远程传输、远程监控、远程值守等功能；提供一台上位机，且含整站 PLC 运行组态编程。PLC 控制及拖动模块配置参数见表 7-29。

表 7-29　PLC 控制及拖动模块配置参数

序号	物料名称	规格型号	数量
1	防爆箱体	—	2 台
2	PLC	—	1 台
3	触摸屏	7 寸彩色	1 台
4	安全栅	隔离式	若干
5	浪涌保护器	—	若干
6	软启动器	22kW	—
7	电涌保护器	标称放电电流 20kA	1 台

2）安全监管系统。该系统是设备运行的安全保障系统，配置氢气泄漏检测系统、火焰报警器以及联动的紧急关闭阀（ESD）、安全切断阀、声光报警指示器、防爆通风机等设备。

① 集装箱撬内设置氢气泄漏探测和火焰探测，当检测到氢气泄漏或火焰时，联锁系统停机，并紧急切断设备。

② 集装箱撬上配置有 ESD 急停按钮，当按下急停按钮后，控制系统自动切断空压机电源及所有气动阀门。故障清除后，需手动恢复急停按钮并复位。

③ 集装箱在加注区设有声光报警装置，当设备故障时，声光报警指示器提醒操作人员检查。当有紧急事件时，声光报警指示器提醒操作人员处理。

④ 安全监管项中检测到泄漏还应联锁撬上两台防爆通风机启动。

7.3.3 撬装可移动式加氢站成本对比

1. 对比案例：撬装式加氢站（平洲东信北路加氢站）

（1）平洲东信北路加氢站简介

佛山市南海区建成的平洲东信北路加氢站采用撬装加氢设备（图 7-9），面积约 800m²，建设参照 GB 50516—2010《加氢站技术标准》等，加氢能力为 500kg/12h，加注压力为 35MPa，主要有压缩机、加气设施等设备。氢气由长管拖车运至撬装站，在站内主要进行卸车、加氢等工艺。

图 7-9　平洲东信北路加氢站

（2）技术参数

东信北路加氢站技术参数见表 7-30。

表 7-30　东信北路加氢站技术参数

序号	项目	参数
1	进气压力	7～20MPa
2	排气压力	≤41MPa
3	排气温度	≤35℃
4	加氢机	加注压力：35MPa
5	储氢容器	容量 0.895m³，储氢量约为 23kg

（3）工艺流程

东信北路加氢站具体工艺流程如图 7-10 所示。首先，来自上游厂家的外购氢气，由长管拖车运输至站区内，通过软管与氢气卸气柱相连接，原料氢气通过管道被输送到压缩机撬内的氢气压缩系统，经过压缩后，储存在储氢瓶内。车辆前来加注时，首先将储氢瓶内的氢气通过加氢机与燃料电池汽车内的储气瓶进行压力平衡，如果没有达到设定的加注压力，则启动氢气压缩机继续对燃料电池汽车进行加注，直至达到设定的加注压力。其间，通过撬内的冷水机组对氢气压缩机进行冷却降温。

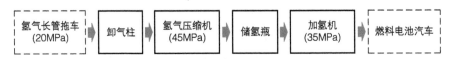

氢气长管拖车(20MPa) → 卸气柱 → 氢气压缩机(45MPa) → 储氢瓶 → 加氢机(35MPa) → 燃料电池汽车

图 7-10　东信北路加氢站具体工艺流程图

（4）配套设备方案

平洲东信北路加氢站采用液压活塞式氢气压缩机，加氢站相关技术参数见表 7-31～表 7-34。

表 7-31　平洲东信北路加氢站液压活塞式氢气压缩机技术参数

序号	项目	参数	数量
1	往复活塞式	单级双作用	
2	压缩级数	1 级	
3	缸头数	1 个	
4	压缩比	最大为 6	
5	压缩能力	500kg/12h	1 台
6	进口压力	7～20MPa	
7	进口温度	≤35℃	
8	出口压力	≤41MPa	
9	设计压力	45MPa	
10	出口温度	≤35℃	

表 7-32　平洲东信北路加氢站加氢机技术参数

序号	项目	参数	数量
1	加氢枪数量	双枪配置（TK16、TK25）	1 台
2	操作温度	−30 ~ 50℃	
3	加注压力	35MPa	
4	最大压力	43.8MPa	
5	设计压力	48.2MPa	
6	精度	± 1.5 %	
7	流量范围	每枪 0.3 ~ 3.6kg/min	
8	总功率	200W	

表 7-33　平洲东信北路加氢站储氢容器技术参数

序号	项目	参数	数量
1	规格	体积为 0.895m³ Φ 406mm × 10000mm	1 台
2	操作压力	39MPa	
3	设计压力	41MPa	
4	操作温度	−29 ~ 60℃	
5	设计温度	−40 ~ 60℃	

表 7-34　平洲东信北路加氢站其他设备技术参数

序号	设备名称	参数	数量
1	氢气卸气柜	操作温度：常温 操作压力：5 ~ 20MPa 设计压力：25MPa 卸氢能力：300kg/h	1 台
2	长管拖车储氢瓶组	每辆氢气长管拖车自带 1 组氢气气瓶组，每组有 7 个储氢瓶，单瓶容积为 3.703m³，总容积为 26m³，最高工作压力为 20MPa	1 组
3	附属件撬体（内含：冷水机、空气压缩机、电器柜等）	冷水机组，采用风冷式，以水作为制冷剂 供水温度：7℃ 回水温度：12℃ 冷却水量：190L/min 总功率：23kW	1 套

2. 成本对比和低成本构建方案

东信北路加氢站设备成本不高于 500 万元，项目设计的撬装可移动式加氢站方案设备成本约 375 万元（含安装调试费用约 420 万元）。在满足标准规范及功能需求的前提下进行移动式加氢站设计，合理地进行工艺设计和设备选择，在主要设备上，选择隔膜式压缩机、35MPa 双枪加氢机，站控系统包含 PLC 控制及拖动模块和安全监管功能，使得方案最优化。相比固定式加氢站，撬装可移动式加氢站的投资成本仅为三级固定式加氢站的 25% 左右，同时节省安装时间，节省罩棚和占地，并且扩容增容，设备不浪费。

3. 加氢站设备成本降低途径

对于加氢站来说，建设成本下降主要源于：①规模化建设；②提高设备国产化率；③采用新的设计和技术来提高效率。佛山市南海区加氢站采用进口设备及零部件占绝对主导地位，关键设备缺乏市场竞争导致价格昂贵。针对南海区加氢站设备现状，可采取以下途径降低设备成本：

1）依托南海区完善的装备制造业基础，如海德利森、蓝图、翯松海德利森等加氢站设备制造、规划设计和建设运营核心企业的力量，加快氢气压缩机、高压储氢容器、加氢机、加氢站控制系统等关键技术研究与产业化。

2）推进加氢设备核心阀件等关键技术引进与吸收，推进核心部件国产化进程，提高产能、降低成本、缩短交货期，逐步实现进口替代，争取早日实现装备设计制造的国产化。

3）总结大量加氢站设计、建设和运营经验，融会贯通，从而实现技术创新，迭代升级。

7.3.4 小结

1）在满足标准规范及功能需求的前提下，进行移动式加氢站设计，合理地进行工艺设计和设备选择。在主要设备上，选择隔膜式压缩机、35MPa 双枪加氢机，站控系统包含 PLC 控制及拖动模块和安全监管系统，使得方案最优化。

2）经测算，所设计的移动式加氢站设备投资成本仅需 375 万元，同规模移动式加氢站投资成本仅为固定式加氢站的 25% 左右，同时节省安装时间，节省罩棚和占地，并且扩容增容，设备不浪费。

3）针对南海区加氢站设备现状，可依托南海区完善的装备制造业基础，加快氢气压缩机、高压储氢容器、加氢机、加氢站控制系统等关键技术研究与产业化，以及促进加氢设备核心阀件等关键技术引进与吸收，推进核心部件国产化进程。

第8章
国内外燃料电动电池汽车及加氢站示范运行情况

本章从燃料电池公交车的技术特征、运行特征、能耗特征、加氢习惯及使用率等方面，将京津冀、中部和珠三角等典型区域示范运行的燃料电池公交车与美国在加州投入示范运行的 5 个车队的燃料电池公交车进行对标分析。需要说明的是，因新冠疫情影响，我国燃料电池汽车 2019 年的运行数据相比 2020 年更加完整。因此，我国燃料电池公交车运行数据为 2019 年各区域投入车辆的实际运行数据，对比数据为美国能源部针对 2017—2018 年燃料电池汽车实际运行评估数据。

8.1 国内外燃料电池公交车示范运行对比

8.1.1 车辆技术特征差异分析

中国燃料电池公交车为混合动力技术路线，以小功率燃料电池与大容量动力电池的动力构型为技术特征，燃料电池系统功率多为 60 ~ 80kW，动力电池以锰酸锂电池为主，容量为 40kW·h 左右。美国燃料电池公交车为全功率型，以大功率燃料电池与小容量动力电池的动力构型为技术特征，燃料电池系统功率以 120kW 和 150kW 的居多，动力电池以三元锂电池为主，容量普遍为 11kW·h。

1. 对比车型说明

中国燃料电池公交车队选取北京、张家口、郑州和佛山投入的燃料电池公交车。国外燃料电池公交车队为 AC Transit（ACT）、SunLine Transit Agency（SL）、Orange County

Transportation Authority（OCTA）、Stark Area Regional Transit Authority（SARTA）和 University of California at Irvine（UCI）车队。

2. 车型技术指标比较

从国内外燃料电池公交车技术指标看（表 8-1 和表 8-2），车长均为 12m，车高为 3.5m 左右。中国燃料电池系统功率多为 60～80kW，美国燃料电池系统功率以 120kW 和 150kW 的居多，中国燃料电池系统功率明显小于美国；动力电池容量方面，中国动力电池容量为 40kW·h 以上，美国普遍为 11kW·h，我国动力电池容量明显高于美国；动力电池类型方面，中国以锰酸锂电池为主，美国以三元锂电池居多；在动力系统技术方案上，我国燃料电池公交车多采用增程式混合动力技术，燃料电池电堆的使用特征上更接近于稳态输出为动力电池供电，而美国采用全功率型燃料电池系统驱动，燃料电池系统的输出特性能够适应车辆工况；储氢系统方面，国内外均为 35MPa 高压储氢瓶，布置 8 个；但储氢瓶容量方面，中国储氢瓶容量为 20～30kg，美国储氢瓶容量为 40～50kg，中国储氢瓶容量比美国小 15kg 左右。

表 8-1　中国燃料电池公交车技术指标

参数	京津冀区域		中原区域	珠三角区域
	北京	张家口	郑州	佛山
车辆数量	5	10	10	11
生产商	福田客车	福田客车	宇通客车	飞驰客车 / 江苏九龙
车长 /mm	12000	10500	12000	8645/12000
车高 /mm	3460	3470	3400	3300/3550
燃料电池生产商	北京亿华通	北京亿华通	北京亿华通	广东国鸿重塑
燃料电池系统额定 / 峰值功率 /kW	63/80	30.5/31	60/61	32/32.8 92/95
动力电池生产商	盟固利	盟固利	宁德时代	亿鹏能源
动力电池类型	锰酸锂电池	锰酸锂电池	磷酸铁锂电池	锰酸锂电池
动力电池容量 /kW·h	41.44	82.88	108	57.8/42.62
储氢瓶容量 /kg	26.4	19.8	25	10/18
储氢瓶压力 /MPa	35	35	35	35
储氢瓶数量 / 个	8	6	8	3/6

8.1.2　车辆运行里程对比分析

我国燃料电池公交车的运行里程与美国不同，一定程度上和国内高强度运行的公交系统相关。

表 8-2　美国燃料电池公交车技术指标

参数	AC Transit（ACT）	SunLine Transit Agency（SL）	Orange County Transportation Authority（OCTA）	Stark Area Regional Transit Authority（SARTA）	University of California at Irvine（UCI）
车辆数量	13	4	1	5	1
客车生产商	Van Hool	ElDorado National	ElDorado National	ElDorado National	ElDorado National
车长 /mm	12192	12192	12192	12192	12192
车高 /mm	3449	3555	3555	3555	3555
燃料电池生产商	UTC Power	Ballard	Ballard	Ballard	Ballard
燃料电池功率 /kW	120	150	150	150	150
动力电池生产商	EnerDel	A123	A123	A123	A123
动力电池类型	锂离子电池	三元锂电池	三元锂电池	三元锂电池	三元锂电池
动力电池容量 /kW·h	17.4	11	11	11	11
储氢瓶数量 / 个	8	8	8	8	8
储氢瓶容量 /kg，压力 / MPa	40，35	50，35	50，35	50，35	50，35

1. 车队规模比较

中国燃料电池公交车共 4 个车队总计 41 辆车，美国燃料电池公交车共 5 个车队总计 27 辆车。

2. 运行里程比较

国内外燃料电池公交车运行数据见表 8-3 和表 8-4。中国燃料电池公交车车队总的年度运行里程为 232.71 万 km，美国燃料电池公交车车队总的年度运行里程为 113.25 万 km；中国燃料电池公交车平均单车年度运行里程为 56759km，为美国的 1.35 倍；中国燃料电池公交车平均单月运行里程为 193925km，为美国的 1.99 倍；中国燃料电池公交车单车单月平均运行里程为 4730km，为美国的 1.31 倍。

表 8-3　中国燃料电池公交车运行数据

	车辆数	运行日期	运行月数	车队总的运行里程 /km	单车运行里程 /km	车队平均单月运行里程 /km	单车单月平均运行里程 /km
北京	5	2019.1—2019.12	12	169241	33848	14103	2821
张家口	10	2019.1—2019.12	12	677807	67781	56484	5648
郑州	15	2019.1—2019.12	12	965532	64369	80461	5364
佛山	11	2019.1—2019.12	12	514523	46775	42877	3898
合计	41	—	12	2327103	56759	193925	4730

表 8-4　美国燃料电池公交车运行数据

	车辆数	运行日期	运行月数	车队总的运行里程 /km	单车运行里程 /km	车队平均单月运行里程 /km	单车单月平均运行里程 /km
ACT	13	2017.8—2018.7	12	466438	35880	38870	2990
SL	7	2017.8—2018.7	12	119009	17001	9917	1417
OCTA	1	2017.8—2018.7	12	21486	21486	1791	1791
SARTA	5	2017.10—2018.7	10	92524	18505	9252	1850
UCI	1	2017.8—2018.7	12	8372	8372	698	698
合计	27	—	11.6	1132526	41945	97632	3616

8.1.3　燃料经济性差异分析

中国燃料电池公交车的百公里耗氢量为美国的 0.55 倍左右。从具体数据来看（表 8-5、表 8-6），中国不同车队的燃料电池公交车的百公里耗氢量在 5.40 ~ 7.11kg/100km 范围内，美国不同车队的百公里氢耗在 9.83 ~ 12.94kg/100km 区间内，美国燃料电池公交车的平均百公里耗氢量为中国的 1.82 倍。

车辆配置和使用工况的不同导致中外能耗差别比较大。美国燃料电池公交车的燃料电池功率比较大，对性能要求比较高，而且美国燃料电池公交车经常上高速，在使用过程中空调和暖风使用频率较高。我国燃料电池公交车配备较小的燃料电池系统和较大的动力电池，可以满足短时间加速的需求，车辆主要在城市内使用，对动力性要求不高。

表 8-5　中国燃料电池公交车燃料经济性

参数	北京	张家口	郑州	佛山
平均百公里耗氢量（kg/100km）	7.11	6.29	6.45	5.40
每千克氢行驶里程（km/kg）	14.06	15.90	15.50	18.52

表 8-6　美国燃料电池公交车燃料经济性

参数	SL	OCTA	SARTA	UCI
平均百公里耗氢量（kg/100km）	11.57	9.83	12.94	11.64
每千克氢行驶里程（km/kg）	8.64	10.18	7.73	8.59

8.1.4　加氢特征差异分析

美国燃料电池公交车百公里耗氢量和储氢瓶容量大于中国，平均每次加氢量高于中国。具体来看，美国燃料电池公交车百公里耗氢量为中国的 1.82 倍，储氢瓶容量为中国的 1.51 ~ 1.89 倍，美国燃料电池公交车单车年度加氢量为中国的 1.20 倍，单车年度加氢次数为中国的 0.78 倍，平均每次加氢量为中国的 1.60 倍。

1. 加氢量对比

从车队年度加氢量数看，2019 年度纳入对比研究的中国燃料电池公交车共 4 个车队，总计 41 辆车，年度总加氢量为 154517kg。2018 年度美国燃料电池公交车纳入对比研究共 5 个车队，总计 20 辆车，年度总加氢量为 91846kg。

从单车年度加氢量看，中国单车年度加氢量为 3769kg，美国单车年度加氢量为 4513kg。美国单车年度加氢量为中国的 1.20 倍。

2. 加氢次数对比

从车队年度加氢次数看，中国 4 个车队 41 辆车，年度总加氢次数为 11994 次，美国 5 个车队 20 辆车，年度总加氢次数为 4451 次。

从单车年度加氢次数看，中国单车年度加氢次数 293 次，美国单车年度加氢次数为 228 次，中国单车年度加氢次数为美国的 1.29 倍。

3. 平均每次加氢量

从平均每次加氢量看（表 8-7 和表 8-8），中国公交车平均每次加氢量为 12.88kg，美国公交车平均每次加氢量为 20.6kg，美国公交车平均每次加氢量为中国的 1.60 倍。

表 8-7　中国燃料电池公交车加氢习惯

参数	北京	张家口	郑州	佛山	合计
车辆数量	5	10	15	11	41
车队年度加氢量 /kg	11862	40688	72856	29111	154517
车队年度加氢次数	727	3723	4849	2695	11994
车队每月加氢量 /kg	989	3391	6071	2426	12876
车队每月加氢次数	61	310	404	225	1000
单车年度加氢量 /kg	2372	4069	4857	2646	3769
单车年度加氢次数	145	372	323	245	293
单车每月加氢量 /kg	198	339	405	221	314
单车每月加氢次数	12	31	27	20	24
平均每次加氢量 /kg	16.32	10.93	15.02	10.80	12.88

表 8-8　美国燃料电池公交车加氢习惯

参数	ACT	SL	OCTA	UCI	MBTA	合计
车辆数量	13	4	1	1	1	20
车队年度加氢量 /kg	62962	14881	4525	5159	4318	91846
车队年度加氢次数	3014	705	237	192	303	4451
车队每月加氢量 /kg	5247	1240	377	430	360	7654
车队每月加氢次数	251	59	20	16	25	371
单车年度加氢量 /kg	4843	3720	4525	5159	4318	4513
单车年度加氢次数	232	176	237	192	303	228
单车每月加氢量 /kg	404	310	377	430	360	376
单车每月加氢次数	19	15	20	16	25	19
平均每次加氢量 /kg	20.9	21.1	19.1	26.9	14.2	20.6

8.1.5　燃料电池汽车使用率差异分析

中国燃料电池公交车队年度总的使用率与美国存在差异（表 8-9 和表 8-10）。中国北京、张家口、郑州燃料电池公交车车队，共计 30 辆车，2019 年电堆总的停运率为 19.92%，燃料电池汽车总的使用率达到 80.08%。美国燃料电池公交车共 4 个车队，总计 14 辆车，2018 年总的停运率为 28.6%，总的使用率达到 71.4%。

不同的原因导致国内外燃料电池公交车使用率存在差异。调研了解到，国内燃料电池公交车停运主要原因为车辆运行排班时间，美国燃料电池公交车停运主要原因为出现故障。

表 8-9　国内外燃料电池公交车使用率

中国燃料电池公交车使用率						
	车辆数	运行日期	运行月数	计划运行天数	电堆运行天数	电堆停运率	使用率
北京	5	2019.1—2019.12	12	1825	935	48.77%	51.23%
张家口	10	2019.1—2019.12	12	3650	2764	24.27%	75.73%
郑州	15	2019.1—2019.12	12	5475	5070	7.40%	92.60%
佛山	11	2019.1—2019.12	12	4015	—	—	—
合计（除佛山）	30	—	12	10950	8769	19.92%	80.08%

表 8-10　美国燃料电池公交车使用率

	车辆数	运行日期	运行月数	计划运行天数	实际运行天数	故障率	使用率
SL	7	2017.8—2018.7	12	1379	1068	22.6%	77.4%
OCTA	1	2017.8—2018.7	12	344	265	23.0%	77.0%
SARTA	5	2017.10—2018.7	10	1140	743	34.8%	65.2%
UCI	1	2017.8—2018.7	12	231	134	42.0%	58.0%
合计	14	—	11.5	3094	2210	28.6%	71.4%

8.2 国内外加氢站示范运行对比

8.2.1 国内加氢站及特征分析

目前，在京津冀、中原、长三角、珠三角地区纳入加氢站示范的有北京永丰加氢站、张家口创坝加氢站、郑州宇通加氢站、上海安亭加氢站、盐城创咏加氢站、佛山瑞晖加氢站其参数见表 8-11。加氢站的加注量多在 500～1000kg/ 天之间，加注压力为 35MPa，多为固定式。

我国具备了设计建设 35MPa 加氢站的能力（包括固定站和移动站），关键设备国产化取得重大进展，如加氢机、压缩机、储氢瓶组（储氢罐）均有相应的设计制造单位，其中加氢机、储氢瓶组（储氢罐）的设计制造能力已达到国际水平，但压缩机的设计制造能力尚有不足，主要是在整机的制造精度和使用稳定性有待继续完善。

表 8-11　国内典型示范区域加氢站参数

序号	城市	名称	加注量 / （kg/ 天）	加注压力 / MPa	提供模式	建成时间	氢站模式	承建单位	氢气来源
1	北京	永丰加氢站	1000	35	外供	2006 年	固定式	北京亿华通	电解水制氢、氯碱工业副产氢
2	张家口	创坝加氢站	1000	35	外供	2018 年	撬装式	张家口海泊尔	电解水制氢、氯碱工业副产氢
3	郑州	宇通加氢站	1210	35	外供	2015 年	固定式	宇通客车	氯碱工业副产氢
4	上海	安亭加氢站	800	35	外供	2007 年	固定式	上海舜华	—
5	盐城	创咏加氢站	1200	35	外供	2019 年	固定式	盐城创咏	—
6	佛山	瑞晖加氢站	350	35	外供	2017 年	固定式	南海燃气	石油工业副产氢

8.2.2 国外加氢站及特征分析

国外加氢站以欧盟为例，建设单位多为林德、Air Liquide、Air Products 等公司，加注压力有 35MPa 和 70MPa，可靠性 >90%，加氢时长一般在 10min 以内，相关参数见表 8-12。

表 8-12　欧盟典型示范城市加氢站参数

序号	城市	建设单位	加注压力（MPa）	建成时间	特征	氢气来源
1	瑞士阿尔高	Carbagas	—	—	可靠性 >98%，加氢时长 10min 以内，最大储氢量 450kg	现场可再生能源制氢，电力来自于水电、太阳能电力、风电和生物电能
2	意大利博尔扎诺	林德（Linde）	35/70	2014 年	可靠性 >98%，加氢时长 10min 以内，产氢量 300kg/ 天	—
3	意大利米兰	林德（Linde）	35	—	可靠性 >98%，加氢时长 10min 以内，产氢量 200kg/ 天	—
4	英国伦敦	Air Products	—	2010 年	可靠性 >95%，加氢时长 10min 以内，产氢量 320kg/ 天	—
5	挪威奥斯陆	Air Liquide	—	2012 年	可靠性 >92%，加氢时长 10min 以内，产氢量 250kg/ 天	—
6	德国科隆	Air Products	—	2011 年	可靠性 >95%，加氢时长 10min 以内，产氢量 120kg/ 天	—
7	德国汉堡	林德（Linde）	35/70	2012 年	可靠性 >95%，加氢时长 10min 以内，产氢量 700kg/ 天	—
8	加拿大惠斯勒	Air Liquid	35	2009 年	加注能力 1000kg/ 天	从魁北克将水力发电产生的液态氢运送出来，并储存在惠斯勒汽车站的大型储罐中。在加氢过程中，液态氢气被蒸发并以气体形式传送到公交车储氢罐
9	德国柏林	HyFLEET：CUTE	—	—	加注能力 400kg/ 天	—

8.2.3　国内外加氢站对比总结分析

欧盟部分加氢站的加注压力可以达到 70MPa，国内一般为 35MPa，欧盟加氢站的加注压力高于国内。欧盟加氢站的可靠性均在 90% 以上，故障率低，技术成熟可靠。国内加氢站在可靠性上没有统计，但经走访调研了解到，技术成熟可靠性要低于欧盟。

国外加氢站的气源已经涉及可再生能源制氢，电力来自于水电、太阳能光伏发电、风电和生物电能。国内加氢站的气源大多数为工业副产氢，氢能来源相对单一，亟须扩展电解水制氢和可再生能源制氢来源。

今后中国加氢站需要在70MPa加氢站和液氢加氢站方面进行攻关，解决设备及技术的国产化问题。同时，由于城市土地的稀缺性，在加氢站选址上，应鼓励传统能源企业利用原有加油站、加气站进行加氢加油合建站改造，扩大加氢站网络建设。

8.3 小结

中国燃料电池公交车的百公里耗氢量为美国的0.55倍左右，一定程度上说明氢电混合技术路线作为技术过渡阶段是比较好的选择，兼顾经济性和技术可行性，符合燃料电池商用车技术发展路线图的规划，即以小功率燃料电池与大容量动力电池混合动力系统为市场切入点，逐步向大功率燃料电池与小容量动力电池混合动力的发展路线转变，进而使得动力性、经济性及成本达到燃油汽车的水平。

第 9 章

氢能经济性研究与分析

本章深入研究了氢能和燃料电池汽车示范运行经济性问题,从产业链与价值链协同融合的视角,通过对不同示范城市的氢能来源及制氢、运氢、储氢、加氢、燃料电池汽车运行等产业链不同阶段进行深入的经济性研究分析,初步形成了加氢站和燃料电池汽车示范运行经济性分析模型,完成了氢气的制、运、储、加及燃料电池汽车示范运行在不同示范城市的经济性及未来发展趋势分析,开展了不同区域氢能可持续性分析,并对不同城市氢能产业发展路径进行了总结及展望。本章还探索了基于我国能源基础的可持续发展的氢能产业运行模式,并进行氢气价格达到 40 元 /kg 及以下的可行性分析,探索降低氢气成本的路径和方法,为燃料电池汽车产业商业化发展提供了重要的支撑和借鉴。

9.1 典型区域的能源可持续性分析

中国是全球第一产氢大国,2020 年工业制氢产量为 2500 万 t;同时,中国也是全球最大的工业副产氢国家,各类工业副产氢气的可回收总量可达 15 亿 m³,能实现工业副产氢的充分回收、提纯和利用,可为发展氢能在交通领域的应用提供保障。目前,我国氢能来源仍以化石燃料制氢或者工业副产氢回收提纯为主,可再生能源制氢由于能源结构、成本、效率、规模等问题仅在我国部分地区以示范为主。近年来,我国京津冀、中原、长三角、珠三角区域大力推动氢能与燃料电池汽车产业的发展,由于各示范区域工业基础雄厚,因此氢气资源可来源于化石能源制氢、工业副产氢提纯制氢、电解水制氢等多个方面。

9.1.1 京津冀地区

京津冀地区是我国重要的能源消费地区之一，聚集了大量的电力、钢铁、建材、有色、化工等高耗能产业，能源消费结构以化石能源特别是煤炭为主，清洁能源消费比重低。

京津冀地区拥有丰富的风能、太阳能等可再生能源资源，2018年弃风、弃光电量约18亿kW·h。其中，张家口作为国家级可再生能源示范区，是京津冀地区风能和太阳能资源最丰富的地区之一，截至2020年10月，张家口可再生能源装机规模达到1764万kW，非水可再生能源规模位居全国第一。目前，京津冀地区制氢方式有电解水制氢、化石燃料制氢及工业副产氢等。

9.1.2 中原地区

中原地区主要的制氢方式有化石燃料制氢（主要包括煤气化制氢、天然气制氢、石油制氢）、副产氢回收（主要包括氯碱工业副产氢回收、焦炉气回收、合成氨放气回收等）、高温分解制氢（甲醇裂解制氢、氨分解制氢）、电解水制氢（谷电、风电、水电、太阳能、核电等）和生物质制氢等。

其中，位处中原地区的河南省是农业和畜牧业大省，秸秆等生物质原料可采用热化学法、生物法等多种生物质制氢技术进行氢气生产。目前，河南省的制氢资源有石油行业、焦炉气回收、氯碱工业副产氢回收、合成氨和甲醇驰放气回收、丙烷脱氢制氢、电解水制氢等。

9.1.3 长三角地区

长三角地区经济发达，能源消费量较大，钢铁、化工企业聚集，拥有大规模制氢的能力。如苏州地区的焦炉气回收制氢、煤气化制氢、丙烷脱氢、氯碱制氢和甲醇重整制氢等，上海地区的钢铁焦炉气回收制氢，南京地区的天然气重整制氢及工业副产氢等。

同时，长三角地区可再生能源丰富，其中盐城海上风电资源丰富，近海100m高度年平均风速超过7.6m/s，远海接近8m/s，是全省乃至全国海上风电开发建设条件最好的区域之一，也是"海上三峡"的主战场。另外，长三角地区还拥有丰富的水资源、潮汐能及生物质能。

9.1.4 珠三角地区

珠三角地区氢气资源以工业副产氢为主，且分布不均。以佛山市为例，周边氢气供应范围内的工业副产氢主要集中在东莞、广州、江门、肇庆等城市。尤其是东莞市，在虎门港沙田港区立沙岛规划了一个大型化工园区，由巨正源股份有限公司建设 120 万 t/ 年丙烷脱氢制高性能聚丙烯项目和 270 万 t/ 年轻烃综合利用项目，建成后可以支撑佛山市乃至珠三角地区近期的氢气需求。同时，为了满足中远期的氢气供应需求，佛山市正在探索可再生能源制氢，推进利用自有光伏发电协同谷电制氢示范项目，同步规划建设涉氢专区，引入光触媒等新型制氢技术，增加绿氢供应比例。

9.2 加氢站氢气成本经济性分析

9.2.1 加氢站氢气成本经济性计算模型

经过调研研究，根据实际运行的加氢站成本构成，建立了加氢站购氢、储运、加注的成本计算模型，并构建出加氢站氢气总成本计算方法。该方法从运营商角度出发，计算方法简洁、高效，现阶段已投入运行的加氢站可利用本方法评估加氢站氢气成本经济性。在此模型中，将加氢站氢气总成本分为 3 个部分：购氢成本、氢气储运成本、加注成本。

1. 加氢站购氢成本计算模型

制氢厂氢气制取成本主要包括原料成本、固定资产折旧、运行维护费用等，可按如下公式计算：

$$p_c = \frac{C_{GDZC}(1-\delta) + C_{YL} + C_{YX}}{A_{H_2}}$$

式中，p_c 为制氢厂单位质量氢气制取成本，单位为元 /kg；C_{GDZC} 为制氢厂固定资产投入，包括设备和厂房等，单位为元；C_{YL} 为折旧年限内制氢原料成本，原料成本包括：原料开采成本、原料运输成本等，本模型以原料到制氢厂的成本进行计算，单位为元；C_{YX} 为折旧年限内制氢厂动力成本、人力成本、能耗成本、维护成本等，单位为元；δ 为制氢厂设备残值率，用百分比表示；A_{H_2} 为折旧年限内氢气总产量，单位为 kg；

加氢站氢气采购价格（制氢厂氢气销售价格）按照以下公式计算：

$$p_s = p_c \times (1+\eta)$$

式中，p_s 为制氢厂单位质量氢气销售价格，单位为元 /kg；p_c 为制氢厂单位质量氢气制取成本，单位为元 /kg；η 为制氢厂设定的利润率，用百分数表示。

2. 加氢站氢气储运成本计算模型

若加氢站采用自购设备来运输氢气，则年氢气运输成本主要包括年度固定设备（车头、长管拖车及钢瓶）折旧成本、能耗成本、人工及运维成本等，因而加氢站年氢气储运成本可表示为

$$C_t = C_{tq} + C_{to} + C_{th} + C_{tm}$$

式中，C_t 为加氢站年氢气储运成本，单位为元；C_{tq} 为固定设备年折旧成本，单位为元；C_{to} 为储运年能耗成本，单位为元；C_{th} 为年人工成本，单位为元；C_{tm} 为年运维成本，单位为元。

加氢站单位质量氢气储运成本为

$$p_t = \frac{C_t}{M_{H_2}}$$

式中，p_t 为加氢站单位质量氢气储运成本，单位为元 /kg；C_t 为加氢站年氢气储运成本，单位为元；M_{H_2} 为加氢站年储运氢气量，单位为 kg。

若加氢站采用租赁设备来储运氢气，则加氢站年氢气储运成本 C_t 包括长管拖车的运输费用和租赁费用两部分，运输费用一般按照元 /km 为单位进行计算，且计算空车驶回距离，租赁费用一般按照元 / 天为单位进行计算。

3. 加氢站加注成本计算模型

加氢站加注成本可分为加氢站固定资产年折旧成本和加氢站年运营成本两个部分。其中，加氢站固定资产年折旧成本计算公式为

$$C_d = \frac{C_e \times (1 - \gamma)}{N_e}$$

式中，C_d 为加氢站固定资产年折旧成本，单位为元；C_e 为加氢站固定资产成本，单位为元；γ 为残值率；N_e 为设备折旧年限。

加氢站年运营成本计算模型为

$$C_o = C_{oe} + C_{om} + C_{or} + C_{oh} + C_{os}$$

式中，C_o 为加氢站年运营成本，单位为元；C_{oe} 为年电力使用成本，单位为元；C_{om} 为加氢站年维护成本，单位为元；C_{or} 为加氢站年用地租金，单位为元；C_{oh} 为人力成本，单位为元；C_{os} 为加氢站保险费用，单位为元。

因此，加氢站单位质量氢气加注成本为

$$p_\mathrm{m} = \frac{C_\mathrm{d} + C_\mathrm{o}}{W_{\mathrm{H}_2}}$$

式中，p_m 为加氢站单位质量氢气加注成本，单位为元 /kg；C_d 为加氢站固定资产年折旧成本，单位为元；C_o 为加氢站年运营成本，单位为元；W_{H_2} 为加氢站年加注氢气量（采用长管拖车运输高压氢气的加氢站此数值可约等于加氢站年运输氢气量 M_{H_2}），单位为 kg。

4. 加氢站氢气总成本计算模型

氢气总成本为单位质量氢气销售价格、氢气储运成本和氢气加注成本之和。

$$p = p_\mathrm{s} + p_\mathrm{t} + p_\mathrm{m}$$

式中，p 为加氢站单位质量氢气总成本，单位为元 /kg；p_s 为制氢厂单位质量氢气销售价格，单位为元 /kg；p_t 为加氢站单位质量氢气储运成本，单位为元 /kg；p_m 为加氢站单位质量氢气加注成本，单位为元 /kg。

9.2.2　典型城市加氢站氢气总成本归纳与分析

张家口、郑州、盐城、佛山是我国率先开展燃料电池汽车示范的一批城市，城市大力发展氢能产业，梳理区域制氢资源，加速推进加氢站建设。由于这 4 个城市分别地处北方、中原、东南沿海和珠三角地区，城市内某加氢站的氢气来源分别为电解水制氢、氯碱工业副产氢提纯和丙烷脱氢，在地域和制氢来源方面极具代表性。因此，研究选择张家口、郑州、盐城、佛山的典型加氢站作为代表，以单位质量氢气总成本为指标对加氢站氢气成本进行考量，应用上述经济性计算模型，得到 4 个典型加氢站的氢气成本并进行对比分析（表 9-1）。经企业调研证实，该模型计算得出的加氢站氢气总成本能基本反映出该加氢站的氢能经济性，对加氢站的氢能经济性评估具有一定的借鉴和参考意义。

表 9-1　典型城市加氢站氢气总成本汇总表（2020 年成本数据）

项目	张家口某加氢站	郑州某加氢站	盐城某加氢站	佛山某加氢站
制氢方式	电解水制氢	氯碱工业副产氢提纯	氯碱工业副产氢提纯	丙烷脱氢
氢气采购价格 /（元 /kg）	27.12	20.04	26.32	24.75
氢气储运成本 /（元 /kg）	3.7	6.64	31.81	28.98
氢气加注成本 /（元 /kg）	7.12	12.48	129.1	37.75
加氢站氢气总成本 /（元 /kg）	37.94	39.16	187.23	91.48
氢气售价（10% 利润下，元 /kg）	41.73	43.08	205.95	100.63

由于氢气来源、储运距离、应用端市场规模等现实条件不同，加氢站的氢能经济性具有很大差异性，张家口和郑州加氢站氢气总成本低于 40 元 /kg，10% 利润下氢气售价约 41 ~ 43 元 /kg；而盐城和佛山某加氢站氢气总成本较高，10% 利润下氢气售价达到了 100 元 /kg 以上，分析原因如下：

（1）氢气采购价格方面

张家口某加氢站的氢气来源于风电电解水制氢厂，制氢厂用电采用政府给予的优惠电价后制氢成本大幅降低，因此张家口某加氢站氢气采购价格为 27.12 元 /kg，与其他城市氢气来源于工业副产氢提纯制氢的加氢站差距不大。其中，郑州和盐城的某加氢站氢气均来源于氯碱工业副产氢提纯，氢气采购价格相差 6.28 元 /kg，其原因在于不同区域内氯碱工业副产氢生产和提纯的成本不同，且盐城某加氢站氢气年采购量较少，与制氢厂的议价能力不足。

（2）氢气储运成本方面

氢气储运成本主要取决于运输距离、氢气有效装卸量、租车成本等因素，尤其随着运输距离的加长而直线升高。张家口某加氢站的氢气运输距离 < 30km，可按照 1000 元每车次进行计算，且加氢站装卸氢气效率较高，每车有效氢气达 270kg，因此其氢气储运成本仅为 3.7 元 /kg；郑州某加氢站距离工业副产氢制氢厂单趟距离为 120km，加氢站装卸氢气同样可达单车 270kg，且长管拖车为加氢站自行运营，氢气储运成本为 6.64 元 /kg；盐城和佛山某加氢站氢气运输距离均在 200km 以上，且加氢站装卸氢气效率较低，单车有效运输氢气仅 200kg 左右，因此，盐城和佛山某加氢站的氢气储运成本相较张家口和郑州大幅提升。

（3）氢气加注成本方面

氢气加注成本主要受氢气加注量影响，由于盐城燃料电池汽车数量较少，因此加氢站氢气加注量较低，氢气加注成本很高。

9.3　燃料电池电动汽车示范运行经济性分析

在示范应用研究领域，燃料电池汽车的运行经济性一直是产业发展关注的重点，直接关系到产业发展前景和投资关注度。下面将从运营商实际运营角度出发，以 1km 平均运行使用成本作为衡量车辆使用经济性的一个重要指标，从车辆购置成本、车辆维护保养成本以及燃料使用成本方面建立了燃料电池汽车运行经济性计算模型。根据计算模型，结合车辆实际运行数据，计算现阶段各示范城市燃料电池汽车在购置、运维保养及燃料消耗方面的实际使用成本，并与纯电动汽车、传统燃油汽车、天然气汽车进行经济性对比和分析。

9.3.1 燃料电池电动汽车运行经济性计算模型

燃料电池汽车运行经济性计算模型搭建主要从运营商角度进行剖析，综合统计了车辆购置成本、车辆维护保养成本以及燃料使用成本等。在模型中，车辆购置成本属于静态成本，车辆维护保养成本及燃料使用成本均为动态成本。

其中，燃料电池汽车的购置成本可以用如下公式计算：

$$E_{vp} = E_{vt} + E_{pt} - E_{su}$$

式中，E_{vp} 为车辆的购置成本，单位为元；E_{vt} 为车辆售价（技术成本），单位为元；E_{pt} 为车辆购置税，单位为元；E_{su} 为购车补贴，单位为元。

车辆年折旧额计算公式为：

$$E_{vd} = \frac{E_{vp} \times (1 - \omega)}{N_v}$$

式中，E_{vd} 为车辆年折旧额，单位为元；E_{vp} 为车辆的购置成本，单位为元；ω 为车辆残值率；N_v 为车辆折旧年限。

燃料电池汽车年维修保养成本可以用如下公式计算：

$$E_{vm} = \sum_1^j E_{vmi}$$

式中，E_{vm} 为车辆年维修保养成本，单位为元；j 为运维次数；E_{vmi} 为第 i 次运维所需成本，单位为元。

燃料电池汽车运行年燃料使用成本可以用如下公式计算：

$$E_{vh} = Z_v \times \frac{Q}{100} \times C_s$$

式中，E_{vh} 为车辆运行年燃料使用成本，单位为元；Z_v 为车辆的百公里耗氢量，单位为 kg/100km；Q 为车辆年行驶里程，单位为 km；C_s 为运营商购买氢气价格，单位为元 /kg。

因而，燃料电池汽车年运行成本为：

$$E_v = E_{vd} + E_{vm} + E_{vh}$$

式中，E_v 为燃料电池汽车年运行成本，单位为元；E_{vd} 为车辆的年折旧额，单位为元；E_{vm} 为车辆年维修保养成本，单位为元；E_{vh} 为车辆运行年燃料使用成本，单位为元。

$$E_{vq} = \frac{E_v}{Q}$$

式中，E_{vq} 为燃料电池汽车 1km 平均运行使用成本，元 /km；E_v 为燃料电池汽车年运行成本，元；Q 为车辆年行驶里程，km。

1km 平均运行使用成本 E_{vq} 是衡量燃料电池汽车使用经济性的一个重要指标，其数值越低，说明燃料电池汽车运行使用成本越低，经济性越好，越具备大规模推广的基础条件。

与燃料电池汽车进行对比的纯电动汽车、传统燃油汽车和天然气汽车的运行经济性计算模型构建可参考燃料电池汽车进行构建。

9.3.2 燃料电池电动汽车运行成本计算

根据计算模型，各示范城市 12m 燃料电池公交车运行成本情况见表 9-2，不同示范城市的燃料电池汽车运行经济性存在一定的差异。

表 9-2　各示范城市燃料电池公交车（12m）运行成本（2020 年数据）

成本项目	北京	盐城	佛山
车辆的购置成本 E_{vp}/ 元	2002100	1500000	792000
车辆残值率 ω（%）	4%	5%	5%
车辆折旧年限 N_{vd}	10	4	8
车辆年折旧成本 E_d/ 元	192201.60	356250	94050
年维修保养成本 E_{vm}/ 元	7900	25000	100000
车辆运行年燃料使用成本 E_{vh}/ 元	84840	199044	178020
燃料电池汽车年运行成本 E_v/ 元	284941.60	580294	372070
年行驶里程 Q/km	40000	60000	59340
燃料电池汽车 1km 平均运营成本 E_{vq}/（元 /km）	7.12	9.67	6.27

本节选取了佛山市搭载不同动力系统的公交客车进行运行经济性研究，车辆参数见表 9-3 和表 9-4。在相同车辆残值率、设备折旧年限、年行驶里程相同的情况下，根据车辆实际运行数据和构建的运行经济性计算模型，得出并比较燃料电池公交车与纯电动公交车、传统燃油公交车、天然气公交车实际 1km 平均运行使用成本。其中，依据《佛山市新能源公交车推广应用和配套基础设施建设财政补贴资金管理办法》，佛山市燃料电池公交车和纯电动公交车的购车补贴按不超过车辆价格的 60% 计算，且车辆购置税为零。

表 9-3　佛山市 8.6m 搭载不同动力系统公交车参数表

参数	某 8.6m 燃料电池公交车	某 8.6m 纯电动公交车	某 8.6m 燃油公交车	8.6m 天然气公交车
尺寸 $\left(\dfrac{长}{mm} \times \dfrac{宽}{mm} \times \dfrac{高}{mm}\right)$	8645 × 2490 × 3300	8600 × 2500 × 3200	8540 × 2350 × 3150	8540 × 2350 × 3150
轴距 /mm	4350	4500	4240	4240
整备质量 /kg	8850	9200	7600	9000
最大总质量 /kg	13000	13600	12300	12700

表 9-4　燃料电池公交车、纯电动公交车、燃油公交车及天然气公交车运行成本比较（2020 年数据）

车辆类型	购置成本 （含补贴）/ 万元	年维修 保养成本 / 万元	车辆运行年燃料 使用成本 / 万元	车辆 1km 平均运行 成本 /（元 /km）
某燃料电池公交车	79.20	10.00	17.80	6.27
某纯电动公交车	28.00	4.33	2.31	1.68
某燃油公交车	26.00	1.12	8.54	2.15
某天然气公交车	50.00	4.23	7.95	3.10

　　燃料电池公交车在有政府补贴的情况下，其购置成本依然要高于其他三种动力类型公交车。但随着运行车辆规模扩大、燃料电池技术的提升和整车成本的下降，燃料电池公交车的综合成本也将逐渐下降。在年维修保养成本方面，燃料电池公交车由于维修保养复杂、售后体系初建等原因，成本高于其他三种动力类型公交车。在车辆运行年燃料使用成本方面，由于佛山氢源供应短缺，燃料电池公交车能耗成本较高。但随着产业和技术发展，氢气来源增多，氢气价格将逐渐下降，燃料电池公交车的燃料使用成本也将进一步降低。综合来看，燃料电池公交车实际 1km 平均运行使用成本达 6.27 元 /km，普遍高于纯电动公交车、传统燃油公交车和天然气公交车的运行使用成本。

　　由此可知，目前，燃料电池公交车还不具备成本竞争优势，在未来商业化发展过程中，进一步降低燃料电池汽车的使用成本是重中之重。

9.4　燃料电池电动汽车示范运行经济性预测

　　本节从不同续驶里程和不同重量两个维度考虑，建立了以动力系统为基础的车辆成本预测模型，对比分析未来搭载不同动力系统车辆（纯电动商用车、燃料电池商用车和传统燃油商用车）在 2020 年、2025 年、2030 年、2035 年的动力系统成本和全生命周期成本。其中，全生命周期成本为车辆的动力系统成本与使用成本的总和（假设车辆除动力系统外的其他部件成本相同）。本文的研究和预测结果具有一定的先进性，可为纯电动汽车和燃料电池汽车产业的长远发展提供借鉴。

9.4.1　搭载不同动力系统车辆四时间段的核心部件价格预测

　　根据《节能与新能源汽车技术路线图 2.0》，本节绘制了搭载不同动力系统车辆所涉及的核心部件在 2020 年的价格及其在未来三个时间段（2025 年、2030 年和 2035 年）的价格预测，见表 9-5。

表 9-5 三种动力系统车辆的核心部件价格及预测

项目	2020 年价格	2025 估计	2030 估计	2035 估计
商用车燃料电池系统 /（元 /kW）	10000	2500	1000	400
储氢瓶价格 /（元 /kg）	8000	6000	4000	3000
氢气价格 /（元 /kg）	60	40	25	25
能量型电池系统 /（元 /kW·h）	1000	640	550	470
功率型电池系统 /（元 /kW·h）	2500	1700	1370	1000
能量功率型电池系统 /（元 /kW·h）	1600	857	753	670
电机系统 /（元 /kW）	100	58	50	40
充电电费 /（元 /kW·h）	1.5	1.5	1.5	1.5
柴油价格 /（元 /L）	6.5	6.5	6.5	6.5

9.4.2 搭载不同动力系统车辆四时间段的能耗及储能量预测

本节以商用车为车辆研究类型，进行总质量为 2 ~ 20t 的纯电动商用车、燃料电池商用车和传统燃油商用车的经济性分析。根据汽车原理和汽车行驶方式，结合《节能与新能源汽车技术路线图》中对车辆能耗的预测，建立了总质量为 2 ~ 20t 的商用车能耗表，见表 9-6。其中，燃料电池汽车按照燃料电池发动机增程式技术路线，纯电续驶 100km，结合表 9-6 数据，可得出纯电动汽车和燃料电池汽车在四个时间阶段（2020 年，2025 年、2030 年和 2035 年）不同续驶里程（100 ~ 1000km）条件下的储电 / 氢量。表 9-7 展示了部分纯电动汽车和燃料电池汽车 2023 年的储电 / 氢量情况。

表 9-6 2 ~ 20t 商用车能耗及动力系统维护费用表

项目	车辆总质量						
	2000kg	3000kg	4000kg	5000kg	6000kg	7000kg	8000kg
2020 年百公里耗电量 /（kW·h/100km）	23.00	31.00	37.00	44.00	50.00	56.00	63.00
2025 年预计百公里耗电量 /（kW·h/100km）	22.31	30.07	35.89	42.68	48.50	54.32	61.11
2030 年预计百公里耗电量 /（kW·h/100km）	21.64	29.17	34.81	41.40	47.05	52.69	59.28
2035 年预计百公里耗电量 /（kW·h/100km）	20.99	28.29	33.77	40.16	45.63	51.11	57.50
2020 年百公里耗氢量 /（kg/100km）	1.40	2.00	2.40	2.80	3.20	3.60	4.00
2025 年预计百公里耗氢量 /（kg/100km）	1.12	1.60	1.92	2.24	2.56	2.88	3.20
2030 年预计百公里耗氢量 /（kg/100km）	1.01	1.44	1.73	2.02	2.30	2.59	2.88
2035 年预计百公里耗氢量 /（kg/100km）	0.95	1.35	1.62	1.90	2.17	2.44	2.71
柴油车百公里耗油量 /（L/100km）	7.50	10.00	12.00	14.00	16.00	18.00	20.00
增程式燃料电池系统功率 /kW	35	35	40	40	45	45	50
柴油车动力系统价格 /元	30000	30000	40000	50000	60000	70000	80000
车辆电机驱动系统功率 /kW	70	75	80	85	90	95	100
纯电动汽车年维保费用 /元	1000	1000	1000	1000	1000	1000	1000
燃料电池汽车年维保费用 /元	8000	8000	8000	8000	8000	8000	8000
柴油车年维保费用 /元	6000	6000	6000	6000	6000	6000	6000

（续）

项目	车辆总质量						
	9000kg	10000kg	11000kg	12000kg	15000kg	18000kg	20000kg
2020 年百公里耗电量 / (kW·h/100km)	69.00	75.00	82.00	88.00	100.00	110.00	125.00
2025 年预计百公里耗电量 / (kW·h/100km)	66.93	72.75	79.54	85.36	97.00	106.70	121.25
2030 年预计百公里耗电量 / (kW·h/100km)	64.92	70.57	77.15	82.80	94.09	103.50	117.61
2035 年预计百公里耗电量 / (kW·h/100km)	62.97	68.45	74.84	80.32	91.27	100.39	114.08
2020 年百公里耗氢量 / (kg/100km)	4.40	4.80	5.20	5.60	6.40	7.00	8.00
2025 年预计百公里耗氢量 / (kg/100km)	3.52	3.84	4.16	4.48	5.12	5.60	6.40
2030 年预计百公里耗氢量 / (kg/100km)	3.17	3.46	3.74	4.03	4.61	5.04	5.76
2035 年预计百公里耗氢量 / (kg/100km)	2.98	3.25	3.52	3.79	4.33	4.74	5.41
柴油车百公里耗油量 / (L/100km)	22.00	24.00	26.00	28.00	32.00	35.00	40.00
增程式燃料电池系统功率 /kW	50	55	55	60	70	80	90
柴油车动力系统价格 /元	90000	100000	110000	120000	150000	180000	200000
车辆电机驱动系统功率 /kW	110	120	130	130	140	150	200
纯电动汽车年维保费用 /元	1000	1000	1000	1000	1000	1000	1000
燃料电池汽车年维保费用 /元	8000	8000	8000	8000	8000	8000	10000
柴油车年维保费用 /元	8000	8000	8000	8000	8000	8000	10000

表 9-7　纯电动汽车和燃料电池汽车 2023 年储能量情况概括

续驶里程	车辆总质量							
	2000kg		5000kg		8000kg		12000kg	
	纯电动汽车储电量 / kW·h	燃料电池汽车储氢量 / kg	纯电动汽车储电量 / kW·h	燃料电池汽车储氢量 / kg	纯电动汽车储电量 / kW·h	燃料电池汽车储氢量 / kg	纯电动汽车储电量 / kW·h	燃料电池汽车储氢量 / kg
100km	23.00	0	44.00	0	63.00	0	88.00	0
200km	46.00	1.40	88.00	2.80	126.00	4.00	176.00	5.60
300km	69.00	2.80	132.00	5.60	189.00	8.00	264.00	11.20
400km	92.00	4.20	176.00	8.40	252.00	12.00	352.00	16.80
500km	115.00	5.60	220.00	11.20	315.00	16.00	440.00	22.40
600km	138.00	7.00	264.00	14.00	378.00	20.00	528.00	28.00
700km	161.00	8.40	308.00	16.80	441.00	24.00	616.00	33.60
800km	184.00	9.80	352.00	19.60	504.00	28.00	704.00	39.20
900km	207.00	11.20	396.00	22.40	567.00	32.00	792.00	44.80
1000km	230.00	12.60	440.00	25.20	630.00	36.00	880.00	50.40

9.4.3　建立搭载不同动力系统车辆四时间段的动力系统和全生命周期成本计算模型

本节建立了搭载不同动力系统车辆在四个时间段的动力系统以及全生命周期成本计算模型，见表 9-8（全生命周期成本为车辆的动力系统成本与使用成本的总和）。

表 9-8　搭载不同动力系统车辆在四个时间段的动力系统和全生命周期成本计算模型

车型	类别	细分条目	计算方式
纯电动汽车	动力系统成本	动力电池系统成本	能量型电池系统每千瓦单价 × 储电量（纯电动汽车一般采用能量型电池）
		驱动电机系统成本	电机驱动系统功率 × 电机系统每千瓦单价 ×2（驱动电机系统包括驱动电机与控制系统，控制系统价格约等于电机价格）
	使用成本（按照 10 年 60 万 km 来计算纯电动汽车使用成本，不考虑在 10 年内更换其动力系统）	纯电动汽车维护费用	纯电动汽车年维保费用 ×10 年
		纯电动汽车充电费用	百公里耗电量 × 每千瓦时的充电电费 × 600000/100
	全生命周期成本		动力系统成本 + 使用成本
燃料电池汽车	动力系统成本	燃料电池系统成本	系统功率 × 燃料电池系统每千瓦单价
		动力电池系统成本	能量功率型电池系统每千瓦时单价 × 动力电池装载量（燃料电池汽车所用动力电池一般采用能量功率型电池）
		储氢瓶成本	运输每千克氢气的储氢瓶单价 × 储氢量
		驱动电机系统成本	电机驱动系统功率 × 电机系统每千瓦单价 ×2（驱动电机系统包括驱动电机与控制系统，控制系统价格约等于电机价格）
	使用成本（按照 10 年 60 万 km 来计算燃料电池汽车使用成本，不考虑在 10 年内更换其动力系统）	燃料电池汽车维护费用	燃料电池年维保费用 ×10 年
		燃料电池汽车燃料费用	百公里耗氢量 × 氢气价格 ×600000/100
	全生命周期成本		动力系统成本 + 使用成本
传统燃油汽车	动力系统成本	柴油车动力系统价格	如表 9-6 数据所示
	使用成本（按照 10 年 60 万 km 来计算传统燃油汽车使用成本，不考虑在 10 年内更换其动力系统）	传统燃油汽车维护费用	传统燃油汽车（柴油汽车）年维保费用 ×10 年
		传统燃油汽车燃料费用	百公里耗油量 × 柴油价格 ×600000/100
	全生命周期成本		动力系统成本 + 使用成本

9.4.4　搭载不同动力系统车辆四时间段的动力系统和全生命周期经济性预测分析

　　根据预测数据和建立的模型，本节根据不同续驶里程和不同重量要求，对纯电动汽车、燃料电池汽车、传统燃油汽车在 2020 年、2025 年、2030 年、2035 年四个时间段下的经济性开展了对比分析研究。其中，图 9-1 显示了车辆续驶里程要求和重量对车辆全生命周期成本影响的趋势。

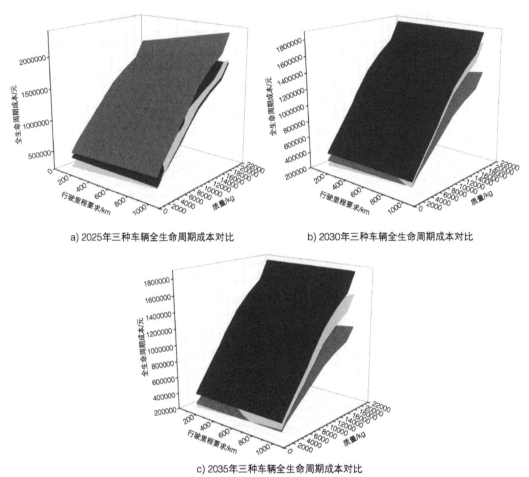

a) 2025年三种车辆全生命周期成本对比

b) 2030年三种车辆全生命周期成本对比

c) 2035年三种车辆全生命周期成本对比

（红色为燃料电池汽车成本，蓝色为燃油汽车成本，绿色为纯电动汽车成本）

图 9-1　车辆续驶里程要求和重量对车辆全生命周期成本的影响

以续驶里程要求为 600km 时搭载不同动力系统的不同重量车辆在四个时间段成本为例，从图 9-2 动力系统成本分析可知：2020 年燃料电池汽车动力系统成本较高，但到 2030 年，燃料电池汽车动力系统成本将会全面低于纯电动汽车动力系统成本；到 2035 年，燃料电池汽车动力系统成本甚至会部分低于传统燃油汽车动力系统成本。

从图 9-3 全生命周期成本分析可知：2020 年燃料电池汽车全生命周期成本相比纯电动汽车和传统燃油汽车较高，而纯电动汽车和传统燃油汽车相当，这也是目前纯电动汽车推广较好的原因；到 2025 年，随着电堆、氢气价格的降低，燃料电池汽车全生命周期成本会接近传统燃油汽车，而纯电动汽车则随着电池、电机等价格的降低，其全生命周期成本会进一步降低，优势进一步扩大；到 2035 年后，随着电堆、氢气技术走向成熟，价格进一步降低，燃料电池汽车全生命周期成本会逐步低于纯电动汽车和传统燃油汽车，并且这种趋势会随着车辆总质量的增加以及续驶里程的提升更为明显。

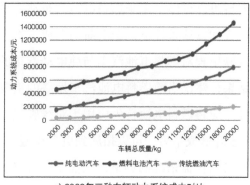
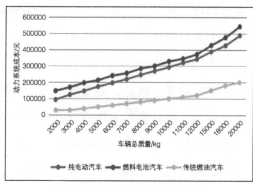

a) 2020年三种车辆动力系统成本对比　　　　b) 2025年三种车辆动力系统成本对比

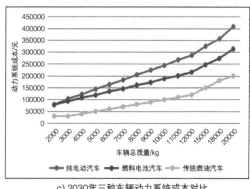
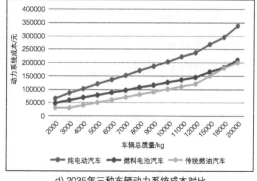

c) 2030年三种车辆动力系统成本对比　　　　d) 2035年三种车辆动力系统成本对比

图9-2　续驶里程600km时搭载不同动力系统不同重量车辆在不同时间段下动力系统成本对比

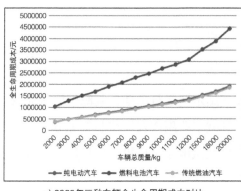
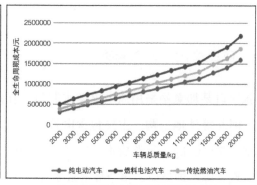

a) 2020年三种车辆全生命周期成本对比　　　　b) 2025年三种车辆全生命周期成本对比

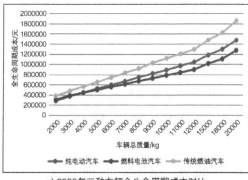
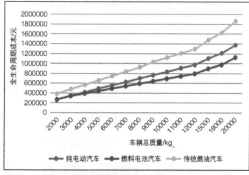

c) 2030年三种车辆全生命周期成本对比　　　　d) 2035年三种车辆全生命周期成本对比

图9-3　续驶里程600km时搭载不同动力系统不同重量车辆在不同时间段下全生命周期成本对比

通过对这几种动力系统汽车的经济性预测分析可以得出：未来燃料电池汽车动力系统成本和全生命周期成本将持续降低，在长续驶里程和重载条件下，全生命周期成本将会低于传统燃油汽车和纯电动汽车；相比重载，长续驶里程对燃料电池汽车与纯电动汽车的经济性影响更加明显。因此，根据模型预测分析结果，建议当前燃料电池汽车发展的重要任务是降低成本，提升燃料电池汽车的使用经济性，应将燃料电池首先应用于对续驶里程要求较长的商用车，尤其是重型商用车上，在进一步降低成本后，可以拓展到更多车型。

另外，随着汽车市场规模、技术革新以及原材料供需情况的调整，电池系统价格、电机系统价格、燃料电池系统价格、储氢瓶价格、氢气价格、充电电费、柴油价格、百公里耗电量/耗氢量/耗油量等存在一定程度的波动性。因此，可持续跟踪本节建立的动力系统和全生命周期价格模型所需的数据值，通过数据更新的方式动态跟踪成本变动情况，准确地把握纯电动汽车、燃料电池汽车和传统燃油汽车的经济性和对比分析。

9.5 低成本氢源探索和研究

本节还分别分析了采用风电制氢和采用氯碱工业副产氢提纯制氢的加氢站氢气成本经济性，进行氢气价格达到 40 元/kg 及以下的可行性分析，并给出了降低加氢站氢气成本的路径建议。

9.5.1 风电电解水制氢经济性分析

张家口某加氢站采用风电电解水制氢。在加氢站示范运行前期，氢源供应从北京、内蒙古、河北等外地采购，主要包含电解水制氢、氯碱工业副产氢提纯制氢等方式，氢气综合成本约 70 元/kg，氢源成本相对较高；当张家口某风电制氢厂投产运行后，张家口某加氢站实现氢源本地供应，多个环节成本大幅下降。

1. 电解水制氢成本分析

张家口某制氢厂采用的是电解水制氢。水电解制氢是燃料电池反应的逆过程，即通过水电解在阴极上产生氢气、在阳极上产生氧气的过程。水电解制氢的典型工艺流程包括配液、电解和气液分离等工艺过程，如图 9-4 所示。电解槽是水电解制氢的核心设备，目前商用电解槽法主要是碱性电解槽，能耗水平约为 $4.5 \sim 5.5 kW \cdot h/Nm^3$，能效约在 $72\% \sim 82\%$ 之间。张家口某制氢厂采用的是碱性电解槽技术。

张家口某制氢厂占地面积 $10000m^2$，产能为 $2000m^3/h$，全年按 8000h 运行，年产氢气约 1400t。为测算电解水制氢成本，将总成本分为固定资产折旧成本、原料成本、人力成本、能耗成本（含制取、压缩环节）、其他成本等，在政府协议优惠电价（风力发电）为 0.19 元 /kW·h 时，制氢厂每年总成本为 3797.21 万元，氢气制取平均成本为 27.12 元 /kg，如计入 10% 利润率，则氢气出厂价为 29.83 元 /kg。

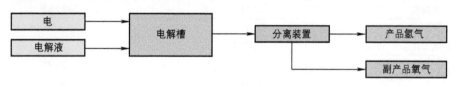

图 9-4　水电解制氢工艺流程

2. 储运成本

氢气储运包括高压氢、液氢、金属固氢、有机液氢、管道氢等技术。张家口氢能供应链为本地生产和消纳，由于氢气是采用 20MPa 长管拖车超短距离运输，储运费用按趟次计，约 1000 元 / 次，单次储运氢气有效装卸量约为 270kg，单位质量氢气储运成本为 3.70 元 /kg。

3. 加注成本

加氢站加注压力 35MPa，加注能力 1500kg/ 天，全年运营，年氢气加注量约为 547000kg，加氢站年设备折旧和运营总成本（不计购入氢气的费用）为 389.70 万元，单位质量氢气加注成本为 7.12 元 /kg。

4. 张家口某加氢站氢气总成本

综合张家口某加氢站氢气制、储、运加多个环节的成本（表 9-9），如不计制氢环节的利润，则加氢站氢气总成本为 37.94 元 /kg；如计入制氢环节的利润（如 10% 利润率），则加氢站氢气总成本为 40.65 元 /kg。另外，如果是站内制氢的供应方案，则可节省 3.70 元 /kg 的氢气储运费用，即加氢站氢气总成本可降至 34.24 元 /kg（不含制氢利润）和 36.95 元 /kg（含 10% 制氢利润）。从图 9-5 各环节成本占比图（含储运）可以看出，氢气采购端占比最大，约 71% 以上，其次是加注端（约 19%）和储运端（约 10%），由此可见，低成本氢源开发对于降低加氢站氢气成本具有重要意义。

5. 氢气成本趋势分析

张家口某加氢站氢气总成本组成具有两个特点：①风电电解水制氢采用相对较低的协议优惠电价，一定程度上降低了氢气制取成本，若按非协议价（0.39 元 /kW·h），则氢气制取环节成本将增加 12.32 元 /kg，使加氢站氢气总成本增加 30% 以上；②由于氢气是本地生产及消纳，储运费用相对较低，如从北京输运氢气至张家口某加氢站，则氢气储运环节将增加 13.5 元 /kg 以上，使加氢站氢气总成本大幅增加。

表 9-9　张家口地区终端用户用氢成本

费用组成		金额（不含制氢利润）/（元 /kg）	金额（制氢利润率 10%）/（元 /kg）
氢制取		27.12	29.83
氢储运		3.70	3.70
氢加注		7.12	7.12
加氢站总成本	无储运	34.24	36.95
	含储运	37.94	40.65
加氢站售价（10% 利润）	无储运	37.66	40.64
	含储运	41.73	44.72

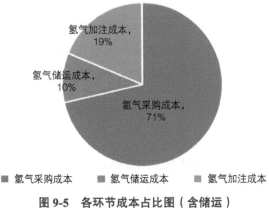

图 9-5　各环节成本占比图（含储运）

未来，张家口某加氢站氢气的降本空间在于规模效应：

1）张家口某制氢厂二期规划产能为 20t/ 天，氢气采购成本将减少约 7.50 元 /kg。

2）长管拖车储罐压力由 20MPa 提升至 30MPa，氢气有效装卸量增至 450kg，氢气储运成本将减少约 1.50 元 /kg。

3）加氢站加注能力由 1500kg/ 天提升至 2500kg/ 天，考虑新增设备的投入，氢气加注成本将减少约 1.30 元 /kg。

综上，未来五年内，张家口某加氢站氢气总成本有望下降 25%，控制在 28 ~ 30 元 /kg 左右，氢能经济性大幅提升。

9.5.2　氯碱工业副产氢提纯制氢经济性分析

1. 盐城某加氢站

本节以盐城采用氯碱工业副产氢提纯制氢的某加氢站为例，分析氯碱副产氢产业链的经济性。本节利用氯碱工厂已有基础，根据燃料电池汽车车用氢气的要求，采用变压吸附提纯氢气的技术方案。氯碱工业副产氢气提纯设备包括：氢气预纯化装置、中压隔膜压缩机、脱氧塔、干燥器、变压吸附氢气提纯和高压压缩机加注装置等。氯碱副产氢提纯制氢工艺如图 9-6 所示。

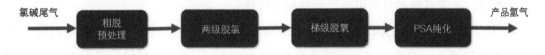

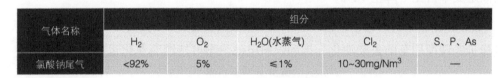

气体名称	组分				
	H$_2$	O$_2$	H$_2$O(水蒸气)	Cl$_2$	S、P、As
氯酸钠尾气	<92%	5%	≤1%	10~30mg/Nm^3	—

图 9-6　氯碱副产氢提纯制氢工艺

通过盐城某加氢站分析，氯碱工业副产氢提纯的氢气到站单价达 58.12 元 /kg，氢气总成本 187.23 元 /kg，已远超 40 元 /kg 的对标价格，目前扣除政府补贴暂定对外销售价格定为 76 元 /kg。分析氯碱工业副产氢应用价格较高的影响因素有以下几个方面：①工业氯碱副产氢产量有限，低成本的副产氢资源是稀缺的，可外供"副产氢"其实并不富裕；②运输距离、长管拖车氢气装卸量造成氢气储运成本较高；③盐城市燃料电池汽车示范运行规模较小，用氢量较少，导致加氢站固定资产和运营费用均摊成本较高。

2. 郑州某加氢站

郑州某加氢站采用氯碱工业副产氢，通过长管拖车运输到加氢站。根据示范运行统计计算，氢气采购单价 20.04 元 /kg，氢气储运成本 6.64 元 /kg，加氢站固定资产折旧成本 4.65 元 /kg，加氢站运营成本 7.83 元 /kg，合计加氢站氢气总成本为 39.16 元 /kg（不含利润），可见加氢站采用氯碱工业副产氢提纯制氢可以使氢气成本低于 40 元 /kg。

盐城某加氢站与郑州某加氢站相比，氢气储运成本、加氢站固定资产折旧成本和加氢站运营成本均较高，造成了盐城某加氢站用氢经济性较差。

郑州某加氢站根据运行经验，提出了以下几点降低氢气成本的方案：

1）通过大规模供氢降低制氢工厂采购原料的成本，进而降低加氢站的氢气采购成本；制氢成本与制氢原料种类及其价格密切关联，不同原料、不同价格以及不同的电价、水价等均对制氢成本有直接影响。因地制宜，选择合适的原料，可使氢气成本控制在 15.12 元 /kg 左右。

2）加氢站配备长管拖车余气回收系统，将长管拖车余气由现阶段的 7MPa 降至 1.5MPa 以下，氢气运费可相应降低约 2 元 /kg。

3）结合加氢站位置和公交车线路，合理调度和安排公交车的加氢频次，提高加氢站设备的使用效率，增大加氢站的单日加氢量。如果在硬件配置不变的情况下，日加氢能力提高15%，将降低氢气处理成本1.0元/kg，从而降低加氢站的运营成本。只有在加氢量达到一定规模，才能具有充分的市场经济性和可行性。

4）提升加氢站设备的国产化，从而降低加氢站固定资产折旧成本和加氢站运营成本。500kg/天加氢站的固定成本占加注环节成本的80%以上，如果规模扩大至1000kg/天，则能使固定成本占比下降至74%。

郑州某加氢站通过后续降本方案的实施，可使氢气成本低于30元/kg。降低氢气成本，才能稳步实现商用车的去柴油化，推动燃料电池汽车可持续商业化运行。

9.5.3 降低加氢站氢气成本的路径研究

以12m城市公交车为例，燃料电池公交车平均百公里耗氢量约为7kg/100km，传统燃油公交车百公里油耗为30～35L/100km。以2022年4月11日柴油价格8.49元/L为参考，得出车用氢气价格（即加氢站氢气售价）在36～43元/kg时，燃料电池公交车百公里燃料成本才与传统燃油公交车相当。因此，从燃料角度，当加氢站按利润率10%计时，只有加氢站氢气成本降至40元/kg以下时，燃料电池汽车与传统燃油汽车相比才具有经济性和竞争性。因此，为促进氢能与燃料电池汽车产业的快速发展，需要进一步降低加氢站氢气成本，提升氢能经济性。

降低加氢站氢气成本的路径主要在降低氢气制取成本、氢气储运成本、加氢站固定资产折旧及运营成本这三个方面，其中：

1）降低氢气制取成本主要需降低制氢能耗成本和固定资产折旧成本，探索低成本氢气来源，如充分利用波谷电、弃风弃光等可再生能源发电等降低电价，进一步降低电解水制氢成本；通过提高制氢设备国产化率降低固定资产折旧费用等。

2）降低氢气储运成本主要采用缩短运输距离和提高氢气有效装卸量这两种方式。其中，提高氢气有效装卸量可采用提高长管拖车高压储氢罐压力并降低长管拖车余气量的方法，同时，探索液氢、液氨、甲醇等其他高效氢气储运手段。

3）在降低加氢站固定资产折旧及运营成本方面，加氢站需提高加氢站设备国产化率，以降低加氢站建设成本；同时，通过扩大燃料电池汽车运行规模从而增加加氢站的氢气年采购量，进一步降低加氢站的运营成本。

综上所述，虽然现阶段氢气成本普遍较高，但其降低成本的路径长期可行。因此，未来加氢站的氢气成本可以控制在40元/kg以内，长期来看，有望控制在25元/kg以内，氢能经济性极具提升潜力。

9.6 小结

本章开展了全国四大典型区域（京津冀、中原、长三角、珠三角）的能源可持续性研究，构建了一种基于制氢、储运、加注三个方面的加氢站氢气成本计算模型，并应用模型计算得到 4 个城市——张家口、郑州、盐城、佛山典型加氢站的氢气成本。经对比分析可知：由于氢气来源、储运距离、应用端市场规模等现实条件不同，加氢站的氢能经济性具有很大差异。其中，张家口和郑州某加氢站成本低于 40 元 /kg，而盐城和佛山某加氢站主要受储运距离和市场规模影响，氢气总成本则相对较高。现阶段，氢气成本较高、氢能经济性较差的加氢站还需政府扶持、企业投资等多种手段持续运行以渡过产业发展初期，逐步实现降低成本、提高氢能经济性的目标。

在燃料电池汽车经济性研究方面，以 1km 平均运行使用成本作为衡量燃料电池汽车使用经济性的一个重要指标，从车辆购置成本、车辆维护保养成本以及燃料使用成本方面建立了燃料电池汽车运行经济性计算模型。通过佛山市不同动力系统公交车使用成本对比分析可知：燃料电池公交车 1km 平均运行使用成本达 6.27 元 /km，高于纯电动公交客车、传统燃油公交车和天然气公交车的运行使用成本，说明现阶段燃料电池汽车运行经济性还有待提高。

同时，综合技术发展和产业化进步带来的成本下降因素，从不同续驶里程和不同重量两个维度考虑，建立了以动力系统为基础的车辆成本预测模型。经模型预测结果表明：纯电动汽车将在未来 10 年内占据成本优势，但后续随着燃料电池汽车的动力系统成本和全生命周期成本进一步下降，在长续驶里程和高重载条件下，燃料电池汽车全生命周期成本将逐步低于传统燃油汽车甚至纯电动汽车。因此，建议我国在燃料电池汽车发展路线中优先发展和产业化推广对续驶里程要求较长的重型商用车，降低其关键部件和材料成本，使之具有良好的经济性和广阔的发展前景。

在低成本氢源方面，探索分析加氢站氢气成本达到 40 元 /kg 及以下的可行性。未来，加氢站通过降低氢气制取成本、氢气储运成本、加氢站固定资产折旧及运营成本等多种可行途径，持续探索低成本氢源开发，实现加氢站氢气成本降低，五年内氢气总成本有望控制在 28 ~ 30 元 /kg 左右，使氢能经济性大幅提升，增强产业布局者的信心，为氢能产业的长远发展奠定坚实的基础。

第10章

项目总结与经济社会效益分析

本书总结了在 2018—2020 年项目执行期间内取得的研究成果，提炼了项目成果对氢能与燃料电池汽车产业发展的重要意义和推动作用，从政策法规、产业链完善、技术进步、国际交流、示范推广、行业宣传、民生就业、生态环保等角度分析了项目的经济社会效益，并对下一步开展加氢基础设施和燃料电池汽车示范运行工作提出意见和建议。

10.1　项目总结

通过燃料电池汽车示范运行研究工作的开展，项目取得了一系列的重要进展及成果，主要表现在：氢能燃料电池相关政策标准法规逐步建立健全，推动我国氢能与燃料电池汽车产业的快速发展；燃料电池汽车和加氢基础设施示范运行团队和运维保障体系逐渐成熟，具备了进一步推广应用的基础；燃料电池核心部件基本实现国产化、技术水平快速提升、成本大幅降低；实现了对燃料电池汽车和加氢基础设施的实时监控，积累了示范运行的数据，助力了氢能与燃料电池产业的智能化与数字化发展；完成了燃料电池汽车和加氢基础设施的消防安全风险评估和事故应急救援指南；开展了多种制氢模式研究、可再生能源制氢研究、快速安全加氢技术的研究与实证，深入研究了当前氢气与燃料电池汽车的成本经济性，并进行了预测，为产业的下一步发展指明了方向。

10.1.1 截至 2020 年底，开展了世界上示范规模最大、范围最广的燃料电池汽车运行研究工作

本项目在四个典型区域示范体系覆盖的 7 个城市（北京、张家口、郑州、德州、上海、盐城、佛山）开展了千辆级燃料电池汽车示范运行研究，针对其中 223 辆燃料电池汽车开展数据统计工作，示范区域涵盖高温、高湿、高寒等多种复杂气候。截至 2020 年 12 月底，各城市 223 辆燃料电池汽车累计行驶 1083.21 万 km，平均单车行驶里程 4.86 万 km，是世界上示范规模最大、范围最广的燃料电池汽车示范项目。重点跟进统计的 128 辆燃料电池汽车在示范统计期间，示范运行时间 ≥ 2 年，累计运营 818.78 万 km，平均单车行驶里程为 6.40 万 km，平均无故障里程为 7761km，燃料电池系统平均寿命 ≥ 5000h（实车测试平均寿命 ≥ 1600h），均满足项目各项指标要求。示范运行证明，燃料电池汽车在可靠性、耐久性、环境适应性、安全性等技术方面都可以满足示范运行推广的需要，相比前期推广纯电动汽车，用户对燃料电池汽车在可用性等方面的口碑更好。

10.1.2 示范运行研究成果助力我国氢能与燃料电池相关政策标准法规趋于完善

项目自 2018 年启动开展以来，国内外对氢能燃料电池产业关注度和扶持力度明显增加，燃料电池汽车示范运行工作的顺利开展，为国家和诸多省市出台支持氢能与燃料电池产业发展政策提供了强心剂，全国多地都跟随示范区域出台了加氢基础设施建设及运行的鼓励政策，制定了创新研究中心和创新型企业的奖励措施，并引导传统能源企业建设氢－油混合站，鼓励行业领先的相关高校、企事业单位进行氢能和燃料电池汽车相关技术标准研究。项目在示范运行维保、示范监控、电堆技术提升等方面的研究成果为行业出台相关政策标准法规奠定了基础。

10.1.3 示范运行维保体系建立为商业化运行奠定基础

加氢基础设施保障体系和运维体系的建立，是确保我国进行燃料电池汽车示范和大规模商业化推广的基础。各区域示范运行团队还会在现有规章制度和保障方案的基础上，结合运行数据和实践经验，不断优化示范流程和运维体系，进一步完善规章制度，并进行经验的总结与推广，为我国燃料电池汽车示范运行迈向商业化推广起到重要的推动作用。

10.1.4 燃料电池核心部件成本快速下降

燃料电池汽车示范运行工作的顺利开展，助力了燃料电池汽车在全国各地的推广。随

着燃料电池汽车推广数量的提升，产业链上下游企业加大自主研发与资本投入，燃料电池电堆等关键部件产业化提升迅猛，主要表现在基本实现国产化、关键技术指标提升和成本大幅下降等几个方面，关键部件材料如碳纸、催化剂、膜电极等基本实现了国产化，电堆及系统功率密度、效率等指标进一步提升，燃料电池系统价格由原来 3 万元 /kW 下降到 0.8 万元 /kW。项目研究工作的开展验证了燃料电池汽车和加氢基础设施在示范运行条件下的安全性、可靠性和耐久性，助力产业实现了燃料电池关键技术的突破、产业链的完善和产业化程度的提高，还将推动燃料电池汽车在耗氢量、电堆寿命、动力系统匹配、安全性等技术方面上进一步提升，降低氢气制备、储运、加注以及加氢站建造、运行等成本，促进中国氢能与燃料电池汽车产业蓬勃发展。

10.1.5 示范运行监控推动氢能燃料电池产业数字化发展

项目通过对数据存储、数据分析、数据高效处理和数据挖掘技术的研究建立了燃料电池汽车示范运行监控平台体系，可以采集到示范运行的燃料电池汽车和加氢站相关静态、动态数据以及车辆实时状态、车辆实时位置信息，并通过数据分析功能对获取的数据进行统计分析和挖掘分析，对车辆监管、行业管理、公众服务、可视化应用系统提供数据支撑。平台还可以与路网相结合，依据实时路况信息合理调配资源，为智慧交通出行提供帮助，也可以计算车辆的节能减排效益等为政府制定政策和发展规划提供数据支撑。通过对燃料电池汽车和加氢站的实时监控，积累示范运行的数据，从而助力氢能燃料电池产业的数字化与智能化发展。

项目还对燃料电池汽车及加氢站远程故障诊断与预警机制开展了研究工作，拓展了实时故障预警判断的功能。当车辆及加氢站发生相关故障时，有相应的应急反馈机制。通过对不同类型的燃料电池汽车及加氢站应用状态进行跟踪分析，建立决策树和神经网络模型对其进行远程故障诊断，为燃料电池汽车及加氢站的安全运行提供保障。

10.1.6 燃料电池汽车产业消防安全研究取得初步成果

项目通过对燃料电池汽车及加氢站的消防安全情况、标准规范体系、典型事故场景进行广泛调研与分析，最终完成了燃料电池汽车及加氢站消防安全风险评估指南和事故应急救援指南。研究工作为氢能产业消防安全研究提供了支撑，为其后续发展完善有着重要意义。

项目建立了加氢站风险评估的基本方法和流程，从运行消防安全管控的角度出发，构建了加氢站消防安全风险评估指标体系，并提出了相适应的风险评估方法和指标量化评价标准，涉及建筑特性、建筑防火、消防设施器材、消防安全管理、外部救援力量共五个方面，逐步细化展开，最终确定出每个具体指标的内容及评价标准，包含 5 个一级指标和 29 个二级指标。为提升加氢站消防安全保障能力和水平提供了有力的技术支撑。

项目对燃料电池汽车和加氢站的事故场景进行了调研和分析，总结了氢气泄漏、氢气喷射火灾、氢气爆炸三种典型的事故场景，分别对氢气泄漏和火灾爆炸场景的灾害后果进行分析与研究，开展了氢气浓度分布、火灾形态等数值模拟研究，进一步分析了应急救援需要注意的问题，建立了燃料电池汽车和加氢站消防应急救援处置的基本原则，研究成果能够指导消防队伍开展事故救援。

10.1.7 氢能与燃料电池汽车经济性研究助力后续产业发展

项目通过对不同示范城市的氢能来源及制氢、储运、加注、燃料电池汽车运行等产业链不同阶段进行深入的经济性研究，初步形成了加氢站和燃料电池汽车示范运行经济性分析模型，完成了制、运、储、加及燃料电池汽车示范运行在不同示范城市的经济性计算，开展了不同区域氢能可持续性的分析，并对不同城市氢能产业发展路径进行了总结及展望，为燃料电池汽车产业商业化发展提供了重要的支撑以及借鉴。

项目通过对四大典型区域进行系统的能源可持续性分析，梳理了各个区域的氢能来源现状、可再生能源、氢能产业发展路径，为其他区域未来的燃料电池汽车示范运行乃至商业化运行提供了重要的借鉴意义，为行业全面、系统性地了解我国各个区域氢能结构、产业情况提供了重要的依据，为我国氢能行业未来可持续发展提供了参考。

通过建立燃料电池汽车经济性预测模型，分别对纯电动汽车、燃料电池汽车和传统燃油（柴油）汽车的经济性进行分析预测，指明了燃料电池汽车在未来阶段具有经济性优势的条件，为燃料电池汽车实现多场景、规模化推广应用起到了积极的指导作用。

10.2 经济社会效益分析

氢能和燃料电池技术是世界能源转型和动力转型的重大战略方向。燃料电池汽车具有环保性能佳、转化效率高、加注时间短、续驶里程长等优势，是未来汽车工业可持续化发展的重要方向，是应对全球能源短缺和环境污染的重要战略举措。发展燃料电池汽车已成为全球汽车与能源产业转型升级的重要突破口。本项目通过紧密围绕燃料电池汽车在京津冀区域、中原区域、长三角区域和珠三角区域进行的商业化示范运行，开展示范运行与维保、数据监控与分析、应急救援与消防安全、测试验证与示范效果评估及氢能经济性等方面的研究，研究成果对行业发展具有一定的参考价值，为我国下一阶段燃料电池汽车的规模化商业化推广奠定基础。主要表现在以下几个方面：

1. 推动了国家和地方政策标准法规的制定和出台

我国对燃料电池的布局起始早，布局远，早就纳入了中国新能源汽车的"三纵三横"总体路线。而且从我国对新能源汽车发展的路径规划可以明显看出，燃料电池汽车作为开发设计、产业化、商业化难度最高的新能源汽车，计划在 2030 年之后进行普及。近年来，随着氢燃料电池技术的突破、新能源汽车的快速发展，以及国家对清洁能源的日益重视，我国开始加大对氢燃料电池领域的规划和支持力度，国家相关部委密集出台政策。《"十三五"国家科技创新规划》《"十三五"交通领域科技创新专项规划》《中国制造 2025》等纷纷将发展氢能和燃料电池技术列为重点任务，将燃料电池汽车列为重点支持领域。

经过在京津冀地区、中原地区、长三角地区、珠三角地区燃料电池汽车和加氢站的示范运行以及项目相关研究工作的开展，我国在氢能和燃料电池汽车领域的政策环境持续向好，2018—2020 年国家和各省市密集出台了很多促进氢能和燃料电池产业发展的支持和补贴政策（表 10-1）。其中，国家出台的《绿色产业指导目录（2019 年版）》《产业结构调整指导目录》《中华人民共和国能源法》（征求意见稿）《关于完善新能源汽车推广应用财政补贴政策的通知》《加氢站技术规范（局部修订条文征求意见稿）》《新能源汽车产业发展规划 2021—2035》等政策法规，明确阐述了要重点发展氢能制备和存储、燃料电池技术研发、燃料电池汽车应用示范和加氢站建设规范等内容，充分表明国家支持氢能和燃料电池产业的决心和力度。项目内参与单位深入参与全国多个地方的规划编制和落实工作，各省市、地区也纷纷颁布氢能与燃料电池产业支持政策，如《北京市燃料电池汽车产业发展规划（2020—2025 年）》《张家口市燃料电池汽车示范应用实施方案》（2021—2024 年）》《佛山市南海区氢能产业发展规划（2020—2035 年）》等，大力促进氢能和燃料电池汽车产业的商业化发展。

其中，在项目参与单位中，中国汽车技术研究中心有限公司和中国汽车工程学会（以下简称为"中汽学会"）作为汽车行业的政府智库部门，受国家多个部委委托参与燃料电池汽车示范应用政策研究编制工作，代表行业给出众多政策完善建议，全程参与了《新能源汽车产业发展规划（2021—2035 年）》的编制工作，其中包含了燃料电池汽车相关产业的发展规划。由中汽学会参与编制的《长三角氢走廊建设发展规划》，是以长三角城市群城际间带状及网状加氢基础设施建设为重点，兼顾重点城市市内加氢基础设施建设，计划将长三角打造成为国际先进水平的加氢基础设施网络，实现加氢基础设施与燃料电池汽车的协调平衡发展。

表 10-1 各省市 2018—2020 年年底出台的氢能和燃料电池政策

城市	时间	政策名称
北京市	2020.11	《北京市城市管理委员会关于印发北京市氢燃料电池汽车车用加氢站建设和运营补贴实施细则的通知》
	2020.11	《北京市燃料电池汽车推广应用财政补助政策》
	2020.11	《关于支持燃料电池汽车技术创新的意见》
	2020.9	《北京市氢燃料电池汽车产业发展规划（2020—2025 年）》
	2020.9	《北京市城市管理委员会关于加快推进加氢站项目建设工作的通知》
	2020.5	《北京市加快新型基础设施建设行动方案（2020—2022 年）》
	2019.6	关于调整《北京市推广应用新能源汽车管理办法》相关内容的通知
	2018.12	《北京市新能源智能汽车推广应用行动计划（2018—2020 年）》
	2018.8	《关于调整完善北京市新能源汽车推广应用财政补助政策的通知》
天津市	2020.1	天津市人民政府办公厅关于印发《天津市氢能产业发展行动方案（2020—2022 年）》的通知
	2019.8	《天津市氢能产业发展行动方案（2019—2022）年》
	2018.10	《天津市新能源产业发展三年行动计划（2018—2020 年）》
河北省	2020.11	《中共河北省委关于制定国民经济和社会发展第十四个五年规划和二〇三五年远景目标的建议》
	2020.7	《河北省氢能产业链集群化发展三年行动计划（2020—2022 年）》
	2020.4	《关于加快推动首都"两区"建设重点突破的意见》
	2020.3	《河北省 2020 年氢能产业重点项目清单（第一批）》
	2020.1	《〈张家口首都水源涵养功能区和生态环境支撑区建设规划（2019—2035 年）〉实施意见》
	2019.8	《河北省推进氢能产业发展实施意见》
	2019.7	《河北省推进氢能产业健康发展的实施意见》
张家口市	2021.4	《张家口市燃料电池汽车示范应用实施方案）（2021—2024 年）》
	2020.7	《张家口市加氢站管理办法（试行）》
	2020.5	《张家口市主城区加氢站布局规划（2019—2035）》
	2020.4	《张家口市加氢制氢企业投资项目核准和备案实施意见的补充通知》
	2020.3	《张家口市氢能产业安全监督和管理办法》
	2020.2	《张家口氢能保障供应体系一期工程建设实施方案》
	2019.12	《关于加快推进七大主导产业发展的指导意见》
	2019.11	《张家口市人民政府办公室关于切实做好氢能产业发展工作台账的通知》
	2019.7	《张家口市人民政府关于成立张家口市氢能产业发展领导小组的通知》
	2019.6	《张家口市加氢制氢企业投资项目核准和备案实施意见》
	2019.6	《张家口市支持氢能产业发展的十条措施》
	2019.6	《氢能张家口建设三年行动计划（2019—2021 年）》
	2019.6	《氢能张家口建设规划（2019—2035 年）》

（续）

城市	时间	政策名称
河南省	2020.8	《河南省推动制造业高质量发展实施方案》
	2020.4	《河南省氢燃料电池汽车产业发展行动方案》
	2019.5	《河南省加快新能源汽车推广应用若干政策》
	2018.8	河南省新能源及网联汽车发展三年行动计划（2018—2020年）
	2018.6	《关于调整河南省新能源汽车推广应用及充电基础设施奖补政策的通知》
郑州市	2019.8	郑州市支持汽车产业发展若干政策等3个文件
上海市	2021.2	《上海市加快新能源汽车产业发展实施计划（2021—2025年）》
	2021.2	《上海市鼓励购买和使用新能源汽车实施办法》
	2020.11	《中共上海市委关于制定上海市国民经济和社会发展第十四个五年规划和二〇三五年远景目标的建议》
	2020.11	《上海市燃料电池汽车产业创新发展实施计划》
	2020.11	《青浦区支持氢能产业发展激发"青氢"绿色动能实施办法》
	2020.10	《上海市青浦区氢能及燃料电池产业规划》
	2020.9	《燃料电池汽车及加氢站公共数据采集规范》征求意见稿
	2020.7	《宝山区推进新型基础设施建设行动方案（2020—2022年）》
	2020.5	《中国（上海）自由贸易试验区临港新片区综合能源建设三年行动计划》
	2020.4	《上海市推进新型基础设施建设行动方案（2020—2022年）》
	2020.4	《嘉定区关于进一步提升消费能级释放消费潜力的若干措施》
	2019.9	《奉贤区打造智能网联新能源汽车"未来空间"三年行动计划（2019—2021年）》
	2019.7	《氢燃料电池汽车产业集聚区规划》《嘉定区鼓励氢燃料电池汽车产业发展的有关意见（试行）》
	2018.5	《上海市燃料电池汽车推广应用财政补助方案》
江苏省	2019.8	《关于促进新能源汽车产业高质量发展的意见》
	2019.8	《关于印发江苏省氢燃料电池汽车产业发展行动规划的通知》
广东省	2020.11	《广东省加快氢燃料电池汽车产业发展实施方案》
	2020.11	《广东省推进新型基础设施建设三年实施方案（2020—2022年）》
	2020.9	《氢燃料电池汽车标准体系与规划路线图》
	2018.6	《关于加快新能源汽车产业创新发展的意见》
佛山市	2021.2	《佛山市南海区氢气应急扶持方案》
	2020.8	《佛山市南海区撬装式加氢站审批验收指引（暂行）》（修订版）
	2020.8	《佛山市南海区固定式加氢站审批验收指引（暂行）》（修订版）
	2020.5	《关于印发佛山市南海区促进加氢站建设运营及氢能源车辆运行扶持办法（修订）》
	2020.2	《佛山市南海区氢能产业发展规划（2020—2035年）》
	2020.1	《佛山市高明区氢能源产业发展规划（2019—2030年）》
	2019.2	《禅城区新能源公交车推广应用和公交充电设施建设财政补贴资金管理实施细则》
	2019.1	《促进加氢站建设运营及氢能源车辆运行扶持办法》
	2018.12	《佛山市人民政府关于印发佛山市氢能源产业发展规划（2018—2030年）的通知》
	2018.11	《佛山市新能源公交车推广应用和配套基础设施建设财政补贴资金管理办法》
	2018.4	《佛山市南海区促进加氢站建设运营及氢能源车辆运行扶持办法（暂行）》

另外，项目还在国家和行业相关标准组织制定方面起到了较大的推动作用，中科院大连化学物理研究所、应急管理部上海消防研究所、北京理工新源信息科技有限公司等牵头及参与制定了多个氢能及燃料电池方面的国家和行业标准（表 10-2）。

表 10-2　2018—2021 年项目单位参与出台的氢能和燃料电池标准

序号	标准号	标准名称
1	GB/T 26779—2021	燃料电池电动汽车加氢口
2	GB/T 39132—2020	燃料电池电动汽车定型试验规程
3	GB/T 24549—2020	燃料电池电动汽车 安全要求
4	GB/T 28816—2020	燃料电池 术语
5	GB/T 38914—2020	车用质子交换膜燃料电池电堆使用寿命测试评价方法
6	GB/T 38954—2020	无人机用氢燃料电池发电系统
7	GB/T 37154—2018	燃料电池电动汽车 整车氢气排放测试方法
8	GB/T 37244—2018	质子交换膜燃料电池汽车用燃料 氢气
9	GB/T 36544—2018	变电站用质子交换膜燃料电池供电系统
10	GB/T 36288—2018	燃料电池电动汽车 燃料电池电堆安全要求
11	Q/ZK JS326—201910（2020）	压缩氢气供货技术条件
12	Q/ZK JS105—202006（2020）	电动客车充电、加氢安全规范
13	Q/ZK JS4117—202011	燃料电池车辆氢泄漏传感器在线检验规范

2. 完善了氢能与燃料电池汽车产业链

通过示范运行项目的开展，我国氢能与燃料电池汽车的产业链日趋完备，目前已基本实现了主要部件如膜电极、双极板、碳纸乃至电堆、空压机、氢气循环泵的国产化，促进产业链条完善，实现了科技创新向成果转化落地的转变，实现了企业 / 科研院所间的协同创新和协调发展，成本较之以往大幅降低。如北京市在空压机方面，突破了空气轴承等关键技术，实现了从空白到量产；氢气循环泵方面，突破了适用于氢气的轴封、防爆、电机等技术；氢气引射器方面，解决了工况与电堆匹配问题，实现自主设计，可替代氢气循环泵；水泵方面，从小流量发展到大流量，实现了量产；增湿器方面，突破了膜管材料，实现了中试；车载氢系统方面，气态储氢压力由 35MPa 发展至 70MPa，同时开展了液氢系统的研制。张家口市借助绿色冬奥契机，打造张家口"氢能城市"名片，氢能产业聚集效应开始显现。佛山市南海区立足本地，吸引整车和电池、电控、电机等核心部件企业的参与，整合南海区及国内燃料电池、核心零部件的研发和生产的力量，进行燃料电池汽车的研制和商业化示范运行，并从政策制定、产业推进、基础设施建设、推广应用、标准制定到人才培养，南海区形成了"六位一体"的产业发展体系，带动了南海区制氢、加氢设备、加氢站设计和建设、燃料电池及核心部件、汽车整车生产等产业链各环节的发展。

截至 2020 年 12 月，全国氢能与燃料电池汽车产业链各环节主要参与单位已超 300 家，构成了我国氢能与燃料电池产业相对完整的上下游，虽然技术水平较国外先进技术还有一定差距，成本较市场化推广要求也有较大进步空间，但已初步形成了一定规模化推广的能力。

项目还拉动了各示范区域对氢能与燃料电池汽车的投资力度，社会资本积极关注并参与，行业参与度大幅提高，如北京亿华通科技股份有限公司在科创板上市，"中国氢能第一股"亿华通间接带动了资本市场对氢能与燃料电池企业的投资力度，为氢能与燃料电池产业相关企业突破了一条新的融资渠道。

3. 促进了氢能与燃料电池汽车的技术交流与进步

项目的相关研究工作推动了氢能与燃料电池汽车的技术交流与进步，具体表现在三个方面：一是示范区域的示范运行维保体系的建立，有助于推动全国其他地区的示范运行工作；二是借助《节能与新能源汽车技术路线图》的修订，完成了燃料电池汽车技术路线图的制定发布工作；三是发布《中国车用氢能产业发展报告》，为行业了解车用氢能产业现状提供抓手。

（1）示范运行与维保

项目统筹协调示范城市开展加氢站和燃料电池汽车示范运行，协助相关单位组建示范运行团队，制定燃料电池汽车和加氢站运行、维修、保养和应急保障方案制度，通过示范运行实践，不断检验和磨炼运维团队的专业性、熟练性和协调度，不断检验保障制度的合理性、经济性和便捷性，在实践中发现问题、修正偏差，陆续完善加氢站和燃料电池汽车运维团队（图 10-1），逐渐熟练燃料电池汽车的使用说明和操作流程，不断提升运维团队的专业技能。经过前期筹备和正式运行，运维团队在实践中积累了较为丰富的示范运行相关经验，并积极向其他开始开展燃料电池汽车示范运行的城市进行经验分享，协助其他城市组建加氢站和燃料电池汽车示范运行团队，减少后启动示范的城市走弯路、遇困难的可能性，从而辐射带动更多的城市加入到推广燃料电池汽车商业化的浪潮中，共同推动我国氢能与燃料电池汽车产业蓬勃发展。

图 10-1　示范运维团队交流和培训

（2）技术路线图制定发布

2020 年 10 月 27 日，由工业和信息化部装备工业一司指导、中国汽车工程学会牵头组织编制的《节能与新能源汽车技术路线图 2.0》（简称"路线图 2.0"）正式发布。路线图 2.0 在 1.0 版的基础上由"1+7"拓展为"1+9"，即 1 个总体技术路线图和 9 个细分领域技术路线图，分别是节能汽车、纯电动和插电式混合动力汽车、氢燃料电池汽车、智能网联汽车、汽车动力电池、新能源汽车电驱动总成系统、充电基础设施、汽车轻量化、汽车智能制造与关键装备。

基于汽车技术发展的社会愿景和产业愿景，路线图 2.0 坚持纯电驱动发展战略，提出面向 2035 年的六大总体目标，包括：

1）我国汽车产业碳排放总量先于国家碳排放承诺于 2028 年左右提前达到峰值，到 2035 年碳排放总量较峰值下降 20% 以上。

2）新能源汽车逐渐成为主流产品，汽车产业基本实现电动化转型。

3）中国智能网联汽车技术体系基本成熟，产品大规模应用。

4）关键核心技术自主化水平显著提升，形成协同高效安全可控的汽车产业链。

5）建立汽车智慧出行体系，形成汽车交通、能源、城市深度融合生态。

6）技术创新体系优化完善，原始创新水平具备全球引领能力。

基于六大总体目标，路线图 2.0 分别以 2025 年、2030 年、2035 年为关键节点。预计至 2035 年，我国节能汽车与新能源汽车年销售量各占 50%，汽车产业实现电动化转型。将燃料电池商用车作为氢能燃料电池行业的突破口，并把客车和城市物流车作为切入领域，重点在可再生能源制氢、工业副产氢丰富的地区推广大中型客车、物流车，并逐步推广至载重量更大、长途运行的中重型载货车、牵引车和港口物流车以及部分乘用车领域。2030—2035 年，将实现氢能及燃料电池汽车的大规模推广应用，燃料电池汽车保有量也将达到 100 万辆左右，并将完全掌握燃料电池核心关键技术，建立完备的燃料电池材料、部件、系统的制备与生产产业链。

路线图 2.0 是对我国汽车电动化路线的合理修正和对全行业技术认识加深之后的产物，它的提出对我国汽车产业提出了更高的要求，更是对汽车产业未来发展前景系统性的再描述。对于未来的汽车产业生态，路线图 2.0 要求把短板问题解决，在部分技术指标方面更具挑战性，可以切实反映出中国汽车工业已经实现了质变，并引导我国电动汽车产业走上健康和可持续发展的道路。

（3）发布了《中国车用氢能产业发展报告》

《中国车用氢能产业发展报告》（简称"氢能汽车蓝皮书"）是由中国汽车技术研究中

心有限公司、北汽福田汽车股份有限公司研创。氢能汽车蓝皮书基于燃料电池汽车发展对车用氢能需求，对中国车用氢能技术创新及产业化应用的重大问题开展系统研究，总结车用氢能产业发展的经验，聚焦产业发展面临的突出问题，研究产业发展的路径及机制，提出推进产业发展的政策建议，并对产业发展的趋势和方向作出判断。氢能汽车蓝皮书的研究成果可为能源及汽车产业管理部门、研究机构、车用氢能相关企业、燃料电池整车和零部件生产企业、社会公众等提供借鉴和参考。

4. 开展了氢能与燃料电池产业的国际交流

项目研究工作的开展也增强了氢能与燃料电池产业方面的国际交流，项目内单位中国汽车技术研究中心有限公司和中国汽车工程学会分别组织开展了具有极高国际影响力的氢能大会，不仅加快了国际先进技术的国内引进和吸收，更树立了中国氢能燃料电池产业的国际形象，有助于下一步国内优势企业的走出去。

（1）联合国开发计划署氢能产业大会暨中国（佛山）国际氢能与燃料电池技术及产品展览会

截至 2020 年 12 月，由项目参与单位与联合国开发计划署（UNDP）共同组织举办的联合国开发计划署氢能产业大会已成功举办两届（2019 年和 2020 年）。大会聚焦氢能和燃料电池产业，设立开幕大会和多场主题论坛（图 10-2），并同步开展氢能周等工作，围绕燃料电池技术、氢能技术与应用、政策标准、氢安全等方向展开深入研讨，构建一个具有开放性与包容性的氢能及燃料电池信息技术交流平台。大会吸引来自国际组织及驻华使团有关代表，国家相关部委领导以及全球组织机构、科研院校、氢能与燃料电池核心企业的专家等众多嘉宾齐聚中国广东佛山，展开广泛深入的国际氢能行业交流，共同探讨氢能发展趋势，为氢能及燃料电池行业企业发展蓄能赋能，更好地推动绿色氢能及燃料电池行业商业化发展。UNDP 近年来氢能周与氢能产业大会数据见表 10-3。

同期举办的中国（佛山）国际氢能与燃料电池技术及产品展览会是国内最大的氢能展会，参展企业近 300 家，涵盖氢能基础设施、燃料电池、核心零部件、材料、燃料电池整车制造、产业合作，以及制氢、储存、运输、氢气利用等多个领域，多家国内外知名企业入驻，包括：重塑科技、爱德曼、广汽、佛山攀业、海德利森、仙湖实验室、斗山创新、堀场、田中贵金属、液空厚普、林德、德燃动力、佛吉亚等。这些企业带来顶级品牌氢能车辆展示，展览会还有多款氢能产品在全球首发，并提供全国首辆自动驾驶氢燃料电池重型载货车以及氢能自行车、氢能游船等氢能产业应用产品的全新体验，给参展观众带来广阔的未来氢能生活应用感受，为氢能与燃料电池产业的交流合作和蓬勃发展做出了巨大的贡献。

图 10-2　2020 联合国开发计划署氢能产业大会现场图片

表 10-3　UNDP 近年氢能周与氢能产业大会数据

对比项目	2020 年	2019 年	2018 年*
参与企业机构数量	共计 283 家	共计 210 家	近 140 家
展览面积	近 21000m²	近 21000m²	约 12000m²
展区分类	按产业链分类规划 5 大展区：南海＋国际馆，燃料电池 1、2 号馆，装备 1、2 号馆，户外装备展区，户外展车区	按产业链分类规划 4 大展区：南海＋国际馆，燃料电池 1、2 号馆，装备 1、2 号馆，户外展区	4 大展区：主题馆，国际馆，国内馆，户外展区
重点企业机构	重塑科技，爱德曼，广汽，佛山攀业，海德利森，仙湖实验室，斗山创新，堀场，液空厚普，林德，德燃动力，佛吉亚等	东丽株式会社，美国 PDC 机械公司，林德公司，堀场公司，龙野公司，田中贵金属，西门子	巴拉德，美国空气产品公司（Air Products），日本东丽株式会社，庄信万丰（Johnson Matthey），横滨市政府
国际企业参展	来自美国、德国、韩国、比利时、日本、荷兰、瑞士、英国、新加坡等 13 个国家和地区	来自日本、德国、韩国、美国、瑞典等 20 多个国家和地区	来自 20 个国家和地区，设置专门国际馆
观众数量	累计观展人次近 20000	累计观展人次超 10000	仅专业观众预登记 10630 人，实际入场人数超过 6000 人，合并普通公众的总接待人数超过 13000 人

注*：2018 年为氢能周数据

（2）国际氢能与燃料电池汽车大会（FCVC）

截至 2020 年 12 月，中国汽车工程学会与国际氢能燃料电池协会（筹）携手举办了四届"国际氢能与燃料电池汽车大会（FCVC）"（相关数据见表 10-4），旨在加强氢能及整个产业链的合作，共同推动世界氢能与燃料电池技术和产业的商业化发展。伴随着全球氢能与燃料电池产业的发展，FCVC 已成为全世界氢能与燃料电池政策制定者、技术开发者、燃料电池汽车制造商、氢能燃料电池领域投资者交流的盛会，通过促进氢能与燃料电池技术领域的国际交流、展示与合作，实现产业共赢，为人类社会的可持续发展做出贡献。

FCVC 同期技术展览也已经发展成为国内氢能与燃料电池技术领域最具影响力的活动之一，主要分为氢能燃料电池整车、电堆及系统集成、氢气储运及加氢站、核心零部件及原材料、技术供应商等几个部分。技术展览为众多企业带来了涵盖氢能与燃料电池汽车全产业链的新技术和新产品，展馆现场吸引了来自国内外的众多展商和观众，充分体现了氢能与燃料电池汽车产业的发展潜力和前景，为全球氢能与燃料电池上下游企业提供了一个合作和交流的国际平台。

表 10-4 国际氢能与燃料电池汽车大会历届数据对比

对比项目	2020 年	2019 年	2018 年
参展展商数量	共计 127 家	共计 111 家	共计 52 家
展览面积	10000m²	10000m²	约 6000m²
展区分类	主要分为五大部分：氢燃料电池商用车与乘用车，电堆及系统集成，核心零部件及材料，制氢储氢加氢及其相关设备，测试设备 & 系统	主要分为四个部分：氢能燃料电池整车，电堆及系统集成，氢气储运及加氢站，核心零部件及原材料和技术供应商	氢能基础设施，核心电堆及系统，氢燃料电池整车，零部件与原材料等
观众数量	参观人数超 5500 人	参观人数为 4233 人	参观人数约 2626 人

5. 助推国家部委启动下一步燃料电池汽车的示范应用工作

在本项目研究的基础上，中国汽车技术研究中心有限公司受财政部委托，开展了燃料电池汽车示范的相关研究工作。经过多轮的专家与企业研讨相关工作，国家财政部等五部委在 2020 年联合发布了《关于开展燃料电池汽车示范应用的通知》（财建〔2020〕394 号），计划在四年的时间里，采用"以奖代补"的形式，以城市群为单位进行示范，并同步启动了示范城市群的申报工作。

本次示范工作的目标是支持燃料电池汽车关键核心技术突破和产业化应用，推动形成布局合理、各有侧重、协同推进的燃料电池汽车发展格局。争取用四年左右的时间，逐步实现关键核心技术突破，构建完整的燃料电池汽车产业链，为燃料电池汽车规模化、产业化发展奠定坚实基础。

示范车型以中重型商用车为主，以城市群为引领，对燃料电池产业链进行强链、补链，将对燃料电池的产业体系起到很好的拉动效应。

总之，下一步燃料电池汽车示范应用工作的开展，将对燃料电池汽车整体研发、核心技术改进、应用场景丰富等都有很好的推动作用，将促进整个氢能及燃料电池行业的发展。

6. 进行了有效的行业宣传推广

由于现阶段公众对氢能和燃料电池汽车不太了解,"谈氢色变"的现象依旧存在。为了进一步宣传推广氢能和燃料电池汽车基础知识,提升氢能与燃料电池汽车的民众接受度,项目在各区域参与示范的燃料电池公交车、物流车、通勤客车车身明显标注"氢能燃料电池汽车""H_2O""零排放"等标识,通过线路运行和服务大型活动,对氢能和燃料电池汽车的优势宣传和商业推广产生了一定的广告效应,让公众认识和体验燃料电池汽车,达到了对公众宣传氢燃料电池汽车的效果。

除开展燃料电池汽车示范运行、让民众通过实乘体验燃料电池汽车外,项目还通过多种渠道进行行业宣传,主要包括:建立"燃料电池汽车网"网站和"氢能与燃料电池汽车"微信公众号,不定期发布氢能与燃料电池产业咨询;组织中国汽车报、China Daily 等媒体前往北京、张家口、郑州、上海、佛山、云浮等示范城市深入报道氢能与燃料电池汽车产业链发展情况,并在国内外媒体平台宣传中国燃料电池汽车示范成果,从媒体角度"破圈层"多维度宣传推广;在国内大型氢能与燃料电池会议、论坛等平台做燃料电池汽车示范项目汇报和演讲,向行业内宣传燃料电池汽车示范的重要性、必要性,吸引更多的投资、企业关注并布局氢能与燃料电池汽车产业链;2018 年,在佛山南海区开展"五城联动 氢行中华"燃料电池汽车巡游展活动,这是中国燃料电池公交车第一次大规模面向公众的集体亮相,活动宣传效果显著,取得了参与者的一致好评。通过市民试乘燃料电池公交车和科普氢能知识,全面提升产业的民众认知度;建成集氢能知识与技术科普、产业与产品展示、招商引资于一体的佛山南海氢能馆,并对社会公众开放;面向中小学生、职校学生以及普通民众,以巡讲方式开展的公益性氢能科普活动,发掘专业能力,消除"谈氢色变",推动氢能科普。部分行业宣传活动如图 10-3 所示。

7. 对社会产生较大的民生及生态效益

（1）民生效益

氢能与燃料电池汽车产业能产生巨大的经济效益。相对于传统燃油汽车及其他新能源汽车,燃料电池汽车具有加氢时间短、续驶里程长和能量转换效率高的优点。在项目执行周期内,通过加氢站和燃料电池汽车的商业化运行,形成"研发-生产-推广"良性产业生态圈,对产业发展起到重要影响,也带动了燃料电池技术在轨道交通、叉车、自行车、船舶、氢进万家示范社区、分布式发电、农业等领域的应用,预计在未来能产生重大的经济效益。如江苏省第一座制氢、加氢的一体化站,将利用 1MW 屋顶光伏微网实现站内电解水制氢,有效解决"燃料氢"的经济性和氢贮运的安全性问题,为大规模应用可再生能源生产"绿氢"提供技术经验，促进可再生能源的消纳，拉动光伏、风电装备产业发展，预计规模可达千亿元。佛山市南海区设立了规模为 50 亿元的产业提升母基金、200 亿元的政府投资基金资金池，并参与中石化资本牵头成立的规模为 20 亿元的恩泽基金，调动社会资本逐步建立商业盈利模式。

图 10-3　部分行业宣传活动

项目在带动就业方面也做出了卓越的贡献。氢能与燃料电池汽车产业作为示范城市支持的高精尖产业，在项目推进过程中，随着社会资本投入增大，越来越多的产业项目、企业落户当地，新增大量行业岗位，氢能与燃料电池汽车相关企业就业人数逐渐增多，人员水平逐年提高。并且，该项目带动当地职业技能人员就业，较好地维持了就业规模，如燃料电池汽车和加氢站的运行维护、后台支持等。

在人才培养方面，项目联合氢能、燃料电池、整车、关键零部件等企业以及大学、科研院所、产业机构等，通过产、学、研通力合作，汇聚培养了一支具有国际技术创新力和产业转化力的产学研合作团队，培养了一批具有燃料电池专业背景及经验的技术、管理人才及硕博毕业生。另外，应市场用工需求，职业技能学校陆续开设新能源（氢能）相关专业，落实招生培养工作，大量培养氢能源车辆驾驶和氢能源车辆维保等技能人才。

（2）生态效益

项目通过燃料电池汽车公交车、通勤客车、物流车的示范运行，探索和应用零碳能源的交通出行方式，减少车辆碳排放，对助力国家实现双碳目标有积极影响。截至 2020 年 12 月底，各城市燃料电池汽车累计行驶 1083.21 万 km，约减排二氧化碳 9550t。未来，氢能将在能源结构转型升级及达成"碳中和"目标中扮演重要角色。

10.3　下一步工作建议及展望

通过全面总结项目在加氢基础设施和燃料电池汽车的示范运行过程中遇到的困难和问题，对我国下一步推进燃料电池汽车商业化推广提出以下几点建议：

建立燃料电池汽车专有的安全监管体系。为保障氢能与燃料电池汽车产业发展，须构建氢能与燃料电池汽车标准体系，并制定氢能与燃料电池安全性、加氢基础设施建设等管理规范。目前，燃料电池汽车标准、氢能标准已开始由不同的机构牵头制定。为满足燃料电池汽车在新产品开发、测试验证及使用等方面的需求，相关标准制定机构之间需加强协调与协作。

为保障和促进燃料电池汽车产业发展，需做好氢能供给。氢能供给是燃料电池汽车未来规模化和商业化发展的关键，其关键在于氢气来源、氢气储运和氢气加注三个方面。在氢气来源方面，目前燃料电池汽车的示范运行证明：在有工业副产氢作为氢源的短距离区域内开展燃料电池汽车运营，是未来可复制、有经济性的商业化推广场景；可再生能源的电解水制氢后续需要降低成本，以满足商业化运营的需要。在氢气储运方面，应加快氢气存储、运输等关键技术研发，攻关新型氢能储运技术，提升氢能储运装备水平，降低氢气储运成本，未来实现安全、灵活、经济的氢能储运。在氢气加注方面，聚焦加氢能力提升，加强加氢设备产业化技术研发，强化加氢设备企业产业化能力，降低加氢设备成本，丰富加氢基础设施建设及运行企业规模，加快完善加氢基础设施建设及运行模式。

完善相关支持政策，强化开展市场化示范运行。为保障燃料电池汽车所需的氢能供给，应结合国家氢能与燃料电池汽车产业发展规划，制定氢能与燃料电池产业技术研发、产业化及示范应用等支持政策，从而形成有力的支持政策体系。加强地方政府沟通协调，敦促地方政府尤其是燃料电池汽车试点示范城市建立和完善区域产业支持政策。

尽快拓展燃料电池汽车推广模式与市场培育。从商用车类型来看，燃料电池专用车比燃料电池客车多，分析其主要原因，主要表现在以下两个方面：

1）客车市场目前主要取决于地方政府对当地运行车型的规划，氢燃料电池汽车订单有一定的局限性。对于专用车市场，氢燃料电池汽车具有一定的市场驱动性。

2）在重型载货车、物流等领域，燃料电池因为其长续驶、低排放的特点，相较于锂电池和柴油机具有明显的优势，因此在重型载货车、物流领域具有较大的扩展性。因此，需要探索适合燃料电池汽车的商业推广模式和市场培育方法，推动燃料电池汽车产业快速发展。

尽快推动燃料电池汽车标准体系建设。工信部发布《2020年新能源汽车标准化工作要点》指出，加强标准顶层设计方面，以产业规模化发展需求和新技术创新发展为导向，全面梳理电动汽车在研标准项目和未来五年标准规划，加强重要标准的前期调研和效果评价，集中开展国内标准与国际标准法规比对工作，确定分阶段建设目标与关键工作节点，完成新能源汽车领域"十四五"标准体系编制工作。在燃料电池汽车领域，加快燃料电池汽车加氢枪、加氢口等标准的制定，完成加氢通信协议的标准立项；推动燃料电池汽车碰撞后安全要求等整车标准，低温冷启动、能耗与续驶里程、动力性能等整车试验方法标准，以及燃料电池汽车的燃料电池系统、空气压缩机、车载氢系统等关键部件标准的立项。

推动氢能产业人才发展研究工作。由于氢能不管在全球地域范围内还是在全品种产业范围内都属于新技术、新产业，且具有较高的安全要求。在氢能与燃料电池产业快速发展的当下，产业人才缺乏的问题日趋显现。对燃料电池汽车产业而言，目前，高端人才主要靠海外人才回流，中坚研发力量靠国内高校、研究机构培养，而氢能专业技术人才的短缺问题突出，在一定程度上阻碍了产业的快速发展进步。因此在当前，开展氢能产业人才发展研究工作，培养更多氢能产业人才尤其是专业技术人才，意义重大。

未来，在各界的共同努力和推动下，我国氢能与燃料电池汽车行业定会取得长足发展，政策法规更加完善，资本市场空前活跃，产业聚集更加快速，研发创新全面开花，应用成本进一步下降。随着加氢基础设施和燃料电池汽车商业化应用加快，氢能和"零排放"的车辆在交通领域节能减排效果大大提升，进一步助推我国实现"碳达峰""碳中和"，为我国生态文明建设做出贡献。